법정에 들어서는 자
모든 희망을 버려라

법정에 들어서는 자 모든 희망을 버려라

세기 히로시 지음 | 박현석 옮김

사과나무

옮긴이 _ 박현석

대학에서 국문학을 공부하고 일본에 유학하여 도쿄일본어학교를 졸업했다. 도쿄 요미우리 이공전문학교에서 수학한 후, 일본 기업에서 직장생활을 했다. 현재는 출판기획, 전문 번역가로 활동 중이다. 주요 번역서로 〈절망의 재판소〉〈도쿄지검 특수부의 붕괴〉〈수학적 사고법〉〈학력의 경제학〉〈맛없어?〉〈식탁 위의 심리학〉 등이 있다.

법정에 들어서는 자 모든 희망을 버려라

초판 1쇄 발행 2017년 6월 15일

지은이 세기 히로시
옮긴이 박현석
펴낸곳 도서출판 사과나무
펴낸이 권정자
등록번호 제11-123(1996. 9. 30)
주소 경기도 고양시 덕양구 충장로 123번길 26, 301-1208

전화 (031) 978-3436
팩스 (031) 978-2835
이메일 bookpd@hanmail.net
트위터 @saganamubook

값 19,000원

ISBN 978-89-6726-022-4 03300

* 잘못 만들어진 책은 바꾸어드립니다.
* 이 책은 한국출판문화산업진흥원의 출판콘텐츠 창작자금을 지원받아 제작되었습니다.

이 도서의 국립중앙도서관 출판예정도서목록(CIP)은 서지정보유통지원시스템 홈페이지(http://seoji.nl.go.kr)와 국가자료공동목록시스템(http://www.nl.go.kr/kolisnet)에서 이용하실 수 있습니다.(CIP제어번호: CIP2017012094)

"이 문을 들어서는 자, 모든 희망을 버려라."

― 단테 〈신곡〉 지옥편

사법이 바뀌면 사회가 바뀐다

너희가 비판하는 그 비판으로 너희가 비판을 받을 것이요,
너희가 헤아리는 그 헤아림으로 너희가 헤아림을 받을 것이니라.
– 마태복음 7:2

이 책은 앞서 출간한 《절망의 재판소》의 자매서라고 할 수 있다. 《절망의 재판소》가 사법제도를 비판한 책이었다면 이 책은 판사와 재판에 대한 비판을 주 내용으로 하고 있다. 즉, 두 책의 내용에 관련은 있지만 독립된 책이다. 물론 두 책을 모두 읽음으로써 보다 입체적인 이해가 가능하다. 그래서 이 책에서는 《절망의 재판소》를 적절히 인용하고 있다.

좀 더 구체적으로 말해 《절망의 재판소》가 재판소·재판관 제도와 재판관 집단의 관료의식을 비판, 분석한 책으로 재판에 대해서는 대략만 다루었다면, 그에 비해 이 책에서는 재판소와 재판관에 의해 진행되는 재판 현실과 그 문제점에 대해 구체적인 예를 들어가며 자세히 설명하고, 가능한 한 이해하기 쉽게 서술하려고 했다.

재판관(재판소)이 국민·시민을 접하는 장면은 우선 각종 소송을 통해서이다. 그 결과는 판결·결정 등의 재판이나 혹은 화해로 이어져 사람들을(즉 당신을) 속박한다. 그런 의미에서 생각해보면 국민·시민에게 가장 중요한 것은 재판의 내용이며, 제도나 재판관의 모습은 그 배경으로서의 의미밖에 없다.

　하지만 재판의 내용을 정확히 이해하는 것은 그리 쉬운 일이 아니다. 법학부나 로스쿨 학생들에게조차 처음에는 만만치가 않다. 재판에 대해 분석하기에 앞서 우선 그 형태를 쉽게 알아볼 수 있고 그 의미를 이해할 수 있는 제도에 대한 분석을 한 것은 그렇게 해야 재판 내용에 대한 이해가 쉽기 때문이다.

　게다가 재판 내용은 일반 시민이 생각하고 있는 것 이상으로 문제가 크다. 그에 관해서는 변호사를 포함한 법률실무가(이 책에서는 같은 의미로 '실무', '실무가'라는 말을 사용한다)조차도 어쩌면 충분히 이해하고 있지 못할지도 모른다. 학자도 각자의 전문 분야에 관해서는 잘 알고 있지만, 전체를 총괄하는 관점까지 갖추고 있다고는 말할 수 없다. 하물며 미디어(특히 대중매체)들은 사법체계나 재판에 대한 충분한 이해를 갖지 못하고 있다.

　이러한 의미에서 보면 지금까지 재판에 대해 포괄적, 종합적, 구조적인 분석이 거의 행해진 적이 없기 때문에 이 책의 내용에 경악하고 재판에 대한 인식을 새로이 하는 독자들도 많을 것이다.

　책의 구성에 대해 간단히 설명해두기로 하겠다.

　우선 제1장, 제2장에서는 33년 동안에 걸친 재판관으로서의 경험과 그와 병행해서 진행해온 학자로서의 연구를 바탕으로 '재판관은 어떻게 판단을 내리는가'라는 것을 기능적, 사실적으로 분석했다. 또한 재판관의 인간성이나 능력에 따라 재판의 내용이 얼마든지 달라질 수 있다는 사실을 구체적인 사례를 들어 설명했다.

제3장부터 5장까지는 이 책의 핵심 부분으로, 자세하고 알기 쉽게 서술하기 위해 노력했다. 3장에서는 형사재판(억울하게 뒤집어쓴 죄와 국책수사)에 대해 썼고, 4장과 5장에서는 넓은 의미에서의 민사재판을 다루었다. 4장에서는 명예훼손 손해배상청구 소송, 원자력발전소 소송이라는 두 가지 소송 유형을 중심으로 최고재판소 사무총국이 하급심의 재판 내용을 통제해온 사실에 대해 썼고, 5장에서는 행정소송, 헌법소송 등 관료재판의 폐해가 심각한 몇 가지 소송 유형을 선택해서 분석했다(최고재판소 사무총국은 재판관·재판소 직원에 관한 행정, 즉 '사법행정'이 목적인 최고재판소 내부의 행정조직으로, 인사국 등의 순수행정 분야와 민사국·행정국·형사국 등의 사건계 분야로 나뉜다. 《절망의 재판소》 25쪽 이하).

제6장에서는 재판관의 속셈을 밝히고, 일본 재판관이 행하고 있는 국제표준을 벗어난 화해 강요 실태와 그 이면에 대해 심도 있게 검토를 했다. 이는 당신이 민사소송의 당사자가 되었을 경우에는 반드시 알아두어야 할 내용이다.

제7장에서는 일본의 재판이 왜 무사안일주의로 흐르고, 선례나 권위를 추종, 지향하게 되는지를 구조적인 관점에서 설명했다.

7장에는 당연히 제도적인 분석도 포함되어 있는데 전작 《절망의 재판소》에서는 다루지 않았던 측면을 중심으로 '재판'과 관련된 것에 한해서, 그리고 그와 같은 각도에서 논해보았다.

제8장에서는 사법개혁을 위해서 무엇을 할 수 있는가 하는 질문에 구체적으로 답하고, 아울러 재판관의 인간적인 측면, 그 고독과 우울에 대해 이야기해보았다.

《절망의 재판소》는 사법, 법조계를 다룬 교양서로는 거의 최초라 해도 좋을 정도로 큰 반향을 불러일으켰다. 신문, 잡지, 텔레비전, 라디오에서부터 웹매거진까지 내가 알고 있는 것만 해도 40군데 이상의 다양한 매체에서 이 책을 다루었다. 국제적으로도 반향이 커서 한국의 대법원에서는 유학 중인 재판관에게 부탁해서 급히 10권을 보내달라고 했으며, 또 출간 5개월도 되지 않은 이른 시기에 한국어판이 간행되었다. 미국 등의 외국 언론으로부터의 취재 요청이 있었기에 나는 미국 로스쿨의 일본법 연구자들 여러 명을 친구로 얻게 되었다.

그 이유는 무엇일까?

두 가지 이유를 생각해볼 수 있을 듯하다.

하나는 일본의 재판소와 재판관이 안고 있는 여러 문제를 내부자와 외부인 양쪽의 시점에서 포괄적, 구조적으로 비판하고 분석한 책이 지금까지 존재하지 않았다는 점 때문이 아닐까 싶다.

또 다른 이유는 사법·재판에 대한 사람들의 불신과 불만이 더이상 참을 수 없을 정도로 쌓여 있었기 때문이기도 한 듯하다.

민사소송에서는 어느 한쪽이 이기고 다른 한쪽이 지게 되어 있으니 법률 이용자의 만족도(소송제도에 대한 만족도)가 원래 50%에 가까워야 하는데, 그것이 33% 이하라면 상당히 심각한 상황이라고 할 수 있다. 그런데 광범위한 설문 조사의 결과는 놀랍게도 만족도는 18.6%(2000년)에 불과했으며, 그 이후 두 번에 걸친 조사에서도 그 수치는 24.1%(2006년), 20.7%(2011년)로 거의 개선되지 않았다(일본변호사연합회 편저 〈변호사 백서〉, 2012년판 62쪽).

　또한 같은 기간 동안 지방재판소에 신규로 접수된 민사소송 사건 건수는 2009년도를 정점으로 감소하고 있고, 소송사건 이외의 사건까지 포함한 지방재판소 민사사건 전체의 신규 접수 건수는 2003년도를 정점으로 모두 감소하고 있다. 따라서 2013년도 기준으로 전자는 피크 때의 67.5%, 후자는 피크 때의 45.1%인 상황이다(《절망의 재판소》 175쪽에서 제시한 2012년도의 숫자에서 다시 큰 폭으로 감소). 그리고 내가 직업을 바꾼 2012년경 민사소송은 난해한 사건의 비율이 눈에 띄게 줄어든 것으로 보아 국민이 소송을 기피하는 경향을 실제로도 느낄 수 있게 되었다.

　사법제도 개혁으로 변호사의 숫자가 급격히 늘어나고 재판관도 상당히 증가한 상황에서 위와 같은 참담한 숫자는 사법(재판)에 대한 국민들의 실망이 크다는 점을 나타내는 것이다. 일본의 재판소·재판관에 대해, 그리고 사법과 재판에 대해 '절망'하고 있는 것은 비단 나뿐만이 아니다.

이 책은 국민·시민이 사법에 대해 그 기능과 실태를 파악하고 지속적으로 감시함과 동시에 보다 바람직한 것, 참으로 국민·시민을 위한 것으로 만들어 나가는 데 필요한 기본적인 시각과 지식을 제공하기 위한 책이다.

《절망의 재판소》와 마찬가지로 방대한 정보를 간결하게 응축해서 밀도 높게 서술했으니 꼼꼼하게 읽어서 사법·재판에 대한 나름대로의 견해를 갖고 거기에 적절히 대처할 수 있는 시민이 되도록 도움이 되었으면 하는 바람이다.

그럼 본론으로 들어가기로 하겠다.

CONTENTS

CONTENTS

CONTENTS

CHAPTER 8

재판관의 고독과 우울

CHAPTER 1

재판관은
어떻게
판결을 내릴까?

— 그 판단 구조의 실제

재판에는 어떤 것이 있을까? 3심제는 국제표준일까?

우선은 재판의 종류와 주요 유형을 머릿속에 넣어두시기 바란다. 종류에 따라 분류하면 재판에는 판결, 결정, 명령이 있다. '판결'은 일반적인 것으로 그 명칭은 대부분 알고 있다. 권리, 의무의 존재 혹은 부존재에 대한 확정이나 유·무죄의 확정은 그 재판에 의한 것이다. 통상적인 소송에서 구두변론이라 불리는 (당신이 영화나 텔레비전에서 본 것과 같은) 엄격한 공개 법정에서의 심리를 거쳐 행해지는 재판으로, 법정에서 선고함으로써 효력이 발생한다.

결정이나 명령의 경우는 반드시 구두변론을 거칠 필요는 없다. '결정'이란 절차적인 사항에 대한 재판, 혹은 민사보전, 민사집행 등 '좁은 의미에서의 소송절차 이외의 절차'에 대한 재판이다. 하지만 민사보전의 결정 등은 실제로 중요성 면에서 판결과 거의 동등한 경우도 있다(《절망의 재판소》 30쪽). '명령'은 재판소로서의 자격에 바탕을 둔 재판이 아니라 재판관으로서의 자격에 바탕을 둔 재판인데, 일반 독자에게는 그다지 중요한 개념이 아니다(이처럼 세세하고, 또 이해하기 어려운 개념을 정확하게 설명하려면 상당한 분량을 차지하기 때문에 이와 같은 종류의 개념 설명은 원칙적으로 생략하도록 하겠다).

다음으로 재판의 주요 종류 및 분야에 대해 설명하겠다.

형사재판이 가장 알기 쉽다. 범죄가 있었던 곳에는 반드시 형사재판이 있었을 테니, 그런 의미에서 형사재판의 기원은 모세의 십계까지 거슬러 올라가 민사재판보다 더 오래되었을지도 모른다. 보통 사람들이 재판이라고 하면 우선 형사재판을 떠올리는 것도 이러한 이유 때문일 것이다. 형사재판이 재판관, 특히 젊은 재판관에게는 인기가 없다고 서술한 대목(《절망의 재판소》 77쪽 이하)이 일반 독자들에게는 꽤나 뜻밖이었던 모양이다.

민사소송은 크게 통상민사소송, 행정소송, 인사소송으로 나뉜다. 행정소송은 공권력과 개인의 관계를 다루는 것이며, 인사소송은 이혼 등 사람들의 신분관계를 다루는 것이다. 절차는 전부 민사소송법을 바탕으로 하며 큰 차이는 없다. 예전에는 인사소송을 지방재판소에서 담당했으나, 2004년 이후부터는 가정재판소에서 하게 되었다.

이와 관련해 상소(上訴)제도에 대해서도 이야기해두겠다. 일본에서 재판은 3번까지 다툴 수 있다는 통념이 강하지만 실제로는 일반적인 사실이 아니다. 우선 형사재판을 보면, 무죄판결에 대해 검사가 상소할 수 없는 것이 요즘의 국제 표준인데, 일본의 경우 검사가 상소할 수 있어 오히려 예외적이라 할 수 있다. 유·무죄에 대한 판단을 배심원 평결에 맡기고 재판관은 관여하지 않는 배심제가 이루어지고 있는 미국·영국 등 영미법계 각국에서는 원래부터 그랬으며(시민의 판단을 존중), 독일·프랑스 등 대륙법계 각국에서도 형사재판에 대한 시민의 사법참여제도 도입에 따라서 이 같은 흐름이 되었다.

이 책의 제3장에서도 논한 것처럼, 일본의 형사사법이 철저하게 검사 주도로 행해지고 있어서 피고인이 무죄판결을 받기가 매우 어렵다는 사실에 비추어보면 일본에서는 무죄판결에 대한 (검사의) 상소를 더욱 인정해서는 안 될 것이다. 재판관 재판에 의한 무죄판결에 대해서는 더더욱 그렇다. 이 부분에 대해서는 법 개정이 필요하다.

민사소송에 대해서는 국가에 따라 제도가 상당히 다르다. 일본에서는 제1심뿐만 아니라 항소심도 사실심(사실인정을 행하는 재판소)이고 상고심만이 법률심이다.

하지만 예를 들어 미국의 경우 사실심은 제1심에 한정되며 항소심은 원칙적으로 제1심의 사실인정*을 바탕으로 법률문제를

---

* 사실인정(事實認定) : 법원이 사실의 존재 여부를 판단하는 일. 재판의 기초가 된다.

심리할 뿐이다. 따라서 상소에서 원판결을 뒤집기란 일본 이상으로 어렵다. 이는 아무래도 미국의 제도가 배심제를 전제로 만들어져 있는 것과 관련이 있을 듯하다. 실제로 미국에서도 민사 재판에서는 배심제가 그다지 행해지지 않지만, 절차법(소송법)에 있어서는 배심제의 영향이 민사에서도 큰 편이다. 그리고 민사배심의 경우에는 사실문제와 법률문제를 나누어, 각각을 배심원과 재판관의 판단에 맡기고 있다. 복합적인 문제에서는 양자가 공동작업을 한다.

한편 대륙계 각국에는 금액에 따라 상소에 제한을 두기도 하고 (소액 소송에는 항소나 상고에 특정 제한을 둔다), 프랑스 최고재판소는 오로지 법률 해석의 통일을 목적으로 한 특별한 재판소여서 법적 성격으로 보면 오히려 2심제라 보는 것이 적절하다. 이렇듯 나라마다 다양하다.

일본의 경우 지금의 민사소송법이 시행된 1998년 이전까지는 상고 제한이 없어서 어떤 사건이든 상고할 수 있었는데, 이는 매우 특이한 제도로 최고재판소의 부담을 가중시키는 요인이 되었다. 따라서 지금의 민사소송법에서는 헌법위반이나 중대한 절차위반 이외에 대해서는 상고수리(上告受理) 제도를 두어 상고수리 신청을 수리할지 말지를 최고재판소의 재량에 맡기고 있다. 중요한 법률문제를 포함하고 있다고 판단되는 상고수리 신청만을 수리하고 있는 것이다.

이처럼 법제도, 또는 법적 견해, 사고방식, 가치관, 즉 사람들의 법의식은 나라에 따라 큰 차이를 보인다. 일본의 일반 시민뿐만 아니라 실무가가 당연한 상식으로 생각하고 있는 것조차 국제적으로 보면 전혀 그렇지 않은 경우가 사법·재판 영역에는 흔히 있다. 다시 말해서 사법·재판은 그 나라의 문화와 깊은 관계가 있다고 할 수 있다.

그렇다면 사법제도 전체 중에서 가장 중요한 심급(審級)은 무엇일까? 그것은 틀림없이 제1심이다. 가장 많은 사건이 이어지고, 따라서 국민·시민의 생활과 가장 밀접한 것이 제1심이기 때문이다. 최고재판소에 비해서 고등재판소나 지방재판소를 하급심이라 부르는데, 하급심이야말로 사법·재판의 생명선이라는 점이다.

새로운 방향을 제시하는 민주적 판결은 지방재판소에서 가장 많이 나오며, 최고재판소는 헌법재판소로서의 기능을 제대로 수행하고 있지 못하기에 비교법(比較法)적으로 봐도 그 중요성은 상당히 떨어진다. 참으로 안타까운 일이지만 일본의 최고재판소는 그 내용으로 봐서 오히려 '최저재판소'라고 평가하는 것이 더 어울릴 만한 판결까지도 내리고 있다(이 책의 제4장, 제5장,《절망의 재판소》133쪽 이하). 또한 도덕이나 법령준수라는 측면에서도 지금의 최고재판소 사무총국의 상황은 매우 형편없다(이 책 제7장, 제8장,《절망의 재판소》제1장 및 제3장, 제6장). 다시 말해서 일본의 최고재판소에 커다란 환상을 품어서는 안 될 것이다.

그리고 판결이라는 것은 나름대로의 심리를 거쳐서 내려지는 것이기 때문에 일단 판결이 나면 누가 봐도 이상한 내용이 아닌 이상 그것을 뒤집기란 쉽지 않다. 미국뿐만 아니라 일반적으로도 항소심에서 제1심 판결을 뒤집으려면, 제1심에서 승소할 때보다 훨씬 더 큰 에너지와 노력을 필요로 한다. 그런 의미에서도 제1심 은 매우 중요하다.

재판관의 판단은 사실 축적에 의한 것일까, 직감에 의한 것일까?
FBI 심리분석관 분석과의 공통점

재판의 내용은 소송 당사자(이하 간단히 '당사자'라고 하겠다. 여기 에는 당사자 본인을 가리키는 경우와 변호사를 포함하는 경우가 있다) 의 주장인 '사실'과 재판관의 판단, 즉 결론인 '주문(主文)', 그리 고 그 근거를 나타내는 '이유'로 이루어져 있다. 이유의 내용은 사 실인정과 법률적 판단으로 이루어져 있다. 사실인정이란 당사자 가 주장하는 사실이 있었는지 없었는지, 사실관계에 관한 쌍방 의 주장 가운데 어느 쪽이 옳은가 하는 것이며, 법률적 판단이란 인정된 사실을 법률에 적용하면 어떻게 되는가 하는 것이다.

사실심(事實審) 판결에서 절대적으로 중요한 것은 사실인정으 로, 법률상의 논점이 첨예하게 대립되는 경우는 매우 드물다. 로 클럭(law clerk, 재판연구원. 미국 재판관의 보좌관, 로스쿨을 우수한 성적으로 졸업한 사람들이 맡는다. 《절망의 재판소》 39쪽, 243쪽)이나 변호사 경력자가 많은 미국의 학자와는 달리, 일본의 학자 대부 분은 이 같은 사실을 충분히 이해하고 있지 못하는 경우가 많기

26

때문에 판례에 대한 사실인정 분석이 느슨하기 쉽다(여기서 판례란 판례집이나 판례, 법률잡지 등에 게재되어 선례로서 일정한 가치를 얻은 재판을 말한다).

그럼 재판관의 판단 과정에 대해 사실적으로 되짚어보자. 재판관의 판단은 판결에 기록되어 있는 것처럼 각각의 증거를 검토하여, 혹은 몇 가지 증거를 종합평가하고 단편적인 사실을 확인한 뒤 그 사실들을 종합, 재구성해서 사실인정을 행하고, 그것을 법률에 적용시켜 결론을 내리는 것일까? 아니면 그와 같은 사실의 축적 방식에 의해서가 아닌 어떤 종합적 직감에 바탕을 두고 결론을 내리는 것일까?

이에 대해서는 견해가 엇갈리는데 나는 후자라고 생각한다. 현직·전직 재판관들 가운데도 이렇게 생각하는 사람이 많을 것이다.

다시 말해서 재판관은 주장과 증거를 종합해서 얻은 직감으로 결론을 내리는 것이며, 판결에 대해서 앞서 표현한 것과 같은 사고 과정은 그것을 뒷받침하는 검증, 설명에 지나지 않는다.

최근 나온 뇌신경과학 연구의 성과도 이 사실을 뒷받침하고 있다. 특히 노벨상 수상자 제럴드 M. 에덜먼은 창조적 사고, 선택주의적 사고(패턴 인식)는 직감과 깊은 관련이 있으며, 논리적 사고는 주로 검증을 위한 것이라고 분명히 말했다(《뇌는 하늘보다 넓다—의식이라는 놀라운 재능(Wider than the Sky : The Phenomenal Gift of Consciousness)》). 의식의 범위는 극히 협소하며, 인간의 창조적 활동의 대부분은 무의식 수준에서 이루어진다는 과학 저널리스트의 견해(토르 노레트랜더스, 《사용자 환상—의식이라는 환상》)도 이러한 생각에 따른 것이리라.

어느 베테랑 재판관이 "공소장을 보면 90% 정도는 승패를 예상할 수 있다"고 호언장담한 적이 있었다. 약간의 과장이 섞인 말이라 생각되지만, 나 역시 소장(訴狀), 답변서, 쌍방의 준비서면 2통 정도, 그리고 쌍방의 주요한 서증(書證, 서면 형식에 의한 증거로 실제의 소송에서는 증거의 대부분이 여기에 해당한다)을 보면 70~80% 정도는 예상할 수 있다. 실제로 이와 같은 단계에서 직감적으로 얻은 심증이 그 후의 심리에서 뒤바뀐 경우는 극히 적었던 것으로 생각된다(여기서 '심증'이란 심리 과정에서 재판관의 마음속에 형성되는 사안에 대한 인식 내지 확신을 말한다). 하지만 마지막에 증인이나 당사자 본인(인증(人證)이라고 한다) 심문을 하기 전까지 판단이 서지 않았던 사건도 20~30%는 있었다.

물론 재판관은 심리 진행 단계에서 얻은 어느 정도 정리된 최초의 심증에 대해 그 후의 심리과정에서 그것이 정말로 옳은지를 면밀하게 계속 검증해야 한다. 이것 역시 당연한 일이다. 최초의 직감에 지나치게 확신을 갖는 것은 극히 위험한 일로, 민사에서든 형사에서든 잘못된 재판의 원인이 되기 쉽다.

그렇다면 직감적 판단은 어디에서 오는 것일까? 나는 이것이 틀림없이 무의식의 영역에서 형성되는 것이라고 느끼고 있었다. 연구, 집필 등의 창조적 활동에 있어서 무의식에서 오는 직감이 큰 역할을 한다는 사실은 과학자를 비롯해 수많은 사람들이 인정하고 있다. 에덜먼이 말한 것처럼 창조적 사고는 직감과 깊은 관계가 있다. 그리고 아마도 그러한 사실은 재판에 있어서도 크게 다르지 않을 것이다. 단지 주장과 증거가 재판관 외부에서 주어진다는 점만이 다를 뿐이다.

예를 들어 재판관은 주장이 전체적으로 일관되고 이해하기 쉬운지(억지스런 주장은 그 억지를 감추기 위해 여러 변명이나 설명을 해야 하기 때문에 이해하기 어렵게 되고 만다), 의심스러운 점, 이해할 수 없는 점, 설명이 부족한 점은 없는지, 중요한 증거와 모순되는 점은 없는지, 당연히 있어야 하는데 누락된 증거는 없는지, 서증의 기재 내용에 문제는 없는지 등과 같은 것들을 중심으로 주장과 증거를 검토해 나가야 하지만, 실제로는 심리를 진행해 가다보면 어떤 시점에서 '아아, 그렇군' 하고 사건의 전체가 보이기 시작하는 경우가 많다. 말하자면 '문득 깨닫게 되는 것'이다. 이와 같은 경우에 작용하는 뇌의 메커니즘과, 앞서 말한 연구, 집필 등의 경우에 작용하는 뇌의 메커니즘 사이에 본질적인 차이는 없으리라 생각된다.

인간의 1차적인 판단은 직감에 의한 것이라는 사실을 보여주는 하나의 극단적인 예로, 병아리 암수 구별법 가운데 항문 감별법을 들 수 있다. 이 방법은 패턴인식이 열쇠가 되는데, 일반적인 사람들은 전혀 구별을 하지 못한다. 사실, 구별을 할 줄 아는 사람들에게도 감별 기준에 대해 구체적으로 설명하기란 쉬운 일이 아니어서, 스승에게 배울 수밖에 없는 감별법이라고 한다. 논리적 사고에 의한 검증조차 어렵다고 한다.

병아리의 암수 감별은 그 대상이 간단한 경우지만, 좀 더 복잡해서 재판에서의 종합적 직감에 바탕을 둔 판단과 유사한 것으로는 예를 들면 FBI 행동과학과의 수사관이자 프로파일링(심리적 분석에 의한 범인 모습 추정법) 전문가였던 로버트 K. 레슬러의 방법《FBI 심리분석관》,《FBI 심리분석관 2》)이 매우 흥미롭다. 레슬러의 프로파일링 방법은 매우 면밀한 실증주의적 추인(推認)이다. 한편으로는 범죄에 관한 모든 정보를 종합적으로 분석하고, 그 정보를 범죄현장 상황 등과 같은 매우 다양한 항목에 걸친 과거의 방대한 데이터와 비교하면서, 다른 한편으로는 그 동안 길러온 직감과 심리학적 지식을 바탕으로 범인의 모습을 좁혀나간다. 두 번째 책에 실려 있는 1994년의 쓰쿠바 모자 살인사건(의사가 처자를 살해한 사건)의 경우는 한정된 데이터만으로도 참으로 명쾌한 분석을 했다. 이들 책에는 실려 있지 않으나 1997년의 고베 아동연쇄살상사건(사카키바라 소년사건)에 대해서도 프로파일링을 행했는데 나이만 3년 정도 틀렸을 뿐, 많은 점에서 사실과 일치하는 추측을 했다고 한다.

레슬러 프로파일링 방법의 기본은 전문적인 경험칙(經驗則), 즉 경험을 종합해서 얻은 현상에 관한 법칙에 의존하면서 범인의 모습을 철저하게 '외부'에서부터 상상해나가는 것이다. 범죄자의 내면에 필요 이상으로는 접근하지 않는다. 그 방법은 민사소송에서 재판관이 사실인정을 행하는 방법과도 비슷한 부분이 많다. 유사 사건이나 기억의 데이터에 바탕을 둔 면밀한 추인, 인간 행동과 심리에 대한 내재적 이해보다는 증거에 비추어 모순이 없는지를 보고 시야를 넓혀서 외부에서부터 객관적으로 이해해 나가려는 부분이 매우 비슷하기 때문이다.

나는 재판에서의 사실인정은 가능한 한 개인의 내면 영역에 관한 것은 고려하지 않아야 한다고 생각한다. 이혼소송을 예로 들면, 증거를 통해 확실히 인정할 수 있는 객관적 사실을 중심으로 사실을 구성하고, 남편이나 아내가 어떻게 생각했네, 어떻게 느꼈네 하는 등의 내면적 사정은 최소한으로만 접근해야 한다. 민사소송이라 할지라도 역시 국가 권력이 작용한다는 면이 있기에 함부로 내면 영역에 들어가서는 안 되며, 그러한 자세로 사실인정을 하면 특정 단어에 발목을 잡혀 판단을 그르치게 되기 쉽기 때문이다. 사실인정은 소설도 에세이도 아니기 때문에 허구와 비슷한 인상을 주는 사실인정은 요주의해야 하는 경우가 많다.

마찬가지로 레슬러의 범죄분석에도 객관적 요소가 강하다. 예를 들어 1980년대 말 여자아이 연쇄유괴살인사건에서 범행 후 범인(미야자키 쓰토무)의 행동(피해자의 부모에게 편지나 유골을 보냄)에 대해서는, 성적 사디즘에 바탕을 둔 것으로 피해자에 이어 부모에게도 고통을 줌으로써 쾌락을 얻는 것이라는 극히 단순하고 적확한 분석을 했다. 그는 일본의 지식인들과는 달리 편지의 세세한 내용에는 신경 쓰지 않았고 어디까지나 외부에서 기능적으로 행위의 의미를 살펴보기만 했다.

판결의 역할과 그 바람직한 모습

그렇다면 판결 내용이 사실·논리의 연역적 축적에 의해 작성
되는 것은 어째서일까?

그것은 판결이 이상과 같은 직감적·종합적 판단을 사후에 논
리적으로 검증하면서 작성되기 때문이다. 쓰쿠바 모자 살인사건
에 대한 레슬러의 명쾌한 분석 역시 방대한 데이터, 지식, 경험에
바탕을 둔 그의 직감을 나중에 논리적으로 설명한 것이리라.

이 같은 의미에서 판결이란 재판관의 판단을 뒷받침하기 위한
검증, 설명, 정당화라고 해도 좋을 것이다. 다시 말해서 인간의 생
각 메커니즘은 먼저 결론을 내놓고 나중에 그것을 검증, 논리화
하는 과정으로, 재판의 경우도 예외가 아니다. 그런데 인간의 생
각에서 결론이 논리화보다 앞서는 이유에 대해서는 진화론적으
로 설명하는 학자도 있다. 눈앞에 호랑이나 사자가 나타났을 때,
어떻게 행동해야 할지 결론을 내리기에 앞서 검증과 논리화를 먼
저 행한다면 살아남을 수 없고 자연에서 도태된다는 것은 명백
한 사실이다.

판결의 이 같은 성격을 생각해본다면, 판결의 바람직한 모습도
저절로 분명해질 것이다. 기본적으로 민사의 판결도 '길고 세세
하게'가 아니라 '가능한 한 정확하고 분명하고 읽기 쉽게, 그리고

가능한 한 간결하게' 되는 것이 적절하다. 그리고 판단의 핵심이 되는 주요 부분에 대해서는 그 이유를 입체적, 다각적으로 자세히 기술하는 것이 바람직하다.

일본에서는 형사사건 유죄판결의 경우, 핵심 부분에 대한 서술을 포함하여 매정할 정도로 간단한 경우가 대부분이다. 이는 변호사가 파고들 여지를 주지 않으려는 형사계 재판관의 방어반응이 작용한 때문이리라. 또한 '갑자기 욕정에 사로잡혀서(강간)…', '날카로운 어조로 노려보며 협박하여(협박)…' 등처럼 공소장과 똑 같은 표현도 심심찮게 볼 수 있다. 이와 같은 표현 자체가 틀에 박힌 '유죄의 수식어', '유죄의 언어'인데 일본의 형사판결은 검사의 표현을 똑 같이 사용하는 경우가 많다는 사실에 주목할 필요가 있다.

한편 민사의 판결은 필요 이상으로 길고 읽기 어렵지만 소송의 중요 쟁점에 대해서는 역시 매몰찰 정도의 형식논리뿐이어서 사무적으로 처리해버리는 경우가 상당히 많다. 매정한 관료적 작문이라고 할 수 있겠다.

일본의 변호사는 길고 세세한 판결을 좋아하는 경향이 강하다. 이는 그렇게 하는 편이 항소 이유를 작성하기 쉽다는 것도 있지만, 보다 근본적으로는 일본인 특유의 이른바 '판박이 리얼리즘'이라고 부를 만한 견해, 즉 진실은 하나밖에 없으며 또한 그것은 밝혀질 것이라는 소박한 인식론(사실 인식의 상대성을 인정하지 않는 인식론)에서 유래하는 것이라 생각된다. 여기서 '판박이 리얼리즘'이란 본래의 리얼리즘과는 다른 견해로, 즉, 자신과 세계, 혹은 타자를 구별하지 않고 스스로의 구체적인 경험을 아무런 매개도 없이 법칙화하는 사고를 말한다. 이와 같은 인식론에 대한 비판은 제2차 세계대전 이후 일본 사상사의 큰 과제 중 하나였다.

그런데 실제로는 일반 국민·시민들 수준과 비교해보면 오히려 재판관이나 변호사 쪽이 앞서 말한 의미에서의 '하나밖에 없는 사실·진실'에 대한 집착, 판박이 리얼리즘적 경향이 더 강하다. 진실의 세부에 집착하는 경향은 나이 많은 실무가일수록, 또 장인(匠人)과도 같은 성향의 실무가일수록 강하다. 이것이 일본 재판의 특징이라 불리는 이른바 '정밀사법'적 경향(이는 원래 형사재판에서 쓰이던 말이었으나 민사재판에도 이 같은 경향이 있다)인데, 그것이 진실에 가깝다는 증명은 어디에도 존재하지 않는다. 미주알고주알 파헤치는 듯한 세세한 서술은 오히려 판단의 결함을 은폐하는 역할을 하는 경우도 많은 법이다.

사실인정을 할 때 재판관에게는 무엇보다 겸손한 자세가 필요하며, 지나치게 세밀한 사법적 경향은 온정주의와 가부장적 간섭주의에 빠지기 쉬울 뿐만 아니라 객관적 사실과는 다른 잘못된 사실인정으로 인도할 위험성도 있다. 인간의 주관에 관한 사안에 대해서는 특히 그 위험성이 크다.

재판은 당연히 당사자를 위한 것이지 법률가 자신을 만족시키기 위한 것이 아니다. 올바른 사실인정·판결문 역시 기본적으로

는 일반 국민·시민의 의식에 부합하는 것이 바람직하다고 생각
한다.

재판관의 종합적 능력과 인간성의 중요성

위와 같은 재판관의 판단 구조에 대한 분석 결과는 어떠한 점
을 시사하는 것일까?

그것은 재판관의 일반적·법적 능력, 통찰력, 식견과 비전, 겸허
함, 인권의식, 민주적 감각 등의 중요성을 암시하는 것이리라.

재판관의 판단이 재판관의 능력, 지식, 경험, 인간과 사회에 대
한 견해, 인권의식 등의 종합적인 함수라고 한다면, 지적 능력은
높지만 냉정하고 이기적인 재판관이 사람들에게 따뜻한 판단을
내릴 리 없으며, 인간성이 좋다 해도 능력이나 종합적인 비전이
부족한 재판관이 바람직한 방향을 제시하는 판결을 내리기도 어
려울 것이다.

이것이 커리어시스템의 큰 문제점 중 하나다. 커리어시스템이란
넓은 의미에서는 공직을 평생의 직업으로 보장하는 제도를 가리
키지만, 법률 사무가에 국한해 말해보면 사법시험에 합격한 젊은
이가 사법수습을 거쳐 그대로 재판관·검찰관이 되는 관료재판
관·검찰관 시스템을 말한다(《절망의 재판소》 42쪽). 일본의 피라미
드형 커리어시스템에서는 소송 당사자를 소송기록의 한 귀퉁이
에 적혀 있는 단순한 기호로밖에 보지 않으며, 또한 평범한 사람

들의 심경 변화를 전혀 알지 못하는 재판관이 발생하기 쉽고, 재판관의 능력이나 도덕성이 떨어지면 그러한 경향이 한층 더 가속화되기 쉽다.

일본에서는 재판관에 대한 인식이, 사실과 주장을 입력하면 그것을 분석해 법률에 적용시켜 균일한 결과를 산출하는 일종의 '인간기계'처럼 생각하는 사람들이 많다. 더욱이 그런 경향은 일반 시민뿐만 아니라 변호사, 법학자들 중에도 상당히 많다. 재판관의 검은 법복과, 어두침침하고 쉽게 범접을 허락하지 않는 듯한 재판소 건물의 분위기도 그러한 경향을 조장하고 있다.

나는 재판관 시절부터 일본의 법복이 마음에 들지 않았는데 당시에는 디자인 때문이라고 생각했는데, 지금 와서 생각해보니 그 위화감은 법복을 입음으로써 법정에서 '인간기계'로 인식된다는 사실에 기인한 면이 컸던 게 아닐까 하는 생각이 든다. 마치 총안(銃眼)이 뚫려 있는 회색 요새처럼 보이는 최고재판소 건물 디자인도 사법관료의 '인간 기계성'을 상징하는 것 같다는 느낌이 든다.

하지만 재판관을 인간기계처럼 보는 사고방식은 분명 잘못된 것이다. 사실 재판은 살아 있는 인간이 행하는 것이기 때문에 소송지휘, 화해, 판결 등 모든 국면에서 재판관의 인간성이나 능력에 따라 그 질과 내용이 크게 좌우된다.

재판의 생명 : 사건의 개별성과 본질을 꿰뚫는 눈

그렇다면 재판관의 생명, 즉 재판을 하는 데 있어서 가장 중요한 사항은 무엇일까?

그것은 사건의 개별성과 본질을 응시하여 올바로 꿰뚫어보는 '눈'이라고 생각한다.

사건이란 사람과 마찬가지로 하나하나에 개별성이 있다. 그 개별성이야말로 사건의 생명이라고 할 수 있다. 다시 말해서 사건, 분쟁의 본질인 것이다. 재판관은 그것을 구별해낼 줄 아는 눈을 가지고 있어야만 한다.

하지만 이와는 달리 사건을 카테고리 분류에 적용시켜 기존 판례의 다수파 의견에서 이끌어낸 매뉴얼에 따라, 마치 일정한 절차에 따라 이루어지는 행정 사무처럼 획일적으로 처리해나가려는 경향을 흔히 볼 수 있다. 이와 같은 정형적이고 획일적인 '사무처리 방침'은 가령 최고재판소 사무총국이 작성한 (혹은 그러한 방침에 맞춰 현장의 재판관들이 작성한) 사건처리 지침이나 매뉴얼 등에 노골적으로 드러난다. 그 실례에 대해서는 제4장, 제5장에서 논하겠지만 사건의 생명인 개별성을 묵살해버리기 쉬운 면이 있다.

지금까지 한 말뜻은 다시 말하면 사건의 이면에 있는 당사자의 '목소리'를 가만히 귀 기울여 들어주어야 한다는 말이기도 하다. 당사자가 만족하느냐 불만족하느냐는 재판의 승패만으로 결정되는 것이 아니다. 심리과정에서 재판관이 자신의 목소리에 진지하게 귀 기울여주는가 하는 점에 당사자는 매우 민감하다. 그렇기 때문에 재판관이나 상대측 대리인이 무심코 던진 말, 혹은 부주의한 말에 큰 상처를 입는 경우도 많다. 때에 따라서는 자기 대리인의 말에 불신을 품는 경우도 있다.

실제로 소송을 경험한 당사자가 상처를 받는 경우는, 승패에 의한 것보다 오히려 결론에 이르는 과정에서의 이러한 잔혹한 말 때문인 경우가 더 많을지도 모른다. 예를 들어 화해의 자리에서 "이런 사건은 이 책상 위에 올려준 것만 해도 감사하게 생각해야 돼"라는 식의 말, 가사조정이 성립된 순간에 나온 가정재판소 소장의 "나는 바쁘니 얼른 끝내세요"라는 식의 말 등, 내가 들은 것만 해도 일일이 그 예를 들 수 없을 정도이다.

재판관은 대립하는 당사자들, 혹은 그 당사자들과 이해가 완전히 일치한다고는 볼 수 없는 변호사들 각각의 복잡미묘한 요청에 적절히 응해야 한다. 이는 매우 어려운 일이다.

원고, 피고, 피의자, 피고인 그리고 피해자 등등의 다양한 소송 관계자 그 누구에게나 자신의 인생은 단 하나밖에 없는, 무엇과도 바꿀 수 없는 더없이 소중한 것이다. 재판관은 언제나 그 '더없이 소중함'을 염두에 두고 재판을 행해야 할 것이다.

사실인정이 어려웠던 네 가지 재판

내가 경험했던 민사소송 가운데서 사실인정에 애를 먹었던, 혹은 사실인정을 잘못했던 사안을 예로 들어 사실인정이 얼마나 어려운지를 소개해보겠다.

첫 번째 사안은 상당히 신용 있는 금융기관에 대한 불법행위 청구였는데, 주장의 골자는 금융기관 직원이 예금 이체와 그와 관한 수표처리와 관련해 부정한 조작을 해서 원고에게 손해를 끼쳤다는 것이었다.

제1심은 원고의 청구를 기각했다. 원고가 정체불명의 자본주에게서 빌린 금전을 투자하여 이익을 얻었기에 상식적인 감각으로 보아 의심스러운 인물이고, 원고가 주장하는 불법행위의 내용이 악덕 은행원들이 암약하는 대중소설 속의 한 장면처럼 여러 명의 직원이 가담한 복잡한 공모행위였기 때문이리라.

항소심 주심재판관이었던 내가 제1심 판결을 읽고 맨 처음 받았던 인상은, 특별히 큰 문제가 있는 사안은 아니라는 느낌이었다. 단지, 판결에 있어서 사실인정에 치밀함이 부족하고, '경험상 금융기관의 직원은 그와 같은 일은 하지 않으리라 여겨진다'는 식의 예단이 느껴지는 말이 몇 번 사용되었다는 점이 약간 마음에 걸렸다. 그리고 화해기일에 출석한 원고도 점잖고 상식 있는 사람처럼 보여 이른바 '사기꾼' 같은 인물이라고 생각되지 않았다.

화해에 대해서는 피고 금융기관이 매우 적은 금액을 제시했기 때문에 응하지 않을 생각이었는데, 나는 판결을 전제로 소송기록을 다시 한 번 꼼꼼하게 읽어보았다. 그러자 원판결이 생각보다 크게 허술하다는 사실을 알 수 있었다. 피고의 주장을 중심으로 증거를 보지 않고 멀찍이 떨어져 전체적으로 다시 분석해보니 원고에게 유리한 객관적이고 확실한 몇 가지 사실들이 징검다리처럼 떠오르기 시작했다.

이에 나는 다음 화해기일에 피고 측 대리인들에게 "이와 같은 증거 평가도 가능할 것 같은데 어떻게 생각하십니까?"라고 물어보았다. 그랬더니 피고 측 대리인들이 급히 검토를 해보고 싶다며 화해기일의 속행을 요구했고, 다음 기일에는 "재판관이 제시한 금액에 화해하겠다"며 방침을 완전히 바꾸었다. 원고는 청구액에 가까운 4000만 엔의 화해금을 받았다.

이 사안에서는 지연 손해금이 상당한 액수에 이르렀기에 청구액에 가까운 금액의 화해라도 피고에게는 충분한 이점이 있었다. 하지만 고액에 화해가 성립되었다는 사실에 가장 놀란 것은 패색이 짙다고 생각한 원고 측 대리인이었을 것이다. 그리고 피고 측 대리인들은 아마도 사건의 진상을 알고 있었던 듯하다. 내가 한 말에 얼굴빛이 바뀌더니 단 한마디의 반론도 하지 않은 채 "급히 검토해보고 싶다"고 답했기 때문이다.

그렇다면 제1심에서는 어째서 잘못된 판단을 내렸던 것일까?

'금융기관에서 설마 그런 짓을 할 리가 없다. 오히려 원고가 의심스럽다'는 예단과, 원고의 주장이 너무나도 잘 짜여진 듯해서 언뜻 황당무계하다는 느낌마저 주었다는 점이 그 이유가 아니었을까 싶다.

두 번째 사안은 빌려준 돈에 대한 반환청구였는데, 돈을 빌려준 사람은 원고들의 어머니인 A씨였다. 원고들은 사망한 어머니가 지인에게 빌려준 돈에 대한 채권을 상속했고 그에 대한 청구였다. 원고들은 어머니의 유품 속에서 차용증을 발견하고 돈을 빌린 피고에게 따져 물었다. 피고는 무성의하고 애매하게 응답했고, 그 후 상당한 시간이 흐른 뒤에 피고는 A씨의 성명을 포함한 전체를 워드프로세서로 작성하고 성명 밑에 인장이 찍힌 영수증(빌린 돈을 상환했다는 영수증)을 원고들에게 보여주었다.

원고들은 이 영수증에 대해, 어떤 이유인지 모르지만 피고가 A씨에게 백지에 인장을 찍게 했고 그것을 이용해 피고가 위조한 것이라고 주장했다. 하지만 그 '어떤 이유'에 대해서는 구체적인 주장을 하지 못했다.

이 사안은 차용증서의 작성 경위가 복잡해서 알기 어려웠으나, 그 사실까지도 포함해 여러 가지 정황증거로 보아 원고의 주장에 따라 설명하는 것이 합리적이라 여겨졌다.

그렇다면 어떻게 하는 것이 좋을까?

나는 원고들과 그 대리인에게 "나는 승소판결을 작성할 생각이다. 하지만 이 사건의 판단은 영수증이라는 가장 중요한 서증(書證)의 평가에 달려 있으니 항소심에서 판단이 뒤집힐 가능성도 상당히 있다"고 사안에 대한 견해를 정확히 밝히고 화해를 할지

말지 잘 상의를 해보라고 권했다. 결국 이 사안은 원고가 청구한 절반도 못 되는 금액으로 화해가 성립되었다. 결정적인 증거와 그것을 제외한 정황증거 사이의 힘겨루기에 의해 판단이 갈리는, 참으로 보기 드물고 심증을 얻기가 어려운 사안이었다.

세 번째 사안은 이른바 DV방지법(배우자의 폭력방지 및 피해자 보호 등에 관한 법률)에 의한 보호명령신청 사건으로, 내가 사실인정의 기본을 잘못 판단했을 가능성이 상당히 높다고 분명히 자각하고 있는, 근래 들어 거의 유일하게 겪은 사례였다. 신청인, 피신청인은 쌍방 모두 공무원이었는데 아내가 남편의 폭력 등을 주장하며 보호명령을 신청했다. 아내에게는 대리인이 있었으나 남편에게는 없었다. 아내 측 말을 들은 뒤, 다른 날 남편의 말을 들어본 결과 "아내는 불륜을 저지르고 있으며 그 불륜을 숨기기 위해 DV를 신청한 것이다"라는 남편의 말은 신뢰성이 낮은 것처럼 생각되었다. 나는 보호명령을 내렸다.

그런데 그 이후 다시 신청한 이른바 '제2차 보호명령신청'에 대한 심리를 진행할 때 서로가 대면한 자리에서, 그리고 남편 측에도 변호사가 있는 상황에서 쌍방의 말을 들어본 결과 남편의 폭력은 그렇다 쳐도 남편이 말한 '아내의 불륜'은 틀림없는 사실인 것 같다는 점을 알게 되었다. 이렇게 되자 아내의 말 전부가 의심스러워졌다. 나는 아내의 제2차 보호명령신청은 각하했다.

이 사안에서는 최초 신청이 있던 시점에서 당사자들의 의견을 따로 들었다는 것이 잘못된 판단을 내리게 된 근본적인 원인이었다(DV방지법 심리에서는 그것이 일반적인 일이다). 뒤에 제6장에서도 논하겠지만 재판관이 당사자의 말이나 의견을 들을 때는 쌍방이 대면한 자리에서, 즉 당사자 쌍방이 상대방의 말에 반론을 할 수 있는 형태로 진행하는 것이 바람직하다. 한쪽씩 따로 청취하면 이 사안의 경우처럼 처음 이야기를 들은 쪽의 주장이, 변호사를 고용한 탓에 잘 정리되어 있거나 하면 아무래도 그쪽으로 마음이 쏠리기 쉽기 때문이다. 쌍방이 대면한 자리에서 심리를 진행하는 것이 중요하다는 사실을 다시 한 번 인식하고, 자신을 반성하게 된 사안이었다(하지만 DV방지법의 심리에서는 폭력을 당한 쪽의 정신적 압박 등을 고려해 쌍방이 대면한 자리에서 심리를 진행하기가 어렵거나 부적절한 경우도 있다. 어려운 문제가 아닐 수 없다).

네 번째 사안은 원고가 중학생 소년인 교통사고 손해배상 청구다.《절망의 재판소》(152쪽 이하)에서도 언급한 사안이지만 제6장의 내용과도 관계가 있으니 다시 한 번 설명하겠다.

이 사안에서는 자전거를 탄 소년과 자동차 운전수 쌍방이 자기 앞의 신호가 초록불이었다고 주장했다. 경찰 조서에서 소년은 "제 맞은편 신호는 빨간불이었습니다"라고 진술했으나 조서 작성 당시 부모가 동석하지 않았고, 소년은 그때 운전수가 불쌍하다고 생각해서 허위 조서 작성에 응해버린 것이라고 주장했다.

이러한 사건에서는 통상 증인과 당사자를 심문하면 누구의 말이 옳은지를 대체로 짐작할 수 있다. 그러나 이 사건의 경우는 아무리 들어도 적확한 심증을 얻을 수가 없었다.

그래서 나는 화해를 권고했는데, 어느 날 내가 약간 강한 어조로 소년의 부모를 설득하고 있자니 옆에 있던 소년이 "알겠습니다. 이젠 됐습니다. 화해하겠습니다"라고 분명한 어조로 말했다.

나중에 생각해보니 그때 소년의 얼굴에 떠오른 것은 '실망'과 '포기'였다.

물론 증거상으로 과실이 '의심되는 정도'의 입증인 경우에는 원고가 패소하는 것이 민사소송의 원칙이어서(이를 민사소송법학에서는 '피고의 과실에 대해서 원고에게 증명 책임이 있다'고 한다), 소년에게 불리한 조서와 실황조서밖에 존재하지 않은 그 사건에서는 소년의 형세가 불리했다. 또한 실제로는 신호가 바뀔 때 일어난 사고였을 가능성이 커서 소년의 말을 대부분 믿는다 해도 완전 승소는 어려운 사안이었다고 생각한다. 그리고 설령 소년을 승소시켰다 할지라도 항소심에서 뒤집힐 가능성도 컸을 것이다.

하지만 소년에게는, 그리고 그의 부모에게는 판결을 요구할 자유와 권리, 그리고 그 판결이 잘못되었다고 생각하면 끝까지 싸울 자유와 권리가 있었다는 점만은 틀림없는 사실이다.

이 사건 이후 나는 사안의 해결로 화해가 가장 적절하다고 생각되는 경우라 할지라도 당사자가 원하지 않는 화해를 강하게 권하는 일은 하지 않았다. 강자 입장에 있는 재판관이 당사자의 자유와 권리를 짓밟는 일이 될지도 모른다는 사실을 깨달았기 때문이다.

이상의 경우를 통해서 재판관이 자신의 속단이나 예단을 배제한 채 백지 상태에서 주장이나 증거를 객관적으로 검토하고, 또 판단에 잘못이 있을 가능성을 염두에 두고 자신의 심증을 거듭 거듭 신중하게 검증하는 자세가 얼마나 중요한지를 잘 아셨으리 라 생각된다.

CHAPTER 2

재판관이
'법'을
만든다

— 재판관의 가치관에 따라 완전히 달라지는 판결 내용

재판관이 '법'을 만든다—리얼리즘 법학에 관하여

재판에 관한 일반인들과 법학자들의 상식은 '재판관은 우선 사실을 인정하고 그것을 법률, 혹은 판례의 법리에 적용시켜 결론을 내린다'는 것이리라.

제1장에서는 이러한 전제까지 의심하지는 않았다. 단지 '실제로 재판관의 판단은 종합적 직감에 의해 내려지기 때문에 재판관의 능력이나 인간성이 중요하다'고 논했을 뿐.

그런데 법사상(法思想)의 역사에는 이러한 전제 자체를 근본부터 의심한 사람들이 있었다. 그들의 생각을 리얼리즘 법학이라고 한다. 그 대표적인 사람이 미국의 법률학자이며 판사인 제롬 프랭크(Jerome Frank, 1889~1957)이다.

프랭크는 '법'이 고정불변의 것이기 때문에 연역적으로 결론 내릴 수 있다는 생각은 도그마라며 배척했다. 그리고 인문사회과학적으로 분석하면서 실제로는 재판관이야말로 법을 희망하고, 법을 창조하고, 또 변경하고 있는 것이며, 기록된 '법'은 재판관이 판단하는 데 있어서 '하나의 소재' 내지 '판단을 규정하는 하나의 틀'에 지나지 않는다고 생각했다.

또한 재판에서 문제가 되는 '사실'도 실제 사건에서 유추해서 법률적 평가를 한 사실이지 객관적 존재로서의 '사실'과는 다른 것이라고 생각했다.

그리고 판결은 '법률'과 '사실'에 의해서 결정된다기보다는, 오히려 (재판 과정에서 재판관에게 주어지는 넓은 의미의) '자극'과 (재판관의) '인격'에 의해 결정된다고 규정했다. 여기서 '자극'이란 외부로부터 재판관에게 작용하는 모든 요소를 말하는데 증거, 법률(넓은 의미의 법준칙과 법원리도 포함) 외에도 여론 등 모든 사회적 요인까지도 포함한 것이리라. '인격'이란 재판관 개인이 가진 모든 요소로 성격, 각종 편견 내지 기호, 습관, 그리고 버릇 등을 포함한다.

다시 말해서 프랭크는 '법적 판단'이란, 법을 그 규정의 틀이라고 보면서도 본질적으로는 재판관 개인의 가치선택, 가치판단이자 그 인격의 반영이라고 본 것이다(이에 대해서는 프랭크의 저작 《법과 현대정신》,《재판받는 재판소》 외에도 다나카 시게아키 외 《법사상사(제2판)》를 참고했다).

이 리얼리즘 법학은 미국의 대표적 철학유파, 철학적 방법이라고 할 수 있는 프래그머티즘(실용주의)의 계보를 잇고 있는데 나 자신의 사상도 프래그머티즘으로부터 커다란 영향을 받았기에 나로서는 수긍이 가는 부분이 매우 많다.

그런데 프랭크의 주요 저서 중 하나인 《법과 현대정신》 초판이 간행된 것은 1930년이다. 80여 년 전에 이미 프랭크는 법사상사, 법학사 중에서도 가장 예리한, 그리고 그 후로 미국 법학에 큰 영향을 준 사상을 제시한 것이다. 그 당시 일본에서 학자나 실무가에게 그의 생각을 설명했다면 모두가 어리둥절한 표정을 지었으리라.

그리고 프랭크가 학자인 동시에 변호사이자 재판관이었다는 사실도 매우 흥미롭다. 틀림없이 이처럼 날카로운 생각은 시스템 내부를 잘 알고, 또 외부에서 그것을 바라볼 수 있는 시각까지 겸비한 인물이 아니면 구축하기 어렵다.

하지만 이 리얼리즘 법학 사상은 그것이 상당히 맞아떨어지는 영역과 그렇지 않은 영역이 있다. 일반적으로 그 판단이 넓은 의미의 '가치'와 관계가 있어서 사회나 정치, 행정의 양상에 큰 영향을 주는 소송(이와 같은 소송을 '가치관계 소송'이라고 부르고 싶다. 일반적인 형사 사안이라 할지라도 재심청구 사건 등은 여기에 해당한다), 그 중에서도 그러한 경향이 강한 사안일수록 재판관의 가치관, 인격, 인간성에 따라 결론이 영향을 받는 정도가 더 크다고 생각한다. 지금부터 그 사실을 명확히 밝혀보도록 하겠다.

여기서 미리 한마디 해두면, 이 책에서 말하는 나의 재판 분석은 내 나름대로의 '프래그머티즘 법학', '리얼리즘 법학'의 시도라는 측면이 있다. 하지만 나의 분석은 재판에 숨겨져 있는 허위의식, 이데올로기의 기만을 지적하면서도 논리의 일관성과 법률의 취지를 중시하고 있으며, 리얼리즘 법학으로 모든 것을 해석할 수 있다는 단순한 생각은 갖고 있지 않다.

결론 정당화를 위한 수사학(修辭學)

예를 들어 임차료 미지불을 이유로 한 건물명도청구, 정식 계약서가 있는 임금청구 등처럼 단순하고 이론의 여지가 없는 사안에 대해서는 재판관의 성향에 따라 결론이 바뀌는 일이 거의 없을 것이다. 이 같은 사안에서는 "판결은 '법률'에 '사실'을 적용시켜 결정한다"는 공식이 거의 그대로 적용된다.

하지만 특별히 '가치소송'과 관련한 사안이 아니라 할지라도 난해한 사안인 경우에는 재판관에 따라 결론이 달라질 수 있다. 이에 대해서는 제1장 뒷부분에서 언급한 '사실인정이 어려웠던 4가지 재판'을 봐도 분명히 알 수 있다. 예를 들어 앞에서 얘기했던 첫 번째 사안, 금융기관 불법행위 청구에서는 재판관의 '사실'을 보는 눈과, 청구내용 및 당사자에 대한 예단, 편견의 유무가 결론을 갈랐으며, 두 번째 사안, 빌려준 돈 반환청구에서는 중요한 증서(영수증)와 정황증거 중 어느 쪽을 중시하느냐, 그리고 사안의 개별성과 본질을 어떻게 평가하느냐가 중요한 요인이 되었다.

마지막으로 '가치'와 깊은 관계가 있는 사안(가치관계 소송)에 대한 판단에서는 재판관의 종합적인 가치관, 인격, 인간성 등이 결정적으로 중요한 요인으로 작용한다. 또한 사회·시대의 분위기, 권력이나 정치·경제계의 의도 등도 판결에 대해 복잡미묘한, 혹은 직접적인 영향을 준다. 이 책에서 앞으로 논할 판결·재판의 대부분은 이러한 유형에 속한다.

이러한 사안들에 대해서는 프랭크가 주장한 "판결은 (재판관에게 주어지는) '자극'과 (재판관의) '인격'에 따라서 결정된다"는 공식이 상당하게 적용된다고 봐도 좋을 것이다. 또한 사실에 적용하는 법률의 틀도 그렇게 상세한 것은 아니어서 재판관의 해석에 좌우되는 부분이 큰 것도 사실이다.

3장과 5장의 사건 유형별 분석에 들어가기에 앞서 이번 장에서는 판결의 수사학(修辭學)에 대해 말해 보겠다.

법이론이란 늘 순리에 부합하는 것만은 아니다. '결론의 정당화를 위한 논리'라는 성격을 어느 정도는 품고 있다. 이 같은 이유 때문에 인문사회과학의 과학성에 한계가 있는데, 사람들의 행동을 규정하는 규범을 연구하는 학문인 법학에서는 그 한계가 특히 크다. 이러한 사실은 법학자의 다수파도 그다지 인식하고 있지 못한, 혹은 인식하고 싶어 하지 않는 내용이다(《절망의 재판소》135쪽).

이번 장의 내용과 관련해서 말해보면, 가치관계 소송에서는 재판관이 자신의 감각이나 가치관에 따라 직감적으로 결정한 결론을 정당화하기 위해 '판결의 수사학'을 이용하는 빈도가 눈에 띄게 높아지기 쉽다. 문제가 있는 판단의 경우에는 특히 이러한 경향이 강하다.

그러한 판단에 있어서 처음 억지스럽게 특정 방향으로 결론을 내린 뒤, 오로지 그것을 정당화하기 위해서만 수사학이 사용되는 경우가 많다. 이른바 '태초에 결론이 계시니…'라는 식의 논의이다. 판결의 수사학은 난해한 용어를 쓰고, 또 교묘하게 조합되어 있기 때문에 법률에 대해 잘 모르는 일반 시민을 속이기에는, 그리고 법해석의 연역적인 논리에 익숙해져버린 법률가를 설득하기에도 의외로 매우 효과적이다. 그러한 법이론의 결함을 꿰뚫어보기 위해서는 그것을 정확하고 간결하게 요약함과 동시에 일상적인 언어로 바꿔보는 것이 중요하다.

한 가지 사례를 들어보겠다. 판결에서 나타난 법리와 재판관들이 실행한 가치판단 사이에 간극이 느껴지는 흥미로운 사안으로, 국가배상법상의 영조물(營造物) 책임, 즉 국가나 지방공공단체가 관리하는 공공건물이나 구축물, 도로, 하천 등의 결함에 의해 발생한 손해의 책임에 관한 최고재판소 판결이다.

이 판결(1978년 7월 4일, 아마노 부이치 재판장)의 판결 요지는 "영조물의 통상적인 사용법에 부적합한 행동의 결과로 사고가 발생한 경우, 그 영조물 본래의 안전성에 문제가 없고 앞선 행동이 통상적으로 예측할 수 없는 것일 때에는 영조물 책임은 발생하지 않는다"는 것이다.

사안은 여섯 살 어린이가, 시가 관리하는 도로 옆 65㎝짜리 추락방지용 난간에 기대어 놀다가 4m 아래 고등학교 교정으로 떨어져 상해를 입은 사건이다. 즉, 고등학교 교정이 도로와 붙어 있고, 교정이 도로의 노면보다 4m나 낮았기에 당연히 추락 방지를 위해서 방호 울타리가 필요했는데 그 높이가 65㎝밖에 되지 않아 어린이가 거기에 기대어 놀다가 추락한 것이다. 그 도로는 교통량이 적어 아이들의 놀이 장소가 되어 있었다.

제1심에서는 시의 책임을 인정했지만, 항소심과 최고재판소의 판결에서는 인정하지 않았다.

여기서 판단이 적절했는지에 대해서는 나중에 생각하기로 하고, 당신은 앞의 판결 요지에서 의문을 느끼지 못했는지? 다시 한 번 주의 깊게 읽어보기 바란다.

'영조물의 통상적인 사용법에 부적합한 행동'이라는 것은 틀림없이 어른의 경우라면 올바른 논리라고 할 수 있다. 어른이 방호 울타리 위에 올라가서 놀거나 담배를 피우는 행위는 아무리 생각해봐 방호 울타리의 통상적인 사용법, 목적에서 벗어나 있다.

하지만 추락한 것은 6세 어린이였다. 6세 어린이에게 '방호 울타리의 통상적인 사용법' 같은 것이 어떤 의미를 갖고 있을까? 높이 65㎝라는 것은 어린이가 놀이 장소로 삼고 있는 도로 방호 울타리의 높이로는 매우 부적절한 것 아니었을까?

이 사안에 있어서 재판관들의 직감적인 판단은 아마도 '아이의 부모가 잘 타일러두지 않았기 때문에 이런 사고가 일어나는 것이다. 국가배상을 인정할 필요는 없다'는 것이었으리라. 여기서 '통상적인 사용법에 부적합한 행동'이라는 표현은 판단을 뒷받침하기 위한 수사학에 지나지 않는다. '앞선 행동이 통상적으로 예측할 수 없는'이라는 수사학으로는 결론의 정당화가 부족하기 때문에(어린이가 65cm의 난간에서 떨어지는 것은 충분히 예측할 수 있지 않은가!) 그 앞에 조금 더 그럴 듯한 수사학을 하나 덧붙여 보강하고 있는 것이리라. 다시 말해서 '영조물의 통상적인 사용법에 부적합한 행동에 대해서는 국가나 시는 책임을 지지 않는다'라는 논리 자체는 정당하지만, 이 사안에 적용하기는 부적절하다는 생각이 든다.

물론 1978년이라는 것을 감안하면 그 시대의 분위기도 '그런 사고는 부모 탓이다', 혹은 '어쩔 수 없는 불행한 사고'라는 것이었을지도 모르니 이 판결의 결론이 완전히 잘못된 것이라고는 할 수 없을지도 모르겠다. 하지만 제1심에서는 시의 책임을 인정했으니, 순수하게 그것을 시인하는 판단도 충분히 가능하지 않았을까 생각된다.

가엾은 미망인의 소(訴)를 난폭한 논리로 짓밟은 항소심 판결

원고의 청구를 인정하지 않은 판결의 수사학이 너무도 엉성해서 납득하기 어려운 전형적인 사례를 하나 들어보겠다. 내 판결이

상급심에서 뒤집힌 사안 가운데서 가장 의문이 큰 것 중 하나였던 '주류판매조합 연금사건' 판결이다.

사안은 사적 연금제도 중 하나인 전국 소매 주류판매조합 중앙회(피고)가 운영하고 있던 연금공제제도(도시의 주류 판매업자가 다수 가입했던 사적 연금제도)의 파산과 관련해 제기된 소송이었다. 원고의 청구 가운데 지방재판소는 인정했으나 고등재판소에서는 인정하지 않았던 청구에 대해서만 설명하겠다.

원고는 주류 판매업자의 미망인이었는데 남편이 가입했던 연금 수급권을 상속한 후인 2002년 11월 매달 연금을 받을 것인지, 일시불로 받을 것인지 선택하라는 요청을 받고 매달 연금을 선택했다. 그런데 이듬해인 2003년 12월 연금 지급이 정지되었고, 2004년 5월에는 연금제도가 파국을 맞았다.

제1심 판결(도쿄지방재판소 2006년 4월 24일)은 내가 재판장이었다. 세 명의 재판관이 함께 하는 합의심 판결은 일반적으로 말석인 배석판사가 기안하고 순서에 따라 손을 보지만, 이 판결은 쉽지 않았기에 예외적으로 처음부터 내가 직접 기안했다. 이 판결은 2001년 7월 이후부터 피고가 본건 연금제도의 파산을 예측할 수 있었다는 점, 원고는 남편이 세상을 떠난 후 주류 판매점을 폐업하여 더 이상 조합원이 아니었기에 연금제도의 재정 악화를 나타내는 총회 의결사항 요지와 연금재정 결산서 등이 기재된 〈주판통신(酒販通信)〉이라는, 피고가 발행하는 기관지를 받지 못했다는 점(따라서 연금재정 악화 상황을 알 수 없었다)을 인정했다.

그리고 이와 같은 사실관계 속에서 피고는 원고에게 가능성이 매우 높은 불이익에 대해 설명, 혹은 적절한 정보를 제공해야 한다는 연금 계약상의 부수적 의무(설명 의무)를 게을리 했다고 보아, 원고의 청구 금액 중 약 1035만 엔을 인정했다. 즉, 원고가 일시금을 받았을 경우 얻을 수 있는 금액에서 제도 파산까지 매월 받은 연금 총액을 뺀 차액을 손해로 인정한 것이었다.

　즉 남편이 사망한 뒤 원고가 주류 판매점을 폐업해 〈주판통신〉을 받지 못해서 연금 재정이 악화되었다는 상황을 알 수 없었다는 점이 판단의 포인트였다. 이와 같은 사실관계를 고려한다면 원고를 구제하는 것이 '작은 정의'에 부합하는 것이리라.

　또한 이 판결은 '큰 정의'에도 부합하는 것이었다고 생각한다. 종전까지는 설명 의무를 인정하는 계약 유형은 그로 인해서 피고가 경제적 이익을 얻을 수 있는 것에만 한정되어 있었다. 예를 들어 금융기관이 투자신탁과 같은 금융상품을 판매할 때, 고객에게 불이익 사항을 설명하는 경우 등이다. 하지만 본건과 같은 사적 연금제도는 조합원 복리후생의 일환으로 시행하는 것이어서 피고가 그것으로 경제적 이득을 얻는 것은 아니다. 이러한 계약 유형에 대해 설명 의무가 인정되는지는 분명하지 않았지만, 나의 판결은 그것을 전면적으로 인정하여 원고의 구제를 꾀한 것이었다.

　한편 '작은 정의'와 '큰 정의'에 대해서는 《절망의 재판소》(10쪽)에서 얘기한 바 있다. '작은 정의'는 재판소가 개별적 사안의 본질을 파악하여 거기에 걸맞은 해결을 꾀하는 것이며, '큰 정의'는 재판소가 행정, 입법 같은 권력기관과 대기업 등과 같은 사회적 강자로부터 국민·시민을 지키고 기본적인 인권 옹호와 충실, 그리고 사람들의 자유 실현의 노력을 중심으로 보다 넓은 관점에서 사회적 정의를 실현해 나가는 것이다.

이에 대해서 항소심 판결(도쿄고등재판소 2006년 10월 25일, 미나미 도시후미 재판장)은 다음과 같은 이유로 원고의 청구를 인정하지 않았다.

'본건 연금제도와 같은 제도는 통일적, 획일적인 취급이 요청되기 때문에 계약자의 문의에 개별적으로 답하거나 설명을 하는 것은 본건 연금공제 규정 위반이다.

또한 본건 연금제도가 제1심에서 말한 것과 같은 위기적 상황에 있었다고는 인정하기 어렵다.

물론 더 이상 조합원이 아닌 원고에 대해서도 〈주판통신〉과 같은 정도의 내용은 발송하는(알리는) 것이 바람직했다.

하지만 원고는 종전에 〈주판통신〉을 받고 있었으니 스스로 발송을 요청하여 입수하는 것도 가능했으며, 연금재정 등에 의문이 있었다면 스스로 문의해서 확인하는 것도 어렵지 않게 가능했다(그럼에도 불구하고 이를 행하지 않았으니 원고 쪽에 문제가 있다).'

이러한 판결에 대해 판례 연구 중 하나(모토자와 미요코 교수 〈쓰쿠바 대학 민사·사회법학〉, 판례시보, 1990호 179쪽)는 다음과 같은 요지로 논평했다.

'지방재판소의 판결은 열등한 위치에 있는 당사자에 대한 설명의무, 정보제공 의무를 인정한 종전의 학설 및 판례의 경향에 따른 것이라고 할 수 있다. 원고가 스스로 적극적으로 재정상황을 살펴봤어야 했다는 항소심 판결은 일반인의 감각과는 동떨어진 것이다. 또한 항소심 판결은 계약자의 문의에 개별적으로 답하거나 설명하는 것은 연금공제 규정 위반이라고 말했으면서, 원고는 연금재정 등에 의문이 있었다면 스스로 문의해서 확인하는 것도 어렵지 않게 가능했다고도 말했는데 그렇다면 원고가 대체 어떻게 했어야 옳았다는 말일까?'

위 판례 연구의 분석대로 항소심 판결의 논리·수사학은 참으로 엉성하기 짝이 없는 것이라 생각된다. '또한 본건 연금제도가 제1심에서 말한 것과 같은 위기적 상황에 있었다고는 인정하기 어렵다'고 했는데 그 사실을 설득력 있는 사실인정과 판단으로 제시했다면 기각이라는 결론을 이끌어낼 수 있다. 하지만 그 점에 대해서 사실을 이야기하면 논리가 위태로워지기 때문에 지리멸렬한 수사학을 동원해 억지로 기각해버린 것은 아닐지?

그런데 원고의 청구를 인정해도 실질적으로는 누구에게도 상처가 되지 않는 이 사안에서 왜 이 같은 억지스럽고 지리멸렬한 논리를 써서 억지로 청구를 기각해야만 했는지, 도무지 이해할 수가 없다. 이는 단지 나의 상상에 불과하지만, 항소심 재판관들의 '직감적 가치판단'은 혹시 다음과 같은 것이 아니었을까?

'사정이 딱한 미망인의 청구를 애써서 잘도 인정했군. 무슨 정의의 사자도 아니고… 좋았어, 내가 거친 논리로 깨뜨려주지. 걱정할 거 없어. 이제 남은 건 최고재판소뿐이니 적당한 논리라도 전혀 상관없어.'

실제로 이 사건은 결국 상고가 기각되어 원고의 청구 기각으로 확정되었다.

일본은 민주적, 선구적, 혹은 상식적으로 타당한 판결이 지방재판소에 가장 많으며 상급심에서 그것이 뒤집히는 경우도 역시 많다. 이는 민사에서나 형사에서나 마찬가지다. 앞에서 예로 든 국가배상법 사건에 대해서도 제1심은 인용했으며, 뒤에서 얘기할 다치카와 반전(反戰) 전단지 배포사건도 제1심 판결이 훨씬 더 타당했다. 내가 제1심에 관여해 제약회사뿐만 아니라 국가의 책임까지도 인정했던 클로로퀸 약해(藥害) 소송사건*(《절망의 재판소》 23쪽)에 대해서도, 스몬 약해 소송사건 등과 마찬가지로 약사 행

---

* 클로로퀸 약해 소송사건 : 1982년 클로로퀸 약 부작용으로 망막증에 걸린 원고 등 환자 88명이 제기한 소송. 도쿄지방재판소는 28억 엔의 배상을 명령하는 판결을 내렸는데, 판결에서는 클로로퀸 제제를 제조 판매한 6개 제약회사, 필요한 조치 강구를 게을리 한 국가, 클로로퀸 제제를 투여한 의사의 과실 책임은 각각 인정되었으나 고의 책임이나 위자료 등은 인정하지 않았다.

정이 허술하기 짝이 없는 사안이었음에도 불구하고 항소심(도쿄 고등재판소 1988년 3월 1일, 다오 도지 재판장)은 국가의 책임을 인정하지 않았다.

일본의 재판소는 문제가 큰 피라미드형 히에라르키*이고, 또 합의체 전체라기보다는 나이가 많고 상층부에 있는 재판관들이 상급심 재판관을 맡기 때문에 위와 같은 결과에 이르는 것은 당연한 일이다. 양식 있는 재판관들이 점점 의욕을 잃고 무사안일주의에 빠지기 쉬운 이유 중 하나도 여기에 있다.

국민·시민도 재판이 3차례나 있으니 틀림없이 공정한 재판이 행해질 것이라는 환상을 품어서는 안 된다. '대체 무엇을 위한 3심제인가?'라는 질문을 던져보아야 한다.

문제가 큰 최고재판소 판결에 특징적으로 나타나는 수사학

일본의 최고재판소 판결에는 가치관계 소송, 즉 '가치'와 깊은 관계가 있는 사건에서 특히 문제가 큰 판결이 많다. 여기서는《절망의 재판소》(133쪽 이하)에서 언급했던 판례를 소재로 최고재판소 판결의 '속임수 같은 수사학·조작'을 분석해보기로 하겠다(《절망의 재판소》의 내용과 함께 읽으면 보다 알기 쉬우리라 생각한다).

판결에는 크게 두 가지 수사학이 있는 듯하다. 하나는 '은폐형

---

* 히에라르키 : 상명하복, 상의하달의 피라미드형 조직체계.

(눈속임형)' 판결이고 다른 하나는 '잘라내기형' 판결이다.

'은폐형'의 예로는 1표의 가치(격차)*에 관한 일련의 판례를 들 수 있다. 하나같이 길고 끔찍할 정도로 읽기 어렵지만 정리해보면 그리 대단한 이야기를 하고 있는 것도 아니다. 간단히 요약하면 첫째, 국회에 큰 재량권을 인정한다. 둘째, 국회에 격차 시정을 위해서 충분한 시간적 여유를 준다. 셋째, 합헌과 위헌 사이에 '위헌상태'라는 카테고리를 설정한다는 것이다.

이처럼 간단히 정리해놓고 보면 모든 이유가 전부 이상하다는 사실을 알 수 있다. 우선 첫 번째에 대해 살펴보면, 민주제의 근간인 선거권의 평등은 국회에 재량권이 인정되는 사항이 아니다. 의원들이 자신들에게 유리하도록 만든 재량 따위는 기득권 지키기 외에 그 무엇도 아니다. 두 번째에 대해서도 그와 같은 여유를 부여할 합리성이 대체 어디에 있는지 매우 의심스럽다. 세 번째는 문제 삼을 필요도 없다. 만약 어떤 사항이 '합헌'이 아니라면 그것은 당연히 '위헌'이다. 기본법 중의 기본법으로 그 해석이 더없이 엄격해야 할 헌법의 해석에 있어서 '위헌이지만 합헌'이라는

---

* 일본 변호사협회는 선거구별 의원 1명 당 유권자 수가 큰 격차를 보이는 이른바 '1표의 격차(가치)'가 발생한 중의원 선거는 위헌이라며 선거무효 소송을 냈고, 2013년 11월 최고재판소는 선거구별 인구 편차를 무시한 중의원 선거에 위헌 판결을 내렸다. 다케사키 히로노부 최고재판소 장관은 "지난해 중의원 선거에서 '1 표의 격차'가 최대 2.43배나 벌어진 것은 헌법이 요구하는 평등 선거권의 원칙에 어긋난다"며 위헌 판결의 배경을 밝혔다. 앞서 히로시마 고등법원이 1표의 격차를 시정해야 할 의회가 조정을 하지 않는 것을 비판하며 선거무효를 판결한 데 대해서는 기각 판결을 내림으로써 재선거는 피할 수 있었다.

식의 아리송한 카테고리를 설정하는 것은 서구의 상식으로 보면 생각할 수도 없는 일이다. 한 기자가 "외국 기자에게 '위헌상태'에 대해 설명했더니 '뭐? 대체 그게 뭐야? 말도 안 돼'라며 하나같이 화를 냈습니다"라고 말한 적이 있었는데, 이는 당연한 일이다.

그렇다면 '1표의 격차'에 관한 일련의 판례가 어째서 그토록 장황하게 작성되었는가 하면, 위와 같이 취약하고 문제가 있는 논리의 결함을 숨기기 위해서라고 생각하면 거의 틀림이 없다. 다시 말해서 '은폐형'이라고 할 수 있다. 그 본질은 최고재판소 판사의 다수파가 '국회의원들의 기득권은 무슨 일이 있어도 지켜드리는 법'을 원했다고 볼 수 있다.

또 다른 사건인 민간공항 주변 주민들이 야간비행 금지 등을 요구한 사건에 대한 오사카 국제공항 야간비행 금지 소송 대법정 판결(1981년 12월 16일, 핫토리 다카아키 재판장)도 '은폐형'이었다.

야간비행 금지를 조금도 인정하지 않는 이유가 장황하게 적혀 있는데 요약하면 "항공행정권과 관련한 사항이기 때문에 민사 금지는 인정할 수 없다. 행정소송에 대해서는 글쎄, 잘 모르겠네(몰라. 내 알 바 아니야)"라는 식으로 오히려 거의 정색에 가까운 거친 논리가 전개되어 있는 것에 지나지 않는다. 다수 의견을 차지한 재판관들은 "항공 소음에 대한 민사 금지는 새삼스럽게 거론할 필요도 없는 문제로, 일절 인정할 수 없다"는 '법'을 원했던 것이며, '항공행정권에 관한 사항이니'라는 등의 말은 국가 측 주장에 편을 든 후에 덧붙인 구차한 설명에 지나지 않는다(부연하자면 행정소송에 대해서는 2004년의 행정사건소송법 개정에 의해 이것이 가능해졌다고 보는 견해의 주장이 있으나 여기에는 뿌리 깊은 반대 주장도 있다).

이처럼 '은폐형'의 수사학은 취약한 논리를 호도하기에 가장 적합하다고 생각되는 법률적 '언어'를 몇 번이고 거듭 되풀이하는 것이다.

반대로 불리하다고 생각되는 사실은 아예 언급조차 하지 않거나, 혹은 불리한 부분을 생략하는 것이 '잘라내기형' 수사학이다.

전단지의 우편함 투입을 주거침입죄로 처벌한 다치카와 반전전단지 배포사건 판결(2008년 4월 11일, 이마이 이사오 재판장)*이 전형적이다. 이 사건은 시민운동가가 자위대 관사 우편함에 자위대의 이라크 파견을 반대하는 내용의 전단지를 뿌린 행위가 주거침입죄로 처벌받은 것이다. 이유는 "표현의 자유도 중요하지만 공공의 복지에 의해 제한을 받는다. 따라서 본건 우편함 투함은 주거침입죄에 해당한다"는 것뿐으로, 무릇 헌법론이라고 평가하기도 어려운 것이었다. 헌법론을 제대로 전개하면 일반적인 우편함 투함이 처벌의 대상이 되지 않는 상황 속에서 이처럼 특정인을

---

* 일명 다치 반전 전단 배포 사건. 반전운동을 해온 단체인 '다치 자위대 감시 모니터링 텐트촌' 사람들이 2004년 1월 반전 전단 배포 목적으로 다치 자위대 관사에 들어가 이라크 파병을 반대하는 전단을 우편함에 투함하다가 주거침입 혐의로 체포 기소된 사건. 1심 무죄판결, 검찰이 항소하여 항소심에서 벌금 20만 엔 혹은 10만 엔 유죄판결. 피고인은 당일 상고했지만 최고재판소에서 기각되어 도쿄고등재판소의 유죄판결이 확정되었다.

저격하는 식의 기소를 정당화하기는 어렵기 때문에 실질적인 이유를 전혀 언급하지 않음으로써 어떻게든 그럴 듯한 모양새를 갖추려 한 것이리라.

이 같은 판결을 읽어보면 잘 알 수 있고, 또 이 책에서 언급한 각종 판결을 종합적으로 보아도 역시 알 수 있는 일인데, 가치관계 소송에 관한 일본 재판의 전체 모습은 그것이 정말 근대 민주주의 국가에 합당한 수준에 도달해 있는지 매우 의심스러울 정도이다.

한마디 덧붙이자면 나는 어렸을 때부터 단 한 번도 좌파였던 적이 없으며, 기본적으로는 예술과 과학을 사랑하는 한낱 자유주의자일 뿐이다. 즉, 나의 사고는 기본적으로 단지 서구의 일반 표준에 지나지 않으며 유달리 첨예한 것은 아니다.

그런 내가 이러한 판례들을 편견 없이 다시 한 번 읽어보아도 큰 위화감을 느끼지 않을 수 없었다. 그러한 판례들에서 느낀 솔직한 느낌은 안타깝게도 '지금도 여전히 사회, 정치, 재판에 전근대적인 잔재가 짙게 남아 있는 나라에서의 판결'이라는 것이다. 이러한 사실은 내 자신이 이 책을 쓰기 위해 소재가 될 만한 재판, 판례를 선별하는 과정에서 서서히 깨닫고 확신에 도달한 매우 쓸쓸한 진실이었다.

공항소음금지 청구에 대한 판결도 사안에 따라 전혀 달라진다. 미군기지에 관한 소송(1993년 2월 25일, 미무라 오사무 재판장 '아쓰기 기지 소송', 미요시 도오루 재판장 '요코다 기지 소송')은 장황한 오사카 공항 사건 판결과는 대조적으로 '잘라내기형'의 참으로 냉정하기 짝이 없는 것이다. "조약 내지 거기에 바탕을 둔 법률에 그와 관련한 특별한 규정이 없는 한, 미군의 비행은 국가의 지배가 미치지 않는 제3자의 행위이기 때문에 국가에 금지를 요구하는 것은 주장 자체가 부당하다"는 짤막한 내용이다.

하지만 이것은 미국과 일미안보조약을 체결한 것은 국가이고, 국가가 미군의 비행을 허용했다는 사실, 적절한 법률이 없다면 국가는 그러한 법률을 만들 의무가 있다는 사실, 일미지위협정의 취지(협정에 의하면 국가는 미국에 대해 시설 반환까지도 요구할 수 있는 이상, 비행 상태에 대해서도 협의나 의사표시가 불가능할 리 없다는 점), 헌법 질서와 조약의 관계 등, 원칙대로 하자면 판결의 전제로 당연히 논의했어야 할 사항을 쏙 빼놓아 간신히 성립되는 속임수와도 같은 논리, 수사학에 지나지 않는다. 다시 말해서 불리하다고 생각되는 부분은 전부 생략해버린 것이다.

혹시 당신이 '가치'와 깊은 관계가 있는 사안에 대해 뭔가 문제가 있다는 느낌이 들기는 하지만 어디가 이상한지 정확히 지적할 수 없는 최고재판소의 판결을 마주하게 된다면, '은폐형'과 '잘라내기형'에 대한 위의 설명을 꼼꼼히 살펴본 뒤 다시 한 번 판결을 읽어보시기 바란다. 어느 부분이 이상한지 선명하게 보이기 시작할 것이다.

그리고 당신이 혹시 신문기자 같은 저널리스트라면, 속보는 그렇다 치더라도 하다못해 심층 분석을 해야 하는 기사에서는 이러한 극단적인 수사학을 무비판적으로 무조건 받아들이지 말고 그 의미, 기능, 그와 같은 수사학의 이면에 있는 재판관들의 가치 판단은 어떠한 것이며 그것이 어떤 식으로 숨겨져 있는지에 대해서도 곰곰이 생각해보았으면 좋겠다.

재판관은 정의의 자동판매기?

일본의 법학은 대부분 법해석학이고, 또한 학자들은 대체로 실무를 거의 모르며 사회과학 전반에 대한 소양도 충분하지 않은 경우가 많기 때문에 판결과 재판에 관한 리얼리즘 법학적 분석은 거의 행하지 않는다. 또한 감정적으로 학자들을 싫어하는 경우가 많은 실무가들조차도 '법해석학이야말로 가치중립적이고 수준 높은 진정한 학문, 참된 법학이다'라는 생각이 매우 강하다.

나 자신도 《민사보전법(신개정판)》(2014년) 등에서 법해석학을 했으며, 반드시 필요한 학문이기는 하다. 하지만 수사학으로서의 순수한 이론이나 연역적인 논리에 크게 의지하고 있는 '법해석학' 은 자각이 결여된 학자에게는 경제학과 마찬가지로 '논리의 갑옷에 둘러싸인 이데올로기', 통치와 지배를 위한 학문으로 변질되어 버리기 쉽다. 그 점에 대해서는 학자도, 실무가도 유의해주었으면 하는 바람이다. 경제학이나 법학의 숨겨진 이데올로기적 특성이라고 할 수 있을 것이다. 특히 국공립 대학의 관료적 분위기 속에서 성장한 학자에게는 이러한 경향이 나타나기 쉽다. 대외적으로

는 그럴싸하게 말하지만, 한꺼풀 벗겨보면 '통치와 지배의 수사학'
이 맨얼굴을 드러낸다(물론 사립대학 가운데도 관료적, 권력지향적인
분위기가 존재하는 대학도 있다).

그런 데다 일본에서는 커리어시스템을 취하고 있기 때문에 변
호사는 기본적으로 재판관이 될 기회가 없으며, 따라서 재판관
이 어떤 사람이고 어떤 환경에 놓여 있는지를 그다지 이해하지
못할 뿐만 아니라 이해하려고도 하지 않으며, 일반 시민과 마찬
가지로 '재판관은 기본적으로 우리와는 다른 세계에 사는 특수
한 인간'인 것처럼 생각하는 경향이 있다(이에 대해서는 제8장에서
다시 한 번 자세히 논하겠다).

나는 큰 집단소송을 맡은 변호인단의 핵심 멤버와 오랜 동안
대화를 나누며 조언을 해준 적이 있었는데, 나의 이야기를 듣고
여러 가지 질문을 거듭한 뒤 그 중 가장 젊은 변호사가 토로한
다음과 같은 말이 참으로 흥미로웠다.

"지금까지 재판관은 주장이나 증거를 입력하면 당연히 올바른
판결을 내리는 기계 같은 존재라고 생각하고 있었는데, 사실은
그렇지 않은 모양입니다."

물론 그렇지 않다. 재판관은 '정의의 자동판매기'가 아니다. 피
가 흐르는 사람으로 이성과 함께 감성도 가지고 있다. 특히 가치
관계 소송, '가치'와 깊은 관계가 있는 사안에 대한 판단은 재판
관의 가치관, 인격, 인간성에 따라 결론이 달라지며, 법률적인 논
리는 그 뒷받침을 위한 설명으로 사용될 뿐인 경우가 많다.

이를 뒤집어서 말하면 '나쁜' 재판관은 그야말로 자신을 피도 눈물도 없는 인간기계, '부정의의 자동판매기'로 꾸미며, 포커페이스를 유지한 채 문제가 많은 판결을 내리고 있을 가능성이 많이 있다는 얘기다. 앞에서 말한 것과 같은 재판관에 대한 사람들의 소박한 견해는, 그러한 재판관의 태도를 감시하고 꿰뚫어보고 바로잡는 데는 적합하지 않은 것이다.

앞에서 언급한 변호사들과 대화를 나누어보고 또 한 가지 놀랐던 점은 그들이 담당 재판장의 경력도, 관여했던 사건의 판결 내용도 전혀 파악하고 있지 못한다는 사실이다. 이 역시도 '재판관은 정의의 자동판매기'라는 순진한 발상의 결과가 아닐까 싶다. 만약 내가 변호사 신분으로 이와 같은 사건을 맡게 됐다면 우선은 담당 재판관 전원에 대해서 가능한 한 모든 정보를 모아 철저하게 분석을 할 것이다. 미국의 변호사들이라면 이러한 일을 아주 당연히 하고 있다(덧붙여 말해두자면 일본에도 그렇게 하는 변호사가 상당수 있으리라 생각한다).

재판관 역시 인간이며, 또한 국민·시민에게 중요한 재판일수록 재판관의 인간성에 크게 영향을 받는다. 나의 오랜 재판관 경험을 통해서 봐도 그 사실에는 절대로 틀림이 없다.

재판을 보다 좋은 것으로 만들어나가기 위해서는 무엇보다 먼저 그 사실을 인식해야만 할 것이다.

이 책에서 구체적으로 검토한 재판, 그리고 중요하다고 생각한 재판에 대해서 재판장의 이름을 밝히기로 한 것도, 이번 장에서 분석한 것처럼 가치관계 소송 재판에는 재판관의 종합적인 인격이 깊이 관계하고 있다는 사실을 고려했기 때문이다. 또한 재판관은 그 양심과 헌법을 포함한 법률에 따라 판단을 내려야 하는 것이라 생각하고 있으며(일본국 헌법 76조 3항), '공문서 중의 공문서'라고 할 수 있는 재판에 대해서 분석, 비판하는 경우 그 판단에 대해 책임을 지고 있는 자의 이름을 국민·시민에게 밝히는 것이 적절하기도 하고, 또 필요하기도 할 것이다(최고재판소의 경우는 원칙적으로 법률문제만을 심리하는 법률심이기 때문에, 법률문제에 관한 판례가 있는 판결에 대해서만 재판장의 이름을 밝혔다).

한편 내가 부정적인 평가를 한 판결의 경우에도 양식파로 알려진 재판관(전 학자를 포함)이 재판장을 맡은 예가 일부 존재한다. 나 자신도 재판의 어려움을 새삼스럽게 통감했다.

내일은
당신도 살인범,
국가 범죄자

— 억울한 죄와 국책수사의 공포

제3장, 4장, 5장에서는 각 장 아래 번호를 붙여 논하겠다. 머리말에서 말한 것처럼 3장에서는 형사재판을, 4장과 5장은 넓은 의미에서의 민사계 재판을 대상으로 했다.

제3장 [1]에서는 원죄, 즉 억울한 죄에 대해서, [2]에서는 국책수사에 대해 얘기한 뒤, [3]에서는 전직 재판관이었던 학자의 시점에서 독자 여러분이 재판원이 되었을 때의 마음가짐에 대해 말하고 있다.

1. 국가에 의한 범죄이자 살인, 원죄(冤罪)

원죄는 국가가 저지르는 범죄다

원죄(冤罪), 즉 억울한 죄는 어느 나라에나 존재한다. 어떤 의미
에서는 형사사법의 병폐라고도 할 수 있다.

하지만 일본의 경우는 '인질사법(人質司法)'이라 불리는 수사 기
법과 밀실에서의 가혹한 취조를 시작으로, 형사사법 시스템 전
체가 철저하게 사회 방어에 중점을 두고 있으며 철저하게 검찰관
주도로 행해지고 있다. 그러다보니 피의자·피고인의 권리에는 무
관심하다는 점, 막강한 검찰의 권한을 감시할 적절한 장치가 존
재하지 않는다는 점 등이 어우러져 구조적으로 억울한 죄가 만
들어져 온 경향을 부인할 수 없다.

'인질사법'이란 신병을 구속당함으로 해서 생기는 정신적 압박
을 이용해 자백을 받아내는 방법으로, 일본 형사사법의 두드러진
특징이자 억울한 죄의 온상이 되고 있다.

우선 피의자 체포에 이어 구속이 집행된다. 피의자란 수사 대
상이 되어 있기는 하지만 아직 기소 당하지는 않은 사람을 말하
고, 이에 비해 피고인이란 기소를 당한 사람을 말한다. 피의자의
구속은 원칙적으로는 10일이지만, 제도상으로는 20일까지 연장
이 가능해서 범행을 부인하면 20일 동안 구속 당하게 된다. 체포
에서 구속까지의 기간을 감안하면 거기에 다시 최대한 3일이 가

산된다.

　재판관에 의한 구속의 이유, 특히 증거인멸·도주 우려에 대한 판단은 엄격하지가 않아서 간단히 구속이 인정된다. 또한 구속은 구치소가 아니라 경찰서 시설 내부의 임시 형사시설(이른바 유치장, 대용 감옥. 형사수용시설 및 피수용자 등의 처리에 관한 법률 15조 1항 참조)에서 행해지기 때문에 시간에 상관없이 언제든지 취조를 할 수 있다. 또한 취조에는 변호인 입회권이 인정되지 않는다(민사소송법과는 달리 형사소송법에서는 '변호인'이라는 말이 사용된다). 계속 부인하게 되면 가혹한 취조에서 벗어날 방법이 없기 때문에 피의자는 지친 나머지 허위자백을 하게 되기 쉽다.

　실제로 법률가들조차도 체포에 이어 20일 동안 계속되는 구속과 그 동안의 가혹한 심문에 견딜 수 있는 사람은 많지 않을 것이라고 말한다. 성추행범이라는 누명을 쓰고 직장에서 쫓겨난 사람도 있다. 한편 억울하게 성추행 범죄자가 된 사건에 대해서는 일부러 누명을 씌우기 위해 조직적으로 조작, 날조하는 예도 있다고 한다. 나 자신도 한 기자로부터 "세기 씨, 전차 안에서 여성을 포함한 미심쩍은 집단에게 둘러싸일 것 같으면 얼른 도망치는 게 좋아요"라는 충고를 들은 적이 있다.

　하지만 구속은 그것으로 끝이 아니다. 부인하는 상태로 기소되면 곧 피고인의 신병은 경찰서 유치장에서 구치소로 옮겨지는데, 기소 후에도 구속이 계속되어 자백할 때까지, 혹은 검찰 측 증인의 증언이 끝날 때까지 보석이 허용되지 않는 경우도 종종 있다.

게다가 피의자가 부인해서 사실인정이 어려울 것 같은 사건에서는 구속과 동시에 첫 번째 공판기일까지 피의자가 변호인 이외의 사람(가족, 친구 등)과의 접견을 금지하는 결정을 덧붙이는 경우가 많다. 이것은 피의자나 피고인에게 상당한 고통을 주는 일이다.

이상이 '인질사법'의 실태다. 사정이 이러니 허위자백이 일어나지 않는다면 그것이 더 이상할 것이다.

다음으로 검찰의 권한이 너무 크다는 점도 일본 형사사법의 두드러진 문제 중 하나다.

일본에서 넓은 의미의 정치권력 가운데 가장 막강한 것은 무엇일까? 이에 대해서는 여러 가지 논의가 있지만, 검찰청·검찰조직이 그 중 하나임에는 틀림없는 사실이다. 이는 외국의 학자들도 종종 지적하는 내용이지만 일본 내에서는 충분히 인식하고 있지 못한 듯하다.

검찰청은 검사총장(檢事總長, 우리나라의 검찰총장_옮긴이)을 필두로 하는 행정기관으로, 재판소처럼 지배·통제시스템이 은밀하게 감춰져 있는 조직이 아니다. 또한 OB를 포함한 상호 일체감이 매우 강한 점도 재판소와 약간 다르다.

재판관은 결속력이 강한 조직인 재판소의 주민인 반면, 개인적으로는 서로 결속력이 약한 모래알처럼 흩어져 있어서 고립된 상태로 경쟁을 하며 최고재판소 사무총국의 통제에 따르고 있다. 이에 비해 검찰관은, 대외적으로는 검찰관 각자가 '독립적인 관청'

이지만 검찰의 실상은 일반적인 행정청과 마찬가지로 상하의 지휘명령 계통에 따라 움직이는 조직이다. 또한 OB의 권력도 매우 강하다.

최고재판소 장관은 퇴임하면 한 개인에 불과해서 야구치 고이치 씨와 같은 독재자 같았던 인물조차도 심복 부하들에게 배신을 당했으며, 퇴임 후에는 큰 영향력을 갖지 못했다고 한다(이에 대해서는 《절망의 재판소》에서도 몇 번 거론했다). 이에 비해 검찰은 '검사총장마저도 아직 실질적인 결정권을 갖지 못한 어린애'로 불릴 정도로 OB들의 힘이 막강하다고 한다.

그리고 그 OB들이 정치의 '1번지'와 연결되어 있을 가능성도 높다. 뒤에서 다룰 국책수사, 즉 어떤 정치적 의도에 바탕을 두고 여론의 향방과 분위기까지도 읽으며 진행하는 수사의 뿌리 역시 아마도 여기서 시작될 것이다.

수사·기소에 관한 검찰의 권한이 너무나 크고 그것을 감시, 견제할 적절한 구조(예를 들어 영미법계 각국의 예비심문이나 대배심처럼 기소를 위해 다른 기관에 의한 승인을 필요로 하는 구조)가 없다는 점도 억울한 죄나 국책수사의 원인 중 하나다.

〈이상한 나라의 앨리스〉에서 생쥐가 앨리스에게 들려주는 '길고 슬픈 이야기'를 알고 계신지? 생쥐의 꼬리처럼 활자가 구불구불하게 인쇄되어 있는 이야기로, 생쥐를 잡은 개가 말한다.

"잠깐 경찰서로 같이 가자. 나는 검사고 너는 죄인이야. 싫다고 해봐야 소용없어. 무슨 일이 있어도 재판을 신청할 거야."

"판사도 배심원도 없잖아."

생쥐가 저항하자 개가 말을 이었다.

"판사도 배심원도 내가 할 거야. 하나에서부터 열까지 내가 심판해서 너를 죄인으로 만들어주겠어."

유죄율 99.9%라는 일본 형사재판의 부조리는 실질적으로 이 동화와 조금도 다를 바가 없다. 그것은 결코 자랑할 만한 일이 아니며 환상동화만큼이나 이상한 제도의 결과라는 사실을 우리는 깊이, 깊이 인식할 필요가 있다.

검찰관의 커리어시스템도 이러한 경향을 조장한다. 미국처럼 법률가가 경력의 한 과정으로 언제든 검찰관이 될 수 있는 시스템이 더욱 객관성 높은 정의를 실현할 수 있을 것이다. 커리어시스템에서의 검찰관은 '공무원'이기 때문에 실점이 없도록 하기에만 집착한다. 그런데 검찰관의 실점은 '무죄판결'이기에 검찰관은 유죄판결에 이상할 정도로 집착하게 되는 것이다.

나는 민사계 재판관이어서 검찰관과 접할 기회가 많지는 않았지만, 구속영장 청구에 관해 불명확한 점이 있어서 재판소 서기관을 통해 문의했더니, 나보다 한참 후배인 검찰관이 이성을 잃은 듯한 무시무시한 어조로 전화를 걸어온 적이 있었다. 무례하기 짝이 없는 태도였던 것은 내가 민사계 재판관이기에 계속적인 관계를 가질 사이가 아니었다는 점도 작용했다고 생각하지만 (안타깝게도 법률가 중에는 이런 사람들이 상당히 존재한다), 내가 영장 청구를 각하하려는 게 아닐까 생각했던 점이 훨씬 더 컸을 것이다. 왜냐하면 나는 평균적인 재판관보다 그럴 가능성이 상당히 높은 재판관이었기 때문이다. 영장 청구 하나 가지고도 이 모양이니 유죄판결에 얼마나 집착하는지는 쉽게 상상할 수 있을 것이다(위와 같은 검찰 조직의 문제, 예를 들어서 신임 검찰관의 성격 개조, 그리고 자백 강요, 작문과 같은 조서 작성 등의 취조 실태, 공판담당 검찰관의 유죄판결에 대한 압박감 등에 대해서는, 이시카와 히로시의 《검사 실격》에서 생생하게 이야기하고 있다).

그리고 형사계 재판관은 《절망의 재판소》(77쪽 이하)에서 자세히 분석한 것처럼 그 다수파는 검찰 편에 서 있어서 경찰·검찰이 만들어낸 스토리에 대해 일단 심사를 하는 정도의 역할만을 수행하고 있다. 다시 말해서 '무죄 추정'이 아니라 '유죄 추정'의 경향이 강하다.

또한 형사계 재판관은 검찰관에 대한 정서적 동조 경향도 강하다. 재판관도 역시 검찰관처럼 '공무원'이기 때문이며, 특히 형사계 재판관들은 틀에 박힌 듯한 공무원 자세, '관료'적 의식이 강하기 때문이다. 재판관과 검찰관의 인사교류, 이른바 판검교류도 이와 같은 경향을 조장하고 있었다(형사 부문에 있어서의 판검교류는 2012년부터 마침내 폐지되었다).

형사계 재판관 가운데 무죄판결을 많이 내린 사람은 주위 사람들에게 약간 특이한 인물이라는 인상을 갖게 하는 경우도 있다. 음으로 양으로 압력을 느끼는 경우도 많을 것이라 생각된다. 민사계 재판관이었던 나조차 체포영장이나 구속영장과 관련된 일에서는 그러한 압력을 느꼈기 때문이다.

그리고 억울한 죄는 사람들의 인식에도 원인이 있다는 점을 부정할 수 없다. 사실 일본에서는 무죄 추정이라는 사고방식이 일반인들에게는 아직 낯설다. 언론 보도 방식만 봐도 그것을 알 수 있다. 이것은 기본적 인권감각의 문제이기도 하다. 일본 사회는 소수자에 대해서 따뜻하지 못하다. 체포된 순간부터 피의자는 세상에서 밀려난 '저쪽 사람'이 되어버리며, 수사기관의 잘못이 밝혀진 뒤에도 그 명예는 쉽게 회복되지 않는다.

또한 일본에서는 피의자·피고인의 인권에 대한 논의에 맞서 피해자나 사회의 이익은 어떻게 되는 것이냐는 논의가 대치되는 경우도 많다. 하지만 이것은 양쪽 모두 중요한 것이며, 또 서로 받아들일 수 없는 것도 아니다. 피의자·피고인이라 할지라도 기본적 인권은 보장받아야 한다는 것이 근대 민주주의 국가의 대원칙이며, 무엇보다 피의자·피고인이 사실은 '그래도 나는 하지 않았다'는 경우가 있다는 점을 깊이 잘 인식해야 할 것이다.

일본 형사사법의 위와 같은 양상을 생각해본다면 형사 재심에 대해서도 폭이 너무 좁다고 할 수 있을 것이다. 과거의 예를 보면 무죄가 거의 확실하다고 재판관이 생각하는 경우에만 재심개시(再審開始)를 인정했다는 느낌을 준다. 따라서 재심청구가 행해지는 사건 중 법률가들 사이에 잘 알려진 사건들에는 수사 방법이나 증거에 결정적인 문제가 있는 경우가 매우 많다는 사실이다. 뿐만 아니라 뒤에서 얘기할 에니와(惠庭) 시 여직원 살인사건의 경우처럼 명백하게 부당하다고 여겨지는 판결의 재심청구에 대해서도 기각 결정이 상당히 존재한다고 알려지고 있다.

실제로 형사사법에 대해 잘 알고 있는 변호사들은 "지금은 '재심의 겨울'이어서 새로운 DNA 감정 결과가 나오거나 진범이 판명되었다는 등 '누가 봐도 무죄'인 사건이 아니라면 재심개시가 되지 않고 되어 줄줄이 기각 결정이 나온다"는 의견을 내놓고 있다. 재판소에는 '아무래도 이상하다'고 여겨지는 사안에 대해서 재심을 개시하여 다시 한 번 편견 없이 증거를 바라보는 자세가 강하게 요구된다. 재심청구심 심리에도 '의심스러울 때는 피고인에게 유리하게'라는 형사재판의 철칙이 적용되어, 확정판결의 사실인정에 합리적 의심이 든다면 재심을 개시할 수 있다고 한 최고재판소 결정(1975년 5월 20일, 기시가미 야스오 재판장. 이른바 시라토리 결정)의 취지가 충분히 고려되어야 한다.

한마디 덧붙인다면, 재심청구심과 재심개시 결정이 확정된 뒤에 진행되는 재심 심리는 서로 다른 것이다. 말하자면 후자를 재심의 본 심리라고 할 수 있는데 재심개시가 드물기 때문에 일본에서는 재심 이유의 유무에 대해 판단하는 재심청구심 쪽이 더 크게 보도되는 경우가 많다. 그리고 재심 심리에서는 면소(免訴, 실질적으로는 무죄)된 치안유지법 위반사건인 요코하마 사건을 제외하고는 전부가 무죄판결을 받았다.

재판소, 검찰청, 경찰도 재심에 관해서 체면에 집착해서는 안 될 것이다. 억울한 죄는 그야말로 국가가 저지르는 범죄이자, 억울한 죄로 인해 사형을 당하게 된다면 그것은 국가에 의한 살인이라는 사실을 분명히 인식해야 할 것이다.

나중에야 내밀어진 조작된 증거?—하카마다 사건

2014년 3월 27일에 내려진 하카마다(袴田) 사건*의 제2차 재심청구에 대한 재심개시 결정(시즈오카 지방재판소, 무라야마 히로아키 재판장)은 몇 가지 의미에서 획기적인 재판이었다.

주목할 점은 두 가지다. 하나는 가장 중요한 증거였던 하카마다 이와오 씨의 것이라 알려졌던 혈액이 묻은 5점의 옷에 대해서 조작이 강하게 의심된다고 한 점이다. 다른 하나는 사형 집행정지뿐만 아니라 형사소송법 448조 2항에 의거하여 재량에 의해 구속 집행까지 정지하고 하카마다 씨를 석방했다는 점이다.

특히 후자는 '하카마다 씨에 대한 구속을 더 이상 계속한다는 것은 용납할 수 없을 만큼 정의에 반하는 상황이다'라는 재판관

---

* 하카마다 이와오(袴田巖, 1936~)는 일본의 전직 권투 선수로, 1966년 시즈오카 현 시미즈 시에서 자신이 일하던 된장제조 회사의 전무 일가족 4명을 살해, 방화 혐의로 기소돼 1980년 사형 확정판결을 받았다. 하카마다는 체포 직후 혐의를 인정했지만 이후 첫 재판부터 경찰의 강압적인 심문 때문에 허위로 자백했다며 무죄를 주장해왔다. 하카마다의 누나 히데코는 재판소에 동생의 무죄를 호소했고, 이에 1981년부터 1차 재심청구가 시작됐지만 최고재판소는 27년만인 2008년 3월 특별항고를 기각했다. 그러나 히데코는 한달 후인 2008년 4월, 2차 청구를 신청한 끝에 2014년 3월 27일 시즈오카지방재판소의 재심 결정을 이끌어냈다. 재심청구 소송에서 당시 검찰이 범인의 옷에 묻었다고 주장했던 혈액 유전자와 하카마다의 것이 일치하지 않았고, 재판부는 수사기관에 의한 증거조작이 있었다고 지적했다.

의 인식에 바탕을 둔 것이었는데, 통상적으로는 있을 수 없는 일로, 재판관이 무죄를 확신하고 또 수사의 위법성이 매우 크다고 생각했기에 결단을 내린 것이리라.

검찰이 큰 충격에 빠진 것은 말할 것도 없다. 검찰 내부에는 아마도 동요 정도가 아니라 격노한 사람들도 있었으리라. 사형수인 하카마다 씨가 재심개시 결정도 확정되지 않은 단계에서 세상에 나옴으로 해서 검찰, 경찰의 체면이 구겨질 것은 불을 보듯 뻔한 일이기 때문이다.

하지만 사건의 본질을 생각해보면 이 결정은 조금도 이상할 것이 없다.

하카마다 사건이란 1966년 6월 30일 시즈오카 현에 위치한 된장 제조회사 전무의 집에서 일가족 4명이 살해당하고 그 후에 방화가 행해진 주거침입, 강도살인, 방화사건이다. 하카마다 씨는 그 회사의 종업원이었다.

하카마다 사건 때 경찰의 취조는 1일 평균 12시간, 최장 17시간, 용변도 양동이에 보라고 강요한 매우 가혹한 것이었다. 그래도 하카마다 씨는 19일 동안 계속 무죄를 주장했다. 또한 하카마다 씨는 옥중 편지에서 수사관이 '욕을 퍼붓고 몽둥이로 때렸다'고 적었다고 한다.

이 사건은 재판이 시작되었을 시점에서는 확실한 물증이 없어서 공판 유지가 어려운 상황이었다. 그럼에도 불구하고 사건 발생 1년 2개월이나 지난 시점에서 이미 수색을 마쳤던 된장공장 탱크 안에서 피 묻은 5점의 의류가 발견되었다. 민사소송에서도 마찬가지지만, 형세가 불리해진 뒤에 제출되는 중요한 증거에는 조작의 의혹이 있는 경우가 매우 많다. 하물며 이것은 형사소송이었으니 재판소는 그 평가에 매우 신중했어야 했다. 게다가 의류 사이즈가 하카마다 씨에게는 너무 작다는 점이 처음부터 지적되었으니 더욱 그랬어야만 했다.

하지만 하카마다 씨는 유죄판결을 받았으며 1980년에 사형이 확정되었다.

제1심과 항소심의 각 유죄판결에서는 자백조서 45통 가운데 44통에 대한 증거능력이 인정되지 않았다. 거의 모든 자백조서에 증거능력이 없는데도 나머지 1통에만 증거능력이 있다는 것은 상식적으로 봐도 매우 이상한 결론이다. 또한 제1심 판결은 어째서 인지 판결의 '증거목록' 가운데 그 1통에 대해서도 기재하지 않았는데, 이는 그 조서의 평가에 대한 재판관의 '머뭇거림'을 느끼게 해준다(뒤에서 얘기할 구마모토 재판관에 의한 필사적인 저항의 흔적이라고 보는 의견도 있다).

제1심 판결은 시즈오카지방재판소 1968년 9월 11일, 이시미가쓰시 재판장이었고, 항소심 판결은 도쿄고등재판소 1976년 5월 18일, 요코가와 도시오 재판장이었다. 아래의 내용은 제1차 재심청구 기각 결정(시즈오카지방재판소 1994년 8월 8일, 스즈키 가쓰토시 재판장)을 요약한 것이다. 그런데 이 제1차 재심청구 기각 결정은 재심을 청구한 지 13년 뒤에, 그리고 즉시항고 기각 결정

(도쿄고등재판소 2004년 8월 26일, 야스히로 후미오 재판장)은 그로부터 10년 후에 내려졌다. 재심청구에 대한 판단에 왜 이렇게 오랜 시간이 걸리는 것인지, 이 사실만으로도 재판관들의 인권감각을 의심해보지 않을 수 없다(결정 지연에 대해서는 결정을 한 재판관들보다, 그것을 후임자에게 떠넘긴 재판관들의 책임이 훨씬 더 크다).

그리고 제1심 판결은 "동 조서 가운데 '범행 때 파자마를 입고 있었다'라고 한 부분은 명백히 허위다"라고 되어 있다. 이는 '하카마다 씨가 범행 시에는 앞에서 말한 5점의 의류(범행에 의해 피가 묻게 되는)를 착용하고 있었으며, 범행 후에 파자마로 갈아입었다'라고 인정해야 하는 점과 아귀를 맞추기 위해서이리라. 하지만 그 조서 내용이 사실이라면 그 중에서 하카마다 씨가 범행 때 입고 있던 의복에 대해서만 유독 거짓말을 했다는 것은 매우 부자연스럽다. 그렇게 해봐야 그에게는 아무런 득도 없을 것이기 때문이다.

의류 가운데 바지에 대해서 항소심 단계에서 3번이나 착용 실험을 했으나 하카마다 씨는 입지 못했다. 그럼에도 불구하고 판결은 '수분을 머금은 뒤의 자연건조에 의한 수축'이라고 했는데, 이 점도 전직 재판관으로서의 내 감각으로 생각해보면 그 정도의 수축이 정말로 가능한지 더욱 면밀한 검토가 필요하지 않았을까 생각되는 부분이다.

사실 제1심의 합의체 구성원이었던 구마모토 노리미치 재판관은 무죄라는 심증을 가지고 있었지만 그의 의견은 받아들여지지 않았다. 판결이 있은 지 약 6개월 후 구마모토 씨는 결국 퇴임하여 변호사가 되었고 2014년 2월 말에는 시즈오카 지방재판소에 재심개시를 요구하는 탄원서를 제출했다. 이것 역시 극히 이례적인 일이다. 재판관들의 의견이 엇갈릴 경우 재판의 결과는 다수결에 의해 정해지는 이상(재판소법 77조), 할 수 있는 한 전부 다 해봤으나 힘이 미치지 못하는 상황이 당연히 발생할 수 있기 때문이다.

하지만 구마모토 씨에게는 하카마다 사건 유죄판결 작성이 견딜 수 없는 일이었다. 그 정도로 문제가 큰 사안이었다. 잘못된 제도에 대한 책임을 양심적인 재판관이 전부 뒤집어쓰게 되는 일본 사법의 구조적인 문제가 여기에서 잘 드러나 있다.

재심개시 결정은 5점의 의류에 대해 변호인 측, 검사 측이 각각 추천한 감정인의 DNA 감정 결과 변호인 측 감정 결과가 신뢰성이 높다고 인정되었다. 따라서 의류의 혈흔은 하카마다 씨의 것도, 피해자 4명의 것도 아닐 가능성이 상당히 인정되며, 의류 색깔도 오랫동안 된장 탱크 속에 숨겨져 있었다고 보기에는 이상할 정도로 옅다고 했다(검찰은 재심청구심까지 의류 5점의 컬러사진을 은닉해왔다. 그 사진에 의하면 의류 색깔이 명백히 부자연스럽다고 한다. 〈계간 형사변호〉 79호 91쪽, 기타니 아키라 변호사의 칼럼). 또한 사건 직후의 수색이나 된장을 빚어 넣을 때 발견되지 않았던 것이 훗날 발견되었다는 것도 이상한 일이며, 곧 발견될 것으로 예상되는 된장 탱크 안에 의류를 은닉하는 것 자체가 부자연스럽다고도 했다. 그리고 바지 사이즈에 대해서도 "변호인이 제출한 새로운 증거에 의하면 날씬한 사람들이 입는 '스몰' 사이즈였다는 사실이 분명하기에 하카마다 씨에게는 너무 작을 가능성이 있다"고 했다.

그 외에 의류 손상 부위와 하카마다 씨의 상처가 일치하지 않는다는 점에 대해서도 지적하고, 바지의 자투리 천(재단한 뒤 남은 천)이 하카마다 씨의 본가에서 압수되었다는 사실에 대해서도 하카마다 씨의 본가에서 자투리천이 나왔다고 위장하기 위해 실시한 압수 수색이었다고 보면 쉽게 설명이 된다고 단정했다. 이는 수사 당국이 미리 준비한 자투리 천을 마치 하카마다 씨의 본가에서 발견한 것처럼 위장한 것이라는 취지이리라.

그리고 마지막으로 자백조서를 포함한 그 밖의 증거에 대해서는 하카마다 씨를 범인이라고 인정할 수 있을 만한 것이 전혀 아니라고 했다.

전체적으로 무언가 숨기려는 듯한 석연치 않은 일본 재판관 특유의 완곡한 표현이 아니라 명쾌하고 적확하게 사건과 위법수사의 본질을 지적했다는 점이 눈에 띈다.

위에서 살펴본 것처럼 하카마다 사건은 억울한 죄일 가능성이 높음에도 불구하고 하카마다 씨는 '세계에서 가장 오래 수감되어 있는 사형수'로 기네스북에 오르는 이례적인 상황이 되어 있었다. 하카마다 씨가 무죄라고 한다면 그는 국가에 의해 인생의 상당 부분을 빼앗긴 것과 다름없으니 형사사법의 죄는 매우 무겁다. 그 점을 생각한다면, 또한 사건의 본질에 입각해서 생각해본다면, 재심 결정 자체는 마땅히 그래야 한다고 할 수 있다.

그런데 이 결정은 증거 조작 의혹에까지 과감히 발을 들여놓아 수사 방법을 엄하게 묻고 사형수의 신병까지 석방했다는 점에 주목할 만하며 그 의미는 매우 크다. 양심적 형사계 재판관의 모습을 보여준 결정이라고 평가해도 좋을 것이다.

한편 형사소송에서 증거 조작이 종종 있을 수 있다는 사실에 대해서는 무죄판결이 많았던 형사계 재판관으로 유명했고, 후에 호세이 대학 법과대학원 교수로 있었던 기타니 아키라 씨(현 변호사)가 《형사재판의 마음—사실인정 적정화의 방책(신판)》에 기술해놓았다.

붕괴된 과학재판의 신화
—아시카가 사건과 도쿄전력 여직원 살인사건

아시카가 사건(사건 발생 1990년)과 도쿄전력 여직원 살인사건(사건 발생 1997년)은 모두 유죄판결에 결정적 영향을 주었던 DNA 감정(당시에는 아직 정밀도가 떨어졌다)이 잘못되었다는 사실이 판명되어 재심에서 무죄판결이 내려진 사건이다. 이들 사건으로 인해 '과학재판의 신화'에 대해 그 위험성이 부각되었다.

제1심 판결(도쿄지방재판소 2000년 4월 14일, 오부치 도시카즈 재판장)에서 무죄였던 도쿄전력 여직원 살인사건이 항소심에서 뒤집혀 유죄판결(도쿄고등재판소 2000년 12월 22일, 다카키 도시오 재판장)을 선고받은 고빈다 프라사드 마이나리 씨(네팔인)는 "신이시여, 저는 하지 않았습니다!"라고 외쳤다. 참으로 비통한 호소였다. 영화 〈그래도 나는 하지 않았다〉(스오 마사유키 감독)라는 제목은 이 외침에서 힌트를 얻은 것일지도 모르겠다.

아시카가 사건에 대해서는 저널리스트 시미즈 기요시 씨가 쓴 《살인범은 거기에 있다—은폐된 기타칸토 연쇄 소녀유괴 살인사건》에 상세히 나와 있다. 아시카가 사건은 그 지역에서 일어났던 연쇄 소녀유괴 살인사건 중 하나로, 진범은 따로 존재한다는 것이 이 책의 주제다. 끈질긴 기자 정신으로 하나하나 사실에 사실을 더해 진범(사건의 진상)을 추적해나간 저자의 필치는 설득력이 있으며, 경찰이 초동 단계에서 당연히 주목했어야 할 다른 사람에 의한 범죄 가능성을 충분히 검토하지 않고 '감'에 의한 추측으로 타깃을 정해 체포, 구금에까지 이르러 더는 물러설 수 없게 되는, 일본의 원죄사건에서 흔히 볼 수 있는 전형적인 패턴을 보이고 있다.

아시카가 사건의 억울한 죄를 쓴 피해자 스가야 도시카즈 씨는 13시간의 취조만으로 소녀 성추행, 유괴, 살인, 사체유기 사건에 대한 '자백'을 했다. "13시간이나 귀에 대고 소리를 질러대 자백하지 않으면 놓여날 수 없을 것이라는 기분이 들었습니다. 13시간밖에가 아닙니다. 그 시간을 잘도 견뎠다는 생각이 듭니다"(시미즈의 책 188쪽)라는 스가야 씨의 말에 주목하기 바란다. 마음이 약한 사람에게 13시간의 가혹한 취조는 중대한 범죄에 대해 기억에도 없는 자백을 억지로 하게 만들기에 충분한 시간이다.

하지만 내가 이 책을 읽고 정말 섬뜩했던 것은 아시카가 사건의 유죄판결에 결정적 단서가 되었던 DNA 감정과 동일한 방법에 의한 DNA 감정이 결정적 증거로 제시되었던 이이즈카 사건(두 소녀 살해사건)이었다. 이이즈카 사건의 피고인은 줄곧 전면 부인을 했으나 결국 사형이 확정되었고 사형수의 형이 이미 집행되었다는 내용이었다. 만약 이 인물이 무죄였다면, 말 그대로 국가는 이 인물의 생명과 명예를 빼앗아버린 셈이다. 이는 국가가 절대로 해서는 안 되는 일 가운데서도 첫 번째로 꼽아야 할 사항이다(최고재판소 판사를 지낸 형사법학자 단도 시게미쓰 교수도 사형폐지론자가 된 이유로, 메이지 시대 이후 무고한 죄로 처형당한 사람들이 적잖이 있었을 가능성이 크다는 사실을 들었다.《사형폐지론》).

그리고 같은 책 제10장에 기록되어 있는 이이즈카 사건의 정황증거 가운데 특히 중요한 것이라고 생각되는 차량 목격 증언에 대해 저자는 재검토한 결과, 감정 사진에 조작이 가해졌을 가능성에 관한 서술, 사건의 중심인물인 변호사의 "구마 씨는 무죄가 아니었을까…, 저는 그렇게 생각합니다. 그리고 조금 더 빨리 재심청구를 했으면 사형은 집행되지 않았을 것이라 여겨집니다. 저희가 죽인 것이나 다를 바 없습니다…"라는 말은, 그와 같은 치명적 오류의 가능성을 시사하는 것이다(후쿠오카 지방재판소 2014년 3월 31일 결정은 이이즈카 사건에 대해 사형집행 후에 행해진 재심청구를 기각 결정했다).

내일은 당신도 살인범!
—에니와 여직원 살인사건, 여성에게도 일어날 수 있는 원죄의 공포

2014년 4월 21일에 내려진 에니와(惠庭) 여직원 살인사건의 재심청구 기각 결정(삿포로 지방재판소, 가토 마나부 재판장)은, 그 직전에 있었던 하카마다 사건 재심개시 결정과 극명하게 대비되는 판단이다.

에니와 여직원 살인사건이란 2000년 3월 16일 밤, 여성 용의자(이하 실명을 사용하지 않고 단지 '용의자'라고만 표현하겠다)가 교제 중이던 남성이 변심하여 피해 여성과 사귀게 된 삼각관계로 인해 피해자인 동료 여성을 살해하고 오후 11시경 사체에 불을 질러 손상했다고 기소된 사건이다.

사건의 당초 보도는 다음과 같은 것이었다(후기 이토의 책에서 요약 인용).

'전 동료 여성 체포. 에니와 여성 살해, 배경에 교제 문제?

수사본부는 살해 배경에 남성과의 교제 문제가 있었다고 보고 자세한 동기를 조사하는 한편, 살해 정황 등으로 미루어 계획적 살인이라 보고 사건의 전모를 밝히려 하고 있다.

지금까지의 수사로 용의자가 사건 직전까지 매일 피해자의 휴대전화로 전화를 걸어 침묵으로 일관했다는 혐의가 드러남. 전화를 걸기 시작했던 시기가 용의자와 교제하던 남성이 피해자와 사귀기 시작한 시기와 일치한다고 말하고 수사본부는 동기와의 관련성을 조사하고 있다. 또한 피해자가 퇴근할 때 집으로 가져갔으리라 생각되는 휴대전화기가 사망 후에도 사용한 흔적이 있고, 이튿날 본인의 사물함에 넣어져 있는 등 이상한 점도 있기에 용의자를 추궁하고 있다.'

'수사본부는 면식범의 소행일 가능성이 높다고 보고 교우관계를 중심으로 수사. 사건 직전에 남성을 두고 피해자와 다툼을 일으켰던 용의자를 주목했다.'

전형적인 경찰발표 보도이며, 추측수사의 가능성이 엿보인다. 그러나 한편으로는 사건 당초부터 "정황 증거로 보아 용의자의 범행이라고 보기에는 의심스러운 점이 많다"고 말한 보도도 있었다.

사실 나는 이 사건의 재심청구에 대한 재판소 결정이 나오기 전에 삿포로 텔레비전 방송으로부터 취재 요청을 받았다. 그때 사건에 대해 한 번 살펴본 뒤, "피해자 사망 후에 그 생존을 위장하기 위한 목적으로 발신한 피해자의 휴대전화기로부터의 발신기록이 용의자의 동선과 거의 일치한다는 증거가 본건의 유일한 핵심증거인 듯합니다. 그런데 이 증거가 확실한 것이라면 재심개시는 어렵지 않겠습니까?"라고 기자에게 밝혔다. "아니, 그 증거도 그리 확실한 것은 아닙니다"라는 것이 기자의 대답이었다. 취재에 응했을 때 나는 사건과는 별개의 재판관·사법제도에 관한 일반론만을 이야기했다.

하지만 재심청구 기각 결정이 난 이후, 보도를 보니 여러 가지 의심스러운 점이 있었고 동료 학자들에게서도 비슷한 의견을 들었기에 지인을 통해서 결정문 복사본을 급히 입수하고, 관련 서적과 기사 등도 읽어보았다. 그 결과는 참으로 어처구니없는 것이었다.

민사계 재판관으로 민사소송에서 익힌 나의 감각으로 봐도 검찰이 증거책임을 다했다고는 보이지 않았다. 하물며 이것은 민사보다 더 엄격히 증명해야 할 형사소송이었다. 그런데 이 사건을 담당했던 모든 재판관들은 그와 같은 불충분한 입증에 의거해서 유죄를 인정한 것이다.

'정말 이 증거로 유죄판결을 내린 것일까? 그리고 재심개시도 할 수 없다고 한 것일까? 형사재판은 대체 어떻게 되어버린 것이란 말인가?'

이것이 나의 솔직한 느낌이었다.

이 사건의 변호사로 가정재판소 조사관, 중의원 의원 경력이 있는 이토 히데코 씨는 《에니와 여직원 살인사건—이렇게 해서 '범인'은 만들어졌다》라는 책을 썼다. 재심청구에 관여했던 변호사가 그 과정에서 이와 같은 책을 출판하는 것은 상당한 이유가 있었다는 사실을 보여준다. 물론 나도 전직 재판관이고 이 사건에 대해 재심청구 기각 결정도 나 있었기에 이 책에 대해 철저히 비판적인 시각으로 읽어보았다.

하지만 과도하게 용의자를 옹호하는 듯한 서술은 거의 없었다. 굳이 말하자면 용의자가 피해자 생전에 전화를 걸어 아무 말도 하지 않았던 것은 혼란스러움을 느꼈기 때문이며, 피해를 줄 의도까지는 없었다고 한 점 정도였다. 하지만 이것은 미묘한 심리적 문제이고 전체를 놓고 보면 작은 일에 지나지 않는다.

아래의 내용은 주로 이토 씨의 저서에 적힌 내용이다. 또한 내 생각을 덧붙인 경우에는 그 사실을 표시했다.

이 사건에서 용의자 역시 조사 초기에는 신경정신과에 입원할 정도로 협박적인 자백 강요를 받았음에도 불구하고 일관해서 부인했다. 그리고 범죄와 용의자를 연결 짓는 직접적인 증거는 하나도 존재하지 않았으며, 존재하는 것이라고는 정황증거뿐이었다.

재판관으로서의 내 경험을 통해 그것들 중 유일하게 중요한 것이라고 생각했던 피해자 휴대전화기의 발신기록에 대해 우선 검토해보겠다. 이 피해자의 휴대전화기는 사건 후 누군가에 의해서 용의자와 피해자가 근무하고 있던 회사(이하 '본건 회사'라고 하겠다)의 피해자 사물함으로 옮겨졌다.

검찰의 주장은 이 휴대전화기에서 일곱 번에 걸쳐 발신(3월 17일 오전 0시 53분 31초부터 3시 2분 38초까지)한 전화번호가, 용의자가 사건 얼마 전까지 교제하고 있던 남성(사건발생 5일 전부터 피해자와 교제하고 있었다)이 당시 분실 중이던 휴대전화기 등 본건 회사 직원만 아는 번호였다는 사실, 그 발신기록이 용의자의 동선과 거의 일치한다는 사실을 근거로 삼고 있다.

하지만 애초에 '피해자가 살아 있다고 위장할 목적'으로 발신했다는 검찰의 주장은 '발신 내역이 삭제되어 있었다'는 사실과 모순되어 의문이라고 변호인 측은 주장했다. 옳은 말이다. 또한 나는 그와 같은 위장을 해서 용의자에게 어떤 이점이 있는지가 명확하지 않다고 생각한다. 시야가 트인 설원(홋카이도이기 때문에 3월에는 눈이 있다)의 도로가에 사체를 방치한 이상, 사체가 곧 발견될 것은 자명한 일이었으며 실제로 이튿날 아침에 발견되었기 때문이다.

또한 당시의 휴대전화기에는 소재 위치를 특정케 하는 GPS 기능이 없어, 소재 방향만을 알 수 있었는데(기지국에서 파악한 휴대전화기 소재지가 60도 이내의 방향으로 판명되었을 뿐), 그 '소재 방향' 자체에 얼마만큼의 의미가 있었는지도 약간 의문이다. 뿐만 아니라 그 발신 내역을 자세히 살펴보니 대체로 용의자의 동선과 일치한다고도 말할 수 있으나, 그렇지 않다고 할 수 있는 부분도 역시 존재했다.

게다가 피해자 살해 후 그 휴대전화기가 발견되기까지(3월 17일 오후 3시 5분)의 17차례의 착신 이력 가운데는, 용의자가 계속 그 휴대전화기를 가지고 있었다면 그 동선으로 봐서 불가능한 '전원 꺼짐, 혹은 권역 밖'의 시간대가 있다는 점도 큰 의문이다. 용의자가 휴대전화기를 가지고 있었다면 일시적으로 전원을 끌 만한 합리적인 이유가 없으며, 또 그녀의 동선으로 봐서 '권역 밖'은 있을 수 없기 때문이다.

이토 변호사는 이상과 같은 발신·착신 내역에 대해 '본건 회사에 근무하던 남성을 포함한 여러 명의 남성에 의한 강간, 살인, 사체 훼손' 가능성을 가정한다면, 범인 중 한 사람이 피해자의 휴대전화기를 들고 이동한 경우와 딱 맞아떨어지는 발신·착신 내역이라고 보는 편이 훨씬 더 자연스럽다고 주장했다. 틀림없이 그와 같은 사람의 이동지역이 용의자의 동선과 대략 가까울 것이라는 사실은 충분히 생각해볼 수 있으며, '전원 꺼짐, 혹은 권역 밖' 시간대에 대해서도 범인이 차로 이동하면서 일시적으로 권역 밖으로 나갔다고 생각하는 편이 훨씬 자연스럽다.

또한 전화를 건 상대방에 대해서는 휴대전화기의 착신 이력이나 저장된 연락처를 보고 걸었을 가능성이 높기 때문에 그 점에 대해서도 용의자가 아니라도 걸 수 있다고 했다(이상에 관해서는 이토의 저서 32쪽, 133쪽 이하).

이토의 저서에 의하면 실제로 본건 회사에는 상당히 '수상한 인물'이 존재해서 의심스러운 내용의 진술조서가 작성되어 있었다고 한다. 같은 책에 다음과 같은 내용이 있다.

이 인물의 사건 당일 밤 알리바이는 아내밖에 증명하지 못했으며, 또 그는 묻지도 않았는데 여자 탈의실 사물함에서 자신의 지문이 나올 것이라고 말하고 그 이유(맨손으로 그 사물함을 옮긴 적이 있다)에 대해서도 진술했다. 그리고 용의자가 전에 교제하던 남성에 대해 큰 적대감을 가지고 있다고도 진술했다. 그는 사건 발생 2, 3일쯤 뒤인 4월 8일에 취재진이 있는지 확인하기 위해 용의자 집으로 가다가 아파트 앞에서 그녀를 만났는데 무슨 이유에서인지 '만난 것을 비밀로 해달라'고 말한 뒤 헤어졌다고 진술했다. 또한 4월 14일 용의자 임의동행 시에, 그녀는 체구가 작아 범인이라고는 여겨지지 않는데 뜻밖이라는 생각과, 그녀 혼자서는 불가능할 것이라는 생각에서 '우리 직장에서 저렇게 끌려가는 사람이 아직 더 나올 거야'라고 동료에게 말했다는 사실도 진술했다. 게다가 그 인물이 용의자와 만났던 4월 8일 밤에 그가 지나갔던 근처 풀숲에서 사건 후 분실했던 '용의자의 휴대전화기'가 발견되었다는 사실도 있었다.

한편 피해자의 사체는 불에 타서 죽은 일반적인 사체와는 달리 다리를 크게 벌린 강간사체와 비슷한 자세였으며, 브래지어 와이어도 크게 일그러져 있었고, 또 음부와 목 부분의 탄화가 특히 심해서 강간살인의 증거인멸이 의심되는 상황이었다. 그럼에도 불구하고 본건에서는 사법 부검 때 강간 유무에 대해서는 조사하지 않았다.

그 밖의 정황증거에 대해서도 결정적인 것은 없었다. 그것들에 대해서도 간단히 언급해두겠다(이토의 저서 137쪽 이하).

① 용의자는 사건 전날 밤에 10리터의 석유를 샀다.

우선 용의자가 사건 전날 밤에 석유를 산 것은 사실이다. 그녀는 자신이 의심받고 있다는 사실을 듣고 당황해서 자동차 트렁크에 넣어두었던 석유를 용기째 버려, 자신에게 유리한 결정적인 증거를 스스로 없애버렸다(후에 변호인들이 찾아보았으나 발견하지 못했다). 이 사실과, 그녀가 피해자에게 전화를 걸어 침묵했다는 사실을 숨긴 것이 재판에서 불리하게 작용했다. 하지만 생각해보기 바란다. 이들 사실만으로 그녀와 범행을 연결짓기에는 무리가 있다. 억울한 죄가 만들어지는 사건에는 용의자에게 어떤 불리한 사정, 혹은 경미한 여죄 등이 있는 경우가 많다. 바로 그렇기 때문에 경찰 추측수사의 타깃이 되는 것이다.

② <u>피해자의 휴대전화기가 피해자 사물함에서 나왔다. 그리고 검찰 주장에 의하면 피해자 사물함 열쇠가 용의자 차량 글로브박스에서 발견되었다.</u>

매우 유력한 증거인 듯했으나 자세히 검토해보니 이것도 결정적인 것이라고 보기에는 어렵다.

우선 사건 후에 피해자의 휴대전화기가 그 사물함에 넣어졌다는 것은 사실이지만, 이는 그것만으로는 용의자와 연결지을 만한 사항이 아니다.

용의자 자동차의 글로브박스에서 발견되었다는 피해자의 사물함 열쇠에 대해서, 이토의 책에서는 경찰에 의한 증거조작 가능성을 지적했다. 이 열쇠는 4월 1일, 경찰에 증거로 압수되었다고 되어 있으나 용의자에게는 그런 기억이 없다. 증거를 압수할 때는 용의자에게 바로 압수품 목록을 교부해야 하는데 그녀는 목록을 받은 기억이 없다. 그런데 6월 10일의 용의자 가택수색에서 용의자의 열려 있는 백에서 압수품 목록서가 발견되었다.

이에 대한 이토 변호사의 견해는 다음과 같다.

"경찰은 피해자의 사물함에서 가져온 열쇠를 용의자 차량의 글로브박스에 넣는 위장 공작을 펼쳤으나 그때 당연히 용의자에게 압수품 목록을 교부했어야 하는데 그걸 잊었다. 이 사실이 밝혀지면 위장 공작이 들통나고 만다. 이에 하는 수 없이 추후 가택수색 때 용의자의 백에 넣었다."

하카마다 사건 재심개시 결정에서 경찰이 바지 자투리 천을 하카마다 씨 자택에서 발견한 것처럼 꾸몄을 가능성이 있다고 지적한 수법을 생각해보기 바란다. 이 사물함 열쇠에 관한 여러 가지 의심스러운 사항은 이토의 책에 상세히 기술되어 있다.

③ 용의자의 자동차 왼쪽 앞 타이어에 흠집이 있다.

검찰은 이 타이어의 흠집이 불꽃에 의한 것이라고 주장했다. 하지만 용의자가 범행현장에 머물며 사체를 태웠다고 하는 겨우 5분 동안에, 사체가 발견된 곳에서 45센티미터 떨어진 도로 위에 있던 자동차 타이어에 불꽃 열에 의한 흠집이 생기리라고는 여겨지지 않는다.

④ 4월 15일에 용의자의 집에서 3.6킬로미터 떨어진 숲에서 불에 탄 피해자의 유품이 발견되었다.

밤낮으로 경찰의 미행, 감시를 받고 있던 용의자가 감시의 눈을 피해 자택에서 상당히 떨어진 숲까지 유품을 태우러 갈 수 있었다고는 생각되지 않는다.

다시 말해서 이상의 정황증거들은 하나같이 그 자체로는 증거능력이 부족하다.

또한 이 사건에서는 사체가 태워져 유기되었다는 현장에서도, 피해자의 휴대전화기에서도 용의자의 지문이나 족적 등은 전혀 검출되지 않았다. 현장에는 사체를 끌고 간 흔적도 없었다. 용의자의 차 안에서 수건과 같은 것을 사용해 뒤에서 목을 졸라 범행을 저지른 것이라고 했음에도 불구하고 수건과 같은 것은 발견되지 않았으며 용의자의 차에는 피해자의 요실금이나 변실금을 나타내는 흔적이나 혈흔도 없었고 지문, 모발 등조차 나오지 않았다.

게다가 용의자는 피해자에 비해 체격이나 체력이 상당히 뒤떨어지며, 특히 선천적으로 오른쪽 약지와 새끼손가락이 병적으로 짧은 단지증 장애가 있어 손힘이 약하고 균형도 잘 맞지 않을 뿐더러, 오른손 악력도 19킬로그램으로 매우 약해서(라면 사발을 한 손으로 들 수 없을 정도로 약하다) 검찰이 주장하는 것과 같은 방법으로 살해가 가능할지는 매우 의심스럽다. 용의자 자동차의 조수석에는 머리받침대가 달려 있기 때문에 수건과 목 사이에 공간이 생겨 피해자의 저항이 용이하다는 점을 생각해본다면 더더욱 그렇다.

제1심 판결은 용의자가 '피해자를 차량 조수석에 태운 채 어떤 방법으로 방심시킨 뒤, 뒷좌석으로 이동해서'라고 했으나 구체적으로 어떻게 이동했는지 전혀 밝히지 못했으며, 또 '살해방법과 피해자의 저항방법에 따라서는 힘이 없는 범인이 체력 차이를 극복하고 자신은 상처를 입지 않은 채 피해자를 살해하는 것은 충분히 가능하다'라고도 했으나 민사계 재판관의 눈으로 봐도 억지로 밀어붙이려는 듯한 말이라는 느낌이 든다. 작은 체구의 여성(교살만으로도 온몸의 힘이 빠졌을 텐데)이 혼자서 자기보다 무거운 사체를 단숨에 끌어안아 차량 밖으로 옮겼다(그렇기 때문에 차 안에도 차 밖에도 흔적이 남지 않았다)는 인정도, 역시 마찬가지로 매우 억지스럽다.

다음으로 본건의 결정적인 문제점인 용의자의 알리바이에 대해 이야기하겠다.

본건에 있어서 검찰은 범행시각을 자의적으로 변경했다. 체포영장에서는 용의자가 피해자를 교살 후 사체에 불을 지른 시각을 오후 11시 15분경이라고 했는데 공소장에는 오후 11시경으로 고쳤다. 검찰은 어째서 이처럼 중요한 사실을 간단히 변경한 것일까?

사실은 용의자가 당초 범행추정 시각에서 불과 15분 뒤인 11시 30분에 범행현장에서 약 15킬로미터나 떨어진 주유소에 들렀기 때문이었다. 경찰이나 제1심 재판소가 행한 주행실험에 의하면 현장에서 주유소까지는 과속을 해도 20분 정도는 걸렸다. 검찰도 인정한 사실인데 15분 안에 가려면 노면이 얼어 있고 가로등도 없는 밤길을 시속 100킬로로 달려야 한다는 것이다. 체포영장에 기재된 11시 15분에 사체에 불을 지르고 검찰 주장대로 5분 동안 불태운 뒤 이동했다면 이동 시간은 더욱 짧은 10분이 되니 도저히 주유소에 다다를 수 없게 된다. 다시 말해서 그 시각이라면 용의자의 알리바이는 거의 완전하게 성립되어버리는 것이다.

　검찰은 이처럼 앞뒤가 맞지 않는 사실관계를 숨기기 위해 여러 가지 '은폐 공작'을 했다. 우선 검찰은 용의자가 주유소에 들른 시각에 대해, 실제로는 영수증에 인쇄되어 있는 11시 36분보다 빠른 11시 30분 43초였음을 보여주는 CCTV 테이프가 존재했음에도 불구하고 그것을 숨겼다. 본건에서는 그 6분 차이가 매우 중요하다는 것은 자명한 사실이다.

　더욱 놀랍게도 검찰은 사건현장 부근에 2대의 자동차가 정차해 있는 것을 봤다는 주부 A씨의 진술조서도 숨겼다. A씨는 11시 6분이 조금 지난 시각과 11시 20분이 조금 지난 시각에 2대의 자동차를 보았는데 두 번째 보았을 때는 그 중 1대의 지붕 너머로 붉은 불빛(불꽃)을 보았다고 제1심 심리 종반에 법정에서 진술했다. 이 2대의 자동차는 사체가 불타는 상황을 지켜보고 있던 진범들의 것일 가능성이 있다.

제1심 판결은 이에 대해 '(관계없는 제삼자가) 쓰레기 소각 등에 의한 불꽃인 줄 알고 (그처럼 오해해서) 그저 방관하고 있었다'고 추인했다. 하지만 그런 시각에 인적이 없는 설원에서 쓰레기를 소각할 사람이 있을 리 없으며, 수상한 불꽃을 '쓰레기 소각에 의한 불꽃이라고 오해하고 팔짱을 낀 채 방관하고 있을' 여유만만한 '제삼자'가 있을지도 매우 의심스럽다.

이상과 같은 시간 관계까지도 포함해 제1심 판결(삿포로 지방재판소 2003년 3월 26일, 엔도 가즈마사 재판장)은 용의자가 오후 11시 5분경까지 자신의 자동차 안 뒷좌석에서 수건 같은 것을 사용해 피해자를 목 졸라 살해하고 11시 5분경, 10리터의 석유로 사체에 불을 지른 뒤, 11시 10분경 현장에서 나와 11시 36분(항소심 판결(삿포로 고등재판소 2005년 9월 29일, 나가시마 고타로 재판장)은 '30분'이라고 했다)에는 주유소에 들러 주유를 했다고 했다. 다시 말해서 사실인정을 확고히 한 항소심은 '용의자는 범행현장에서 주유소까지 20분 만에 도달했다'고 한 것이다.

그런데 피해자의 사체는 내장까지 불에 타서 체중이 약 9킬로그램이나 줄어든 것으로 보아, 검찰의 주장처럼 용의자가 10리터 석유로 '5분 동안만 현장에 있었다'는 재판소 인정의 사실관계 하에서 불태워진 것이라고는 보기 어렵다. 그 점은 돼지를 사용해 진행한 경찰, 변호사 측 쌍방의 소훼(燒燬)실험을 통해서도 밝혀졌다.

양쪽 실험 모두에서 돼지 내부 조직은 불에 타지 않은 상태였으며, 또 불꽃의 세기는 점화 후 1분 이내에 최대가 되었다. 그리고 피해자의 시신을 다뤘던 장례업자는 "석유를 몇 번인가 뿌려가며 시간을 들여 천천히 태웠거나, 휘발유나 제트연료로 태운 것처럼 보인다"는 내용을 변호인에게 진술했다.

한편 이 사건의 수사를 담당한 주임검찰관이 혼자 용의자를 찾아가 "마침내 기소하게 되었다. 기운내기 바란다"고 말했다고 한다. 수사 주임검찰관의 마음속에 숨겨진 '망설임, 의심, 양심의 가책'을 나타내는 사실이다. 현장의 형사들 중에도 "그녀는 범인이 아니다"라고 말한 사람이 있었다고 한다. 이러한 일은 원죄사건에서는 종종 볼 수 있다. 검찰, 경찰 가운데도 존재하는 '양심'이 얼핏 얼굴을 드러내는 것이다.

재심청구가 기각되었다는 사안의 중요성 때문에 꽤 상세히 서술했는데 검찰의 주장이나 제1심, 항소심 각 판결의 인정에는 이외에도 여러 가지 의문점이 존재한다.

덧붙여 말하자면 항소심 재판장은 공판 전 3자협의 자리에서 "피고인이 아무래도 거짓말을 하고 있는 것 같으니 피고인 질문의 횟수도 제한할 생각입니다"라고 말했다(말실수를 했다)는 것이다(이토의 책 219쪽). 이 역시 상식적으로 도저히 납득할 수도 믿을 수도 없는 일이다.

재심청구에서 검찰의 시나리오를 의심케 하는 중요한 증거가
또 나타났다(이 증거 역시 은닉되어 있었다). 현장 부근에서 불꽃을
보았다는 다른 여성 B씨의 "오후 11시 15분경, 23분경, 42분경,
그리고 오전 0시 5분경 모두 4차례에 걸쳐서 불꽃을 보았다. 그
가운데 첫 번째와 세 번째는 커다란 오렌지색 불꽃이었다"는 내
용의 진술조서 등(조서를 그대로 읽으면 이 같은 내용이 된다)이 나
타나 용의자가 주유소에 들른 시각 이후까지 진범들이 현장에서
사체를 태우고 있었을 가능성이 제기된 것이다.

11시 42분경에 불꽃이 컸다는 것은 그 무렵 연료가 추가되었
다는 사실을 짐작케 한다. 10리터의 석유만으로는 불꽃이 바로
작아져버릴 것이기 때문이다(이토의 책 166쪽). 그런데 B씨는 불
꽃을 본 세 목격자 중 한 사람이었다. 본건에 있어서 각 목격자
는 현장에서 수백 미터 떨어진 각기 다른 장소에서 불꽃과 2대
의 자동차를 목격한 이들로, 서로 연락도 일면식도 없었다.

재심청구 기각 결정은 예를 들어 사체의 연소 정도에 대해서는
'피하지방이 녹기 시작하면 불가능하다고는 할 수 없다'고 했으
며, 현장 부근에서 불꽃을 본 B씨에 대해서는 '불꽃만이 아니라
그 윗부분의 미립자에 의한 반사부분까지도 포함해서 커다란 불
꽃을 보았다고 말하고 있을 가능성도 있다'고 했다.

또한 기각 결정은 B씨가 처음으로 커다란 불꽃을 본 11시 15
분(즉, 용의자는 적어도 그 직전까지 현장에 있었을 가능성이 높다)부터
용의자가 주유소에 도착한 11시 30분까지 15분밖에 되지 않으

니, 그렇다면 '용의자에게는 알리바이가 성립될 가능성이 일단 있다'(왜냐하면 앞서 말한 것처럼 15분이라면 용의자는 가로등도 없는 얼어붙은 밤길을 시속 100킬로로 달린 셈이 되어버리기 때문이다—나의 주장)고 할 수 있으나 '역시 그렇지 않을 가능성도 있다'고 했으며, 또 불꽃을 본 각 목격자들의 진술을 매우 자의적으로 평가해서 이상과 같은 인정판단과의 상관성을 유지하려 하고 있다.

전체적으로 봐서 이 재판의 증거 평가는 너무나도 제멋대로여서 어리둥절할 뿐이다.

'한손으로 라면사발도 들지 못하는 조그만 체구에 힘도 없는 여성이 피해자에게 의심도 받지 않고 어느 틈엔가 자동차 운전석에서 뒷좌석으로 이동해 자신보다 체격과 체력이 뛰어난 피해자를 뒤쪽에서 머리받침대 등의 방해도 받지 않고 간단히, 그리고 아무런 흔적도 남기지 않고 교살한 뒤, 조금도 지체함이 없이 자신보다 무거운 사체를 끌어안아 차량 밖으로 내리고 참으로 짧은 시간 안에, 그리고 겨우 10리터의 석유로 내장이 탄화할 때까지 태우고, 또 가로등도 없는 얼어붙은 밤길을 시속 100킬로로 달려서 알리바이를 만들었다.'

만약 시나리오 작가가 이런 시나리오를 써서 영화사에 제출한다면 이런 말을 듣게 되지 않을까?

"이런 설정이 성립될 리 없잖아. 아무리 시나리오라지만 너무 허술해."

재판관들은 유죄추정 정도가 아니라 가능성에 가능성을 더해,

억지에 억지를 더해 무슨 일이 있어도 '유죄'라는 결론에 도달하기 위해 앞뒤 가리지 않고 돌진해 나간 듯한 인상이 든다. 하카마다 사건, 아시카가 사건, 도쿄전력 여직원 살해사건처럼 재심청구에 DNA 감정 등의 강력한 뒷받침이 있는 경우라면 모르겠으나, 그렇지 않은 경우에는 이처럼 억지스러운 사실인정이 통할 수 있다는 사실을 생각하면 전직 재판관으로서 더없이 암담한 기분이 든다.

분명히 말해서 나는 이것을 '암흑재판'이라고 생각한다. 독자여러분도 조심하셔야 할 것이다. 일본의 형사사법에서는 일단 경찰·검찰의 의심을 받게 되면 재판관이 아주 예외적인 양식파가 아닌 한, 아무리 몸부림쳐 봐도 유죄를 면할 수는 없다. 재심도 개시되지 않는다. 뒤에서 말하겠지만 국책수사의 표적이 된 사람 입장에서 쓴 《국가의 덫》에 나오는 "검거'는 전부 지옥의 주사위"라는 말이 결코 과장이 아니다.

변호인단(앞서 말한 기타니 아키라 변호사도 변호인단 중 한 사람)을 포함한 관계자는 심리 중에 변호인 측에 호의적이라 느꼈던 재판장의 언동까지도 고려해서 당연히 재심개시 결정이 내려지리라 예상하고 있었기에 이 같은 재심청구 기각 결정에 대해서 재판관에게 어떤 압력이 가해진 것이 아닐까라는 추측까지 하게 되었다고 한다. 또한 기타니 변호사는 너무나도 황당한 결정에 실망과 분노를 숨기지 않았다고 한다.

이 사건에 대한 나의 견해를 정리해보겠다.

민사소송은 대부분의 경우 쌍방의 주장이 맞서게 되지만, 원고의 주장에 상당한 허점 혹은 일관된 설명을 하지 못하는 사정이 있고, 다른 한편으로 피고의 주장에 나름대로의 일관성이 있으면 청구를 기각하는 것이 일반적이다. 그 원칙을 이 사건에 적용하자면, 즉 민사소송의 감각으로 판단해 봐도 검찰의 청구를 인정하기는 어렵다. 하물며 이것은 '의문스러운 점이 있으면 벌하지 않는다'는 형사소송이니 무죄라는 결론을 내리는 것이 당연한 일이 아닐까 생각된다. 배심원재판을 하는 미국의 법정에서도 이 정도의 사실만 가지고 유죄라고 판단하는 일은 없을 것이다.

　내가 젊었을 때 한 형사계의 유력 재판관이 "형사재판은 그 결과로 인해 경우에 따라서는 옷을 벗어야 하는 경우도 있어서…"라며 묻지도 않은 말을 하는 것을 듣고 '아, 형사는 민사와 다르구나'라고 생각한 적이 있었다. 쉽게 생각해볼 수 있는 일은 아니지만 중대한 형사 사건의 배후에는 민사계 재판관이었던 나로서는 상상조차 할 수 없는 깊은 흑막이 펼쳐져 있을 가능성이 혹시 있는 것 아닐까? 아니면 일본 재판관의 정신구조에 잠재되어 있는 어떤 '병리'의 씨앗이 만들어내는 소행일까?

자백은 어떻게 만들어지는가?

　그러면 원죄(冤罪) 사건에서 자백은 어떻게 만들어지는지 살펴보자.

억울한 죄는 대부분 수사관의 추측수사에 의해서 만들어진다. 수사관은 임의 취조 단계에서부터 이미 예단을 가지고 있으며, 체포 후에는 용의자를 협박, 회유해서 자신이 구상하고 있는 스토리에 대한 정보를 조금씩 제공해나간다. 처음에는 당혹스러워하던 용의자도 외부와 차단된 밀실에서 가혹한 취조를 받다보면 자신의 기억에 확신을 갖지 못하게 되어 결국에는 별문제 없어 보이는 듯한 조그만 사실의 가능성을 '어쩌면…'하는 식으로 인정한다. 그렇게 되면 수사관은 그것을 발판으로 다시 범죄의 핵심에 좀 더 접근하는 힌트를 주어 수사관의 스토리에 따른 진술을 굳혀나간다. 다시 말해서 '꾸며진 이야기'의 '압도적인 권력을 배경으로 한 일방적인 강요'인 셈이다. 이런 수사관의 수법은 다수의 원죄사건에서 놀랄 정도로 유사하게 나타난다.

이 같은 수사의 결과, 예를 들어 쓰치다·닛세키·피스 깡통폭탄 사건(사건 발생은 1969~1971년)에서는 적군파 활동가 중 한 사람과, 그와 개인적 친분은 있지만 정치활동은 하지 않았던 17명의 젊은이가 체포되어 2명을 제외한 전원이 일련의 공안사건에서 허위자백을 했다.

또한 후지 고등학교 방화사건(사건 발생 1973년)에서는 용의자였던 젊은이가, 인간문화재로 지정된 예술가와의 동성애 관계를 폭로하겠다, 그 예술가의 가족까지 전부 잡아다 취조하겠다는 등의 협박을 받아 자백을 했다. 이러한 비열한 협박도 종종 쓰이는 방법이다(두 사건 모두 재판에서 무죄가 되었다).

그렇다면 왜 이렇게까지 해서 자백을 받을 필요가 있는 것일까? 이는 제1장에서 언급했던 '판박이 리얼리즘', 즉 '진실'은 하나밖에 없으며, 또 그것은 밝힐 수 있다는 소박한 인식론, 그 결과로써 '만들어진 이야기에 대한 집착과 의존'이라는 것에 그 원인이 있다고 생각한다.

진술이 없는 물적 증거만으로는 왠지 마음이 편치 않아 잘 정리된, 그리고 방대한 진술조서에 의한 '이야기'를 중심으로 형사소송을 구성하기를 좋아하는 풍조는, 형사소송을 '범죄의 유무를 판단하는 장소'가 아니라 '사건의 배경이나 동기까지도 상세히 밝혀 피고인에게 죄를 인정케 하고 반성하게 하고, 사과를 하게 만드는 장소'로 생각하는 그런 특이한 '감각'과도 관련 있을 것이다.

결국 이 '자백 편중 경향'이 '협박적이고 비인간적인 인질사법'을 정당화하고 있는 것이며, 그런 의미에서는 형사사법에 대한 국민·시민과 언론의 인식에도 한 원인이 있다고 할 수 있다. 안타깝지만 그 사실만은 부인할 수 없으리라.

이와 같은 일본 형사사법의 모습에 대해서는 제2차 세계대전 이후 형사법학의 자유주의파를 대표하는 인물 중 한 사람이었던 히라노 류이치 교수(도쿄 대학)가 1985년에 이미 '우리나라의 형사재판은 상당히 절망적이다'라고 서술한 적이 있다. 형사재판에 절망한 사람은 결코 나뿐만이 아니다.

일본의 형사사법은 중세 수준?

유죄율 99.9%라는 일본 형사사법의 실상은 분명히 이상하다. 무죄율이 이렇게 낮다면, 무죄는 극히 드문 예외, 예외 중의 예외가 될 수밖에 없기 때문에 유죄와 무죄의 경계선에 있는 사건에서 재판관의 판단의 저울은 아무래도 처음부터 유죄 쪽으로 기울어지기 쉽다. 매우 양심적이고 강직한 재판관이 아닌 한, '어떻게든 앞뒤 이야기를 맞추어 유죄 쪽으로 마무리 짓고 싶다'는 마음에 제동을 걸 수 없다는 것이 솔직한 모습인 듯하다. 나는 그렇게 추측하고 있다.

재판원의 비밀유지 의무(《절망의 재판소》 167쪽 이하)를 설정해서 외부로 정보가 새나가지 않도록 하고 있으나 형사계 재판관 대다수는 재판원들에게도 같은 설명과 유도를 하고 있을 가능성이 있다. 그래도 재판원 재판* 사건에 한정하면 유죄율이 99.5%(최고재판소 사무총국의 〈재판원 재판 실시 상황의 검증보고서〉, 2012년 12월)로 재판관들에 의해서만 진행되는 재판보다 유죄율이 낮다

---

* 일본의 재판원제도는 2004년 5월 '재판원이 참가하는 형사재판에 관한 법률'이 공포되어 2009년 5월부터 성립되었다. 이 제도의 도입으로 법률 전문가가 아닌 일반 시민의 법 감정이 재판에서 효력을 발휘하게 되었고, 사법에 대한 국민의 이해와 신뢰를 높일 수 있게 되었다. 또한 재판의 절차, 재판 용어가 쉽게 정리되고 재판이 보다 신속하게 이루어질 수 있게 되었다. 재판원제도의 대상이 되는 주된 사건은 살인, 강도 치상, 상해치사, 위험 운전 치사, 방화, 유괴 등 중대 사건이다. 재판원제도와 배심원제도의 큰 차이는 재판원제도가 시민과 재판원이 함께 유·무죄, 나아가 형량까지 결정하는데 비해 배심원제도는 시민이 유·무죄를 결정하고 재판관이 양형을 결정한다.

는 사실(무죄율이 몇 배나 높다)에 주목해야 할 것이다. 뒤에서 다시 말하겠지만 재판원제도가 피고인 선택제의 배심원제도로 이행된다면 상황은 상당히 달라질 것임에 틀림없다.

높은 유죄율의 그늘 뒤에 얼마나 많은 억울한 죄가 잠들어 있으며, 얼마나 많은 무고한 사람이 눈물을 흘렸을지 그 가능성을 생각해보면 참으로 몸서리를 치지 않을 수 없다.

이와 같은 일본 형사사법의 현상을 개선하려면 취조의 전면 개방, 취조에 대한 변호인 입회권 보장, 유치장의 폐지, 구속 필요성에 대한 엄격한 심사, 더욱 충실한 증거개시, 무죄판결에 대한 검찰의 상소권 폐지 등이 필요하다. 이에 대해서는 이미 다수의 법률가와 저널리스트들이 주장을 해왔다.

'인질사법'을 근절하기 위해서는 형사재판을 전문으로 담당하는 형사계 재판관 집단을 가능한 한 축소하고 다수의 재판관이 번갈아가며 수시로 민사, 형사, 가사, 소년 등의 재판을 담당하는 방식으로 짧은 기한으로 교체되는 것이 바람직하다. 또한 상당 기간 변호사 등 법률가 경험을 쌓은 사람 중에서 재판관, 검찰관으로 선임하는 법조일원제도를 재판관뿐만 아니라 검찰관에 대해서도 채용하는 것이 가장 건전한 방법, 목표일 것이다.

일본 형사소송의 당사자주의는 권력·수사능력·정보를 가진 조직인 검찰과, 힘이나 정보 면에서 훨씬 불리한 입장에 있는 변호사 측을 대등한 입장으로 보고 있으나 여기에도 불합리한 점이 있다. 예를 들어 재판원제도 도입에 따른 재판원 재판 사건에서는 반드시 공판 전에 정리수속(整理手續, 공판 전에 행하는 쟁점과 증거의 정리절차)를 마쳐야 하고, 종료 후에는 원칙적으로 새로운 증거조사 청구와 주장이 제한되고 있다. 이에 대해서도 변호인 측의 추가 증거신청과 추가 주장 변경을 폭넓게 인정해야 할 것이다.

물론 공판 전 정리절차에서는 지금까지 매우 제한되었던 검찰 측 증거개시(證據開示)*가 대폭 인정되었다는 이점도 있다. 앞으로는 이러한 증거개시 제도가 재심청구에도 확대될 필요가 있다. 종전에 증거개시를 인정하지 않았던 것은 '증거인멸의 우려'가 첫 번째 이유였는데, 이는 재심 단계에서는 거의 있을 수 없다는 점을 생각한다면 재심에서는 통상적인 형사소송의 경우보다 증거개시를 더 널리 인정해야 한다는 의견도 있다. 옳은 말이라고 생각한다.

유럽과 미국에서도 유죄판결 확정 후에 증거를 보존, 보관하는 쪽으로, 그리고 형사사법의 어떤 단계에서도 증거에 대한 변호인 측의 접근을 폭넓게 인정하는 쪽으로 입법이 되어, 판례에 의한 꾸준한 움직임을 보이고 있다. 그에 비해 일본의 '밀실 형사사법'은 서구 표준, 세계 표준(서구 민주국가에만 한정되지 않는 세계 표준)에서 상당히 벗어난 것이 되어가고 있다. 세계 표준이라고 한 것

---

* 증거개시 : 피고인 또는 변호인이 검사에게 공소 제기된 사건에 관한 서류·물건의 목록과 공소사실의 인정 또는 양형에 영향을 미칠 수 있는 서류 등의 열람 또는 서면 교부를 신청할 수 있는 제도.

은, 신흥국이 입법 작업을 할 때는 그 시점에서 선진국들의 최신 입법을 받아들여 오히려 공평성, 투명성이 높은 법제도가 만들어지는 경우가 많기 때문이다.

2013년 5월, 제네바 유엔 고문방지위원회에서 일본 정부보고서의 두 번째 심사가 있었을 때, 아프리카의 최고재판소 판사가 "자백에 치우친 취조에다 변호인 입회권도 없는 일본의 형사사법은 중세 수준이 아닌가?"라는 취지의 발언을 했다. 이에 대해 일본 인권 담당 대사는 "일본은 형사사법 분야에서 가장 선진적인 국가 중 하나다"라고 대답해 회의장에서 쓴웃음이 흘러나왔고, 그러자 그는 "왜 웃는가? 입 다물어라"라는 발언으로 회의장을 침묵에 빠지게 했다.

이 모습은 곧 인터넷을 통해 전 세계에 알려졌다. 일본에서도 블로그, 기사, 책 등에 많이 거론되었는데, 감정을 여과 없이 드러낸 이러한 반응은 일본의 인식에 얼마나 큰 문제가 있는지를 보여준 것이다. 상당히 부끄러운 사태이다. 요즘 같은 정보시대에 그런 자리에 보내는 사람은 적어도 자신이 하는 발언의 의미 정도는 알 만한 수준이어야 하는 것 아닌지. 요즘 일본 정부나 그 수뇌부, 정치가나 관료의 수준 낮음, 의식의 낮음을 상징적으로 보여주는 일이다.

이와 같은 사법의 성숙도와 민주화 정도는 그 나라의 국제적 평가와 깊은 관계가 있다. 사법제도가 제대로 갖춰지지 않은, 혹은 민주적이지 못한 국가가 다른 국가들로부터 높은 평가를 얻기란 매우 어렵다. 일본에서는 형사사법의 경우가 전형적인데, 화양절충(和洋折衷, 일본식과 서양식의 절충_옮긴이)으로 형성된 낡은 제도의 유지에 집착하고 있기 때문에 제도의 '고착화'가 발생하고 있다는 사실에 주의를 기울여야 할 것이다.

형사소송은 여러 가지 이해와 가치관이 첨예하게 대립하기 때문에 민사소송 이상으로 어렵다. 그래서 감정으로 판단하지 말고 냉정하게, 편견 없이 사건의 본질과 개별성을 파악하는 것이 중요하다. 그럼에도 불구하고 일본의 형사사법·형사소송은, 그리고 그것을 둘러싼 상황은 상당히 낡은 비민주적 체질을 그대로 유지하고 있다.

이와 같은 상황을 생각한다면 하카마다 사건의 재심개시 결정은 높이 평가해야 할 일이지만 그것이 큰 주목을 받는다는 것은 뒤집어 말하면 형사사법 전체의 체질이 낡았다는 방증이다. 에니와 여직원 살인사건의 예에서처럼 검찰, 경찰, 재판관이 억울한 죄의 잔혹함이나 비참함을 충분히 인식하지 못한 채 지금도 여전히 부당한 재판이 상당수 있다는 말이 되기도 한다. 대략 조사해본 것만으로도 에니와 여직원 살인사건이 그리 예외적인 사건은 아닐 가능성이 매우 높다고 생각된다. 이 사실에는 전율을 느끼지 않을 수 없다. "감옥에 들어가는 것은 내가 아니니 상관없어. 재심개시를 하면 여론의 비판을 받게 될 테니 뚜껑을 굳게 닫아두기로 하자"는 것이 그들의 기본적인 감각이 아닐까.

그리고 재판관이나 검찰관 다수파의 '관료적 체질'이 조금도 변하지 않는다면 국민·시민이 냉정하고 객관적인 눈으로 거기에 대처해 계속적인 감시와 비판을 할 필요가 있다. 언론도 재심개시에 대해서는 대대적으로 보도하지만 기각의 경우에는 그것으로 끝이라는 안이한 보도 태도를 바로잡아, 하다못해 결정의 옳고 그름이라도 면밀히 분석해서 거기에 문제가 있다고 생각되면 철저히 검증을 해주었으면 한다. 경찰, 검찰, 재판소의 발표만을 그대로 보도한다면 그것은 '객관성을 가장한 권력 홍보'에 불과하지 않겠는가?

2. 민주주의 국가 이념과
기본원칙에 반하는 국책수사

국책수사(國策搜査)란 어떤 정치적 의도를 가지고, 혹은 여론의 방향이나 분위기까지 읽으면서 진행하는 수사, 특히 특수검찰(特搜檢察)의 수사를 가리켜 사용되는 말이다. 여기서 특수검찰이란 정치가의 비리, 대형 탈세, 경제사범 등의 대규모 사건을 다루는 검찰청 특별수사부의 약칭으로, 도쿄·오사카·나고야의 각 지방검찰청에 설치되어 있다. 특수부는 경찰에 맡기지 않고 처음부터 직접 수사를 하는 경우가 많다.

예전에는 국책수사가 정치적 부패를 바로잡는 등 어느 정도 의미가 있었으나 요즘에는 오히려 부정적인 면이 크게 부각되기 시작했다.

원래 국책수사는 검찰판 추측수사인 경우가 많아서 억울한 죄를 만들어낼 가능성이 높고, 또한 표적수사·기소라는 의미에서 매우 불공정, 불공평해서 민주주의 국가 이념과 기본원칙에 반하는 것이다. 국책수사가 예전에는 어느 정도 긍정적 의미를 가지고 있었다면 그것은 단지 그 시점에서 일본이라는 국가의 체질이 매우 전근대적이었기에 그와 같은 강력한 치료법이 아니면 부정부패를 바로잡을 수 없었기 때문이었다고 생각한다. 그러나 어느 정도 민주주의가 성숙한 사회에서 국책수사는 오히려 그 폐해가 크게 나타나기 쉽다.

무엇보다 국책수사는 무죄가 되는 예가 상당히 많다. 일본의 형사재판에서 무죄가 된다는 의미는 거의 '명명백백'한 무죄인 경우다. 재판관이 검찰이나 언론, 여론의 압력을 받기 쉬운 국책수사에서는 더더욱 그렇다. 다시 말해서 얼마나 억지스러운 추측수사·기소였는지를 알 수 있다.

이러한 사례 중 하나가 사건 당시 후생노동성 과장이었던 무라기 아쓰코(村木厚子) 씨가 무죄가 된 우편부정사건(2004년. 이하 국책수사 연도는 검찰 주장의 기소 사실 연도)이다. 이 사건에서 주임검찰관이 증거물인 플로피디스크를 수정했다는 사실이 발각되어 검찰관 3명이 체포되어 유죄를 선고받았으며 주임검찰관은 실형을 선고받았다.

또한 오자와 이치로(小澤一郎, 전 민주당 간사장. 자민당을 나와 민주당 설립을 주도했다_옮긴이) 씨가 무죄가 된 리쿠잔카이(陸山会) 사건(2004년, 2005년)*도 처음 보도가 나올 때부터 재판관이었던 나조차도 무엇이 그렇게 중대한 범죄인지, 신문을 꼼꼼히 읽지 않고는 알 수 없는(정확히 말하면 아무리 읽어도 잘 알 수 없는) 내용이었다. 그러니 형사재판 원칙상 오자와 씨의 무죄는 당연한 것이었으며, 그 비서들에 대해서도 정말 '기소 상당'이었는지 의문이 든다. 정치자금 회계보고서의 허위 기재가 정치자금법 위반에 해당된다는 것인데 검찰 주장을 보아도 결국은 기재 방법이 허술했던 것일 뿐, 형식범에 가까운 내용이었다.

이 사건에서도 검찰은 오자와 씨의 비서였던 이시카와 중의원 의원으로부터 사정 청취를 한 뒤 수사보고서를 검찰심사회에 제출했고 그것이 검찰심사회의 두 차례에 걸친 기소 의결로 연결되었다고 했다. 그러나 이시카와 의원이 녹음한 청취 내용과 수사보고서 내용이 전혀 다르다는 사실이 밝혀졌다. 그런데 우편부정 사건인 무라기 사건에서 검찰관들이 실형을 선고받은 것과는 달리 이 건에서는 검찰관들에 대한 처분은 기소조차 하지 않았으

---

* 리쿠잔카이 사건: 자민당 대표 오자와 이치로의 정치자금 관리단체인 리쿠잔카이가 2004년에 토지를 구입할 당시 정치자금 회계보고서에 기재하지 않아 도쿄지검 특수부는 2010년 2월 실무 담당자 3명을 정치자금법 위반으로 기소, 1,2심에서 모두 유죄를 선고받았다. 그러나 오자와 대표가 혐의 부족으로 불기소 처분을 받자 시민단체가 반발했고 검찰심사회(2009년 5월 제정된 검찰심사회법 시행으로, 검찰이 불기소한 사건을 일반 시민 11명이 심의해 8명 이상 찬성하면 검찰 역할 지정 변호사가 강제기소를 실시한다)의 의결을 거쳐 기소했으나 오자와 전 대표는 1심과 2심에서 무죄가 선고되어 무죄가 확정되었다.

며 수사보고서를 허위로 작성한 검찰관만이 사직하는 선에서 마무리되어 참으로 솜방망이 처벌에 그쳤다.

게다가 실제로 검찰은 겉으로는 오자와 씨에 대해 불기소 처분을 내리면서 뒤에서는 검찰심사회를 이용해 입건을 꾀했다는 의혹을 받고 있다. 즉, 허위보고서 작성은 조직의 방침에 따른 행위였다는 의혹이 있다는 뜻이다.

오랜 법률실무가 경험이 있는 법무부 장관 오가와 도시오 씨는 이 건에 대해 노다 요시히코 수상에게 허위보고서 작성의 수사를 지시하는 지휘권 발동을 건의했으나 받아들여지지 않았고, 오히려 경질당하는 사태까지 일어났다. 오가와 씨는 이 일에 대해 《검찰 붕괴》속의 대담에서 "검찰의 폭주는 헤이세이(平成, 일본의 연호. 1989~2017 현재_옮긴이)의 2·26사건*으로 검찰은 향후 50년 동안 신뢰를 회복하지 못할 것이다"라고 했는데 나 역시 어떤 의미에서는 그 정도로 중대한 문제가 아닐까 생각한다.

어쨌든 무라기 사건, 오자와 사건에서 보여준 검찰 특수부의 수사능력 저하, 도덕성 저하, 사안의 본질을 꿰뚫어보는 능력 저하는 눈을 감아버리고 싶게 만들 정도였다. 원죄사건에서 보여주는 경찰의 억지스런 추측수사와 별반 다를 바 없는 수준까지 추락해버렸다.

옴진리교 사건의 변호인이며 사형폐지론자로 유명한 야스다 요

---

* 2·26 사건 : 1936년 일본의 육군 황도파의 영향을 받은 청년 장교들이 1483명의 부하들을 이끌고 일으킨 쿠데타 미수 사건.

시히로 변호사가 강제집행방해(고문 변호사로 있는 회사의 압류를 피하기 위해 임대료 은닉을 지시했다는 내용)로 기소된 야스다 사건 (1993~1996년)에서는 법정형 2년의 사건인데 10개월 가까이 구속이 계속되었다. 다섯 번째 보석 청구 이후에야 지방재판소가 보석을 인정했지만 검찰의 항고로 고등재판소가 보석을 취소하는 이례적인 사태가 이어졌다. 마침내 아홉 번째 만에 보석이 받아들여졌다.

제1심에서 야스다 변호사가 임대료 은닉을 지시했다는 금액과 거의 같은 금액을, 검찰 측 증인인 그 회사 경리 여직원이 횡령했다는 사실이 판명되어 검찰이 그렸던 구도는 무너지고 야스다 씨는 무죄가 되었다(도쿄지방재판소 2003년 12월 24일, 가와구치 마사아키 재판장). 그럼에도 불구하고 결국 항소심에서 야스다 씨는 방조범으로 50만 엔의 벌금에 처해지는 기묘한 형태로 결말지어졌다(도쿄고등재판소 2008년 4월 23일, 이케다 고헤이 재판장).

야스다 변호사 자신이 평한 대로 항소심 판결에서는 검찰의 체면을 세우면서 야스다 씨의 변호사 자격 박탈을 회피하는 '정치적 결말'이라는 측면이 강하게 느껴진다. 또한 야스다 변호사를 기소한 데에는 야스다 변호사가 국선변호인을 맡고 있던 옴진리교 재판의 진행에 애를 먹고 있던 검찰이 야스다 변호사에게 강한 반감을 품고 있었다는 배경도 부인할 수 없는 부분이리라.

야스다 변호사에 대해서는 아무도 맡지 않으려는 흉악 형사사건의 변호를 맡는 귀중한 존재라고 평가하는 사람도 많으나 그

변호 방법이나 내용에 있어서 비판 받을 만한 것도 있다고 생각한다. 나 자신이 의문을 느끼는 부분도 있다. 그야 어찌됐든 야스다 변호사의 기소는 표적수사 성격이 강한 부당한 것이었다.

그리고 라이브도어 사건*의 호리에 다카후미 씨에 관한 증권거래법 위반(2004년)에 대해서는 실형에 상당하는 것인지 의문이 큰 사건이었다.

호리에 씨의 사건 가운데 위계(僞計)에 대해서는 기소사실 내용으로 봐서 그 구성요건에 해당되는 것인지 약간 의심스럽다. 유가증권 보고서 허위 기재 혐의 내용은, 완전 자회사가 될 예정인 회사에 대한 가공의 매출을 계상한(사실상의 자회사 재산을 본사로 옮긴 셈이 된다) 라이브도어가 자사의 주식을 매각함으로써 얻은 이익을 라이브도어의 매출에 계상한 것이다. 그런데 법률이나 회계에 정통한 인물이 아니면 그 위법성을 인식하기가 그렇게 쉽지 않은 내용이다. 어쨌든 적어도 실형이 합당하다고는 생각하지 않는다.

역시 국책수사 사건이었던 스즈키 씨 사건 관련한 사토 마사루 씨의 죄목 가운데 적어도 배임(2000년)에 대해서도 애초부터 기

---

* 라이브도어는 신생 IT기업으로 도쿄대를 중퇴한 호리에 다카후미(堀江貴文)가 젊은 나이에 성공을 거두며 경제계의 스타로 등장했다. 그러나 계열사를 통한 허위 거래, 허위사실 공표 등 증권거래법 위반으로 의혹을 받았고, 호리에는 2005년 9월에 자민당의 지원을 받아 무소속으로 중의원 선거에 출마했으나 낙선했다. 2006년 1월 16일 도쿄지검 특수부는 증권거래법 위반 혐의로 라이브도어 본사를 압수수사하면서 1월 17일 주식폭락 사태(이른바 라이브도어 쇼크)를 맞았다.

소할 만한 사건이었는지 의문스럽다.

사토 씨의 배임에 대해서는 이스라엘의 유명 대학교수 부부를 일본으로 초대한 비용과 텔아비브 대학 주최의 국제학회에 민간 학자와 외무성 관료의 파견 비용을 외무성 지원위원회로부터 받아 지출한 사건인데, '외무성 내의 결재를 거쳐 지출했다 할지라도 위법한 지출이 아니라고는 할 수 없다'는 판결 이유는 상당히 억지스러운 것이라 생각된다.

국가가 이처럼 불공평하게 기울어진 권력을 행사한다는 것은 민주주의를 약화시킬 뿐만 아니라 체제 전체를 파시즘화시킬 위험성도 있고, 또 일본의 국제적 평가에까지 손상을 주는 사항이다. 게다가 이러한 국책수사는 사회 전반에 큰 위축 효과를 가져와 사람들의 활력을 꺾어뜨리고 무사안일주의를 만연케 한다는 점에서 그 폐해가 크다(이상에 대해서는 히로나카 준이치로 《무죄 청부인―형사변호란 무엇인가?》, 우오즈미 아키라 《특수검찰의 그늘》, 《관료와 미디어》, 사토 마사루 《국가의 덫》, 고하라 노부오 《검찰붕괴―잃어버린 정의》 등을 참고했다).

사실 이상과 같은 국책수사, 그에 따른 형태의 국책재판(앞서 말한 대로 무죄판결도 나오고 있는데)에 대해서는 민사계 재판관들 사이에서도 비판의 목소리가 있어서 "수많은 사람들이 해온 행위에 대해서 표적 기소가 행해졌다는 사실이 분명한데도 실형 판결을 내려 그 인물을 사회에서 매장하거나 판결문에서 극악무도한 사람, 공공의 적처럼 비난하는 것은 우스운 일이다. 미디어나

여론에 영합하는 데도 정도가 있지 않은가?", "요즘의 국책수사
는 차마 눈뜨고 볼 수 없다. 거기에 확실히 브레이크를 걸지 못하
는 형사계 재판관들의 태도는 참으로 의문스러운 것이며, 잘 이
해가 되지 않는다"는 등의 의견을 내놓기도 한다. 국책수사는 변
호사뿐만 아니라 양식 있는 민사계 재판관들의 눈에도 일그러진
것으로 보인다.

사토의 책에 나오는 "국책수사는 구시대를 마감하고 사회의 변
화를 촉진하기 위해 필요한 것. 우연히 걸려든 유능한 사람들에
게는 미안한 일이지만 인내하고 집행유예가 되어 재기하기 바란
다"라는 취지의 검찰관의 말은 참으로 자의적이고 오만하기 짝이
없는 것으로, 같은 법률가로서도 한 사람의 자유주의자로서도
도저히 용납할 수 없는 말이다.

한편 이 책을 보면서 사토 씨와 담당 검찰관 사이에 성립된 적
과의 기묘한 유대감에 대해서는 권력과 개인의 관계를, 사실적
권모술수를 축으로 해서 거기에다 국가의 이익을 큰 비중으로 생
각하는 독불장군 관료 사이에 서로 공감대가 형성된 것이겠지만
나는 약간 거부감을 느꼈다. 국가 권력으로서의 검찰의 강력한
힘을 인정하는(어떤 의미에서는 높게 평가하는) 한편, 사법권의 독립
따위 애초부터 믿지 않는다고 밝힌 사토 씨의 생각과 "재판은 시
간 낭비야"라고 사토 씨에게 말한 담당 검찰관의 조언은 그 기저
에 자리잡고 있는 세계관이 상당히 일치하는 것이다.

어쨌든 검찰 특수부에 대해서는 현재의 모습을 보면 아무래

도 이점보다 폐해가 더 큰 상황이 된 듯하다. 전직 검찰관들 사이에서조차 비판의 목소리가 상당히 높다. 최고재판소 사무총국과 마찬가지로 체제유지와 권익 확보가 자신들의 목적이 되어버림으로써 여러 가지 폐해가 생겨난 것은 아닐까? 미국처럼 정치 부패에 대해서는 그 사건만을 위해 임명한 특별검사가 수사·기소를 하는 방식이 그나마 건전하리라.

또한 일반적으로도 검찰의 기소 권한을 제어할 수 있는 법적, 제도적 장치를 마련하는 것이 반드시 필요하지 않을까 생각된다.

마지막으로 국책수사에 대해 검찰이 의도적으로 흘리는 추측이나 수사정보를 여과 없이 보도하고, 기소나 재판에 대해서도 검찰을 정의의 사도인 양 치켜세우는 영합성 기사, 예전의 중요 인물이나 성공한 사람들을 무참하게 두들겨 사람들의 감정에 호소해 대중의 인기를 노리는 기사를 써대는 언론의 죄도 역시 무겁다.

이러한 보도는 '꼴좋다'라는 대중들의 보복 감정을 자극해 희생양을 만듦으로 해서 결국은 본질적인 문제에서 시선을 다른 곳으로 돌리게 하는 것으로, 별로 칭찬할 만한 것이 못 된다. 그런 의미에서 전국 일간지의 보도는 일반 시민들의 신뢰도가 높기 때문에 사람들에게 미치는 영향이 크고, 따라서 그 책임도 주간지나 텔레비전 이상으로 크다. 또한 일반적인 원죄사건에서도 경찰이 의도적으로 흘린 정보를 미디어가 무비판적으로 보도해 '유죄 추정'의 기초를 다지는 경우도 많다.

안타깝게도 원죄나 국책수사에 대해서는 미디어에도 큰 책임이 있다고 생각한다. 혹시 '사후 세계'가 있다고 한다면 원죄나 그릇된 국책수사·재판에 관여한 사람들과 마찬가지로 무책임한 보도를 한 사람들도 거기서 '재판'을 면하기 어려울 것이다. 이 책의 서두에 쓴 인용구처럼 '너희가 비판하는 그 비판으로 너희가 비판을 받을 것이요, 너희가 헤아리는 그 헤아림으로 너희가 헤아림을 받게 될 것이다.

3. 당신이 재판원이 되었을 경우에는…

마지막으로 재판원제도에 대해서도 언급해두겠다.

《절망의 재판소》(163쪽 이하)에서 나는 현행 제도에 대한 세 가지 비판, 제언을 했다.

첫 번째는 일정 범위의 중대 사건 전부에 대해 재판원 재판을 할 필요는 없으며, 피고인이 무죄를 주장하며 다투고, 또 시민의 재판을 원하는 사안에 대해서는 경미한 사건까지도 포함해 일반적으로 시민 참여 재판을 보장해야 한다는 주장이었다.

두 번째는 정말로 시민을 신뢰하고 있다면 합의체에 3명이나 되는 재판관이 들어갈 필요가 없다는 주장이었다(1명으로 충분하리라).

세 번째는 재판원에게 부과된 비밀유지 의무 범위가 너무 넓고, 또 위반한 경우 형벌이 너무 무겁다는 주장이었다. 비밀유지 의무의 대상 범위는 평의에서 의견을 낸 발언자의 이름이나 개인의 사생활과 관련된 것으로 한정해야 하며, 그것을 위반했을 경우의 형벌, 특히 징역형은 참으로 상식에서 벗어난 것이다.

그런데 《절망의 재판소》 책 자체에 대한 반향은 컸지만 이 부분에 대한 전문가나 미디어로부터의 반응은 없었다(신문 사설에서 미온적으로 언급한 정도였다).

하지만 예를 들어 재판원에게 필요 이상으로 광범위한 비밀유지 의무를 지우고, 그것을 징역형으로 담보하는 것은 국제적 상식에서 명백히 벗어난다. 배심제를 취하고 있는 나라에서 이와 같은 입법을 하려고 한다면 틀림없이 그 정치가의 목은 무사하지 못할(정치생명이 끝날) 것이다. 이런 나의 분석은 결코 편향적이거나 비상식적인 것이 아니라 서구 시민사회의 상식, 국제 표준을 바탕으로 한 것이다. 재판원재판법(재판원이 참가하는 형사재판에 관한 법률)은 재판소 당국에게 유리한 권익보호 입법이라는 성격이 너무나도 강하다. 예전의 재판소라면 이처럼 문제가 있는 법률은 만들지 않았을 것이라 여겨진다(물론 입법 자체는 국회가 하지만 법안 작성에는 재판소도 관여한다).

만약 미디어 등의 침묵이 "재판원제도는 대체적으로 민주적인 제도라고 여겨지고 있으니 문제가 있어도 비판, 분석은 하지 않겠다"는 식의 편협한 가치관에 바탕을 둔 것이라면, 혹은 보다 극단적으로 '재판원제도에 대해서는 비판도 분석도 하지 않겠다'는

'보이지 않는 규정'의 결과라고 한다면 이는 매우 위험한 징후이다. 사법제도 개혁에 관여했던 학자 가운데는 "재판원제도에 대해서는 제도 구상 단계에서 충분히 검토했으니 더 이상의 논의는 필요없다"는 등의 발언을 하는 사람도 있다고 들었는데 만약 그것이 사실이라면 어용학자라는 비난을 면할 수 없을 것이다.

한편 미국에서는 범행 현장의 처참한 사진을 배심원에게 함부로 보여주지 않는 것이 상식이다. 예를 들어 사인(死因) 입증을 위해 반드시 필요한 경우 등, 그렇게 해야 할 필요성이 높은 경우에 한해서만 보이는 것이 허락된다. 피해자의 처참한 사진은 배심원의 이성적인 판단을 흐릴 우려가 있기 때문이다.

그런데 일본에서는 재판원에게 이러한 사진을 공개하는 것이 일반적으로 행해지고 있으며 이 같은 일에 대한 형사계 재판관들의 인식도 매우 둔감하다. 2013년 5월 재판원으로 참여해 살해 현장 사진을 보고 급성 스트레스 장애에 걸린 여성이 국가를 상대로 배상 청구소송을 제기했으나, 역시 미디어의 관심은 그리 높지 않았다(후쿠시마 지방재판소 2014년 9월 30일 판결, 시오미 나오유키 재판장에 의해 기각).

현행 제도에 관한 또 다른 큰 문제점 하나는 재판원 재판의 평결이다. 미국의 형사배심은 전원일치가 원칙이어서, 전원일치 평결에 이르지 못한 경우에는 '평결 불성립'이 되어 새로이 배심원이 선발되고 다시 한 번 시행을 한다. 역시 배심원제를 취하고 있는 영국에서는 소수 의견이 아주 미미한 경우에는 평결이 성립된다. 그에 비해 일본의 재판원 재판은 평결에서는 재판관과 재판원이 평등하기는 하지만, 과반수의 다수결로 결론이 내려진다(다수 의견에는 재판관과 재판원 양쪽에서 최소 1명씩 들어 있어야만 한다). 하지만 이런 제도 하에서는 재판관 3명이 전원 유죄 의견인 경우, 6명인 재판원 가운데 4명이 무죄 의견(따라서 재판원은 2명만이 유죄 의견)이라도 유죄판결이 되며, 사형판결까지도 가능해진다(이에 관해서는 재판원재판법 67조).

시민의 사법참여를 말하면서도 실제로는 시민의 판단은 조금도 믿지 않고, 조금도 무게를 두지 않는 재판소 당국의 태도가 여기에서도 명백히 드러나 있다. 원래 시민의 사법참여라는 취지에는 인권을 중시하자는 요청이 포함되어 있을 터인데 거기에서의 유죄판결, 특히 사형판결이 다수결로 가능하다는 것은 상식에서 벗어난 일이라고 생각한다(재판관과 참심원에 의해 재판을 행하는 독일, 프랑스의 참심제 재판에서도 유죄에는 3분의 2 이상의 찬성이 필요. 한편 EU 가맹국은 라트비아를 제외하고 사형을 폐지했다).

형사계의 한 양식파 재판장은 "틀림없이 재판원 재판에 대해서는 당국이 너무 까다롭게 굽니다"라는 의견을 말한 적이 있다. 최고재판소 사무총국이 재판원 재판에 대해 신경을 곤두세우고, 그 정도로 통제를 하고 있는 것이다.

실제로 간사이 지방의 한 변호사 사무소 홈페이지에는 "양형 평의에 대해서는 재판소가 준비한 분포도에 의해 대부분의 틀이 결정되고 재판원은 그 틀 안에서 약간의 조정을 할 뿐이며, 그것을 넘어선 의견은 배척되는 운영이 행해지고 있는 듯하다"라고 씌어 있다. 변호사는 아주 확실한 정보가 있지 않는 한 실명으로 이러한 내용은 쓰지 않는다. 아마도 사실일 것이다.

피고인이 기소 사실을 인정하는 사건에서 단지 양형을 결정하기 위해서 다수의 재판원을 장시간 붙잡아둔다는 것은 딱한 일이며, 비용적인 면에서도 손해다(《절망의 재판소》 164쪽). 거기에 이와 같은 '통제적 운영'까지 행한다는 것은 국민·시민을 꽤나 무시하는 일이다. 엘비스 프레슬리의 노래 중에 '사랑하지 않을 수 없어요'라는 명곡이 있는데 거기에 비유해 말하면 '지배하지 않을 수 없어요. 통제하지 않을 수 없어요(거의 병적인?)'라는 사법관료의 특질이 잘 나타나 있다고 할 수 있다.

그런데 재판원 재판에서, 특히 중죄에 있어서는 검찰 구형과 엇비슷한 양형이나 오히려 구형을 넘어서는 중형도 눈에 띈다고 한다. 특히 아스퍼거 증후군인 피고인이 반성의 기미가 보이지 않는다는 모습 때문에 양형상 불리하게 평가하여 징역 16년의 구형을 상회하는 징역 20년을 선고한 판결(오사카지방재판소 2012년 7월 30일, 가와하라 도시야 재판장)이 있었다. 정신적 장애가 있을 경우 양형을 가벼운 쪽으로 평가하는 것이 일반적인데 반해 이 판결에서는 형을 무겁게 하는 방향으로 평가했기에 형사재판의 상식에 반하는 것이라는 비판을 받았다.

다시 말해서 재판소 당국은 기본적으로는 양형에 대한 재판원의 판단은 통제하면서, 중죄에 있어서 형을 무겁게 하는 경향이 있는 재판원의 감정적인 의견에 대해서는 법률가로서의 관점에서 제어하고 있지 않은 것이다. 이러한 경향에서 진행되어 구형의 1.5배에 해당하는 양형을 선고한 판결에 대해서는 역시 최고재판소에서 파기하기에 이르렀다(2014년 7월 24일, 시라키 유 재판장). 그런데 이렇게 되면 이번에는 '무엇 때문에 재판원에게 양형에 대한 판단을 하게 하는가?'라는 반문이 나오게 된다.

애초부터 끔찍한 사건의 재판을 담당하는 재판원의 양형 감각이 무거워지기 쉽다는 것은 당연한 일이었으니, 재판원에게 양형에 대해 판단케 하는 제도 설계 자체에 문제가 있었던 것은 아닐까? 게다가 피고인이 기소 사실을 인정하는 사건에 대해서까지 실질적으로는 단지 양형을 결정하기 위해서만 재판원 재판을 행하는 우스운 짓을 하기 때문에 이런 결과가 나오는 것이다.

항간에는 재판소 당국이 재판원 재판을 중벌화의 방패막이 혹은 정당화에 이용하고 있는 게 아니냐는 의견도 있다. 재판원에 대해 형벌까지 부과해가며 광범위한 비밀유지 의무를 지운 목적은, 예를 들어 그러한 사태의 진실을 사회의 눈으로부터 숨기겠다는 의도 아니냐는 것이다. 나는 그렇게까지는 생각지 않으나 어쨌든 이 비상식적인 비밀유지 의무 규정은 의심을 받아도 할 말이 없는 '오얏나무 아래서 갓끈을 고쳐 맨' 내용으로, 만약 재판소 당국이 떳떳하다면 즉각 개정을 해야 할 것이라고 생각한다.

최고재판소에 의한 여론조사 결과에 의하면 재판원 재판에 참가하고 싶다, 참가해도 좋다는 응답율이 2009년도에는 18.5%에서 2013년도에는 14.0%로, 원래 낮은 수치였음에도 더욱 감소했으며, 같은 기간 재판원 후보자 사퇴율은 53.1%에서 63.3%로 증가했다. 제도에 큰 문제가 있다는 점이 이 같은 응답 결과로 나타난 것이 아닐까 생각된다.

나 자신은 재판원제도의 기본적 의의는 인정하나 그 취지를 정말로 실현하기 위해서는 가능하다면 제도의 문제점을 개선함과 동시에 가능한 한 서둘러 그것을 배심제로 이행시켜야(배심제를 실현해야) 한다고 생각한다.

배심제에서는 배심원들끼리 유·무죄의 판단만 하고 오직 1명의 재판관이 공개 법정에서 배심원에게 법률적인 면을 설명할 뿐이다. 재판원들이 비공개의 밀실에서, 3명이나 되는 재판관과 평의를 하고, 또 광범위한 비밀유지 의무가 지워진 재판원 재판에서는 시민의 사법참여 취지를 살릴 수 없다.

또한 배심제에서 배심원은 양형의 판단에는 관여하지 않는다.

즉, 피고인이 사실관계를 다투고 또 시민재판을 요구할 경우에만, 그리고 이러한 사안에 대해서는 중대 범죄에만 국한하지 않고 배심원 재판을 행하는 제도가 실현되어야 한다. 그렇게 하면 시민은 전문적인 고려가 필요한 양형 판단에서 자유로울 뿐만 아니라 가장 중요한 유·무죄 판단에만 집중할 수 있다. 또한 재판소 당국의 통제로 인한 시민의 사법참여 회피도 피할 수 있어서 억울한 죄 방지도 꾀할 수 있을 것이다.

마지막으로 양형 등에 대해서는 미국의 주(州) 재판소나 일본의 소년심판의 예에 따라 범죄자의 사회복귀 가능성까지도 두루 고려한 전문가(조사관)의 의견을 참고로 하여 재판관이 세심하게 결정하는 방법이 더 좋을 것이다. 내가 경험했던 형사재판의 예를 떠올려보아도, 애초부터 동일한 이유에 대해서도 형사계 재판관의 양형감각이 재판관에 따라 무겁게 하는 방향으로도, 또는 가볍게 하는 방향으로도 작용하는 매우 자의적인 것이어서 그 객관성에 의문을 품지 않을 수 없었기 때문이다.

어쨌든 배심제가 실현되기 전에 만일 당신이 재판원으로 선임되었다면 이번 장과 《절망의 재판소》(77쪽 이하, 158쪽 이하)의 서술을 떠올려보고, 재판관들의 인격을 잘 파악해서 쉽사리 그들의 의견에 휘둘리지 않도록 주의하고, 모쪼록 죄 없는 사람에게 유죄판결을 내리는 결과가 되지 않도록 주눅 들지 말고 자신의 의견을 말하고 믿는 바를 관철시켜 다른 재판원들까지도 설득해주시기 바란다. 지금의 형사계 재판관들이 젊은 재판관들을 교육시킬 때 가장 중점을 두는 포인트가 '부드러운 설득의 기술'이라는 점도 염두에 두시기 바란다.

이번 장의 마지막으로 억울한 죄의 피해자 심정을 상징적으로 노래한 록음악 명곡에서 한 구절을 인용해두겠다(밥 딜런의 곡이지만 일반적으로는 더 밴드의 명 음반 'Music From Big Pink'의 말미를 장식한 곡으로 더 유명하다).

사람들은 모든 것이 변할 거라고 말하지만

어떤 곳도 가깝지 않아

그래서 난 지금도 잊을 수가 없어

나를 여기에 넣은 배심원들

그 한 사람, 한 사람의 얼굴을

—밥 딜런, 'I Shall Be Released'

CHAPTER 4

재판을 통제하는
최고재판소
사무총국

— 통제받는 명예훼손 소송, 원자력발전소 소송

이번 장에서는 두 가지 소송 유형을 중심으로 최고재판소 사무총국이 하급심 재판을 어떻게 통제해왔는지, 또 지금도 하고 있는지에 대해서 분석해본다.

1. 정치가들의 압력으로 변해버린 명예훼손 손해배상청구 소송

국회의 압력 이후의 어용 연구회·어용 논문

예전에는 명예훼손 손해배상청구가 원고를 울리는 소송 유형이었다. 일반적으로 재판관이 원고에게 엄격하고, 또 인용된다 할지라도 손해배상 인용액이 100만 엔 이하인 경우가 대부분이어서 승소해 보았자 변호사 보수조차 감당할 수 없는 경우가 대부분이었기 때문이다.

그런데 2001년에 상황이 완전히 변했다. 인용액이 단번에 고액이 되었으며, 또한 재판소가 지금까지와 달리 피고에게 매우 엄격해져서 그 항변을 쉽게 받아들이지 않게 되었다. 그런데 그 배경에는 정치인들의 압력이 있었다는 사실은 법조계에조차 그다지 알려져 있지 않다.

사실 자민당은 1990년대 말부터 정권에 비판적인 언론들에 불만을 품고 있었는데 모리 요시로(森喜郎, 임기 2000~2001년) 수상이 언론으로부터 난타를 당한 이후로 그 불만이 정점에 달했다. 또 주간지가 창가학회(創價學會, 일본의 종교법인. 공명당의 최대 지지 단체_옮긴이)를 비판하자 초조해진 공명당도 거기에 동조했다. 자민당과 공명당은 2001년 3월부터 5월까지 중의원·참의원 법무위원회 등을 통해 재판소에 압력을 가했다.

이에 대해 최고재판소 사무총국의 지바 가쓰미 민사국장(임기 1999~2003)은 5월 16일 중의원 법무위원회에 출석해, 그해(2001년) 5월 15일자 〈판례 타임즈〉 지에 그 점과 관련한 전직 재판관 등의 논문이 게재된 사실을 언급한 뒤, "가까운 시일 내에 사법연수소에서 도쿄, 오사카, 나고야 재판관들이 손해배상 실무의 바람직한 방향을 검토하는 연구회를 개최할 것이라고 들었습니다. 이 연구회에서는 사회통념에 맞는 적절한 손해액 산정에 대해서도 검토할 것이라 여겨집니다"라고 답변했다.

여기서 〈판례 타임즈〉란 재판관들이 일상적으로 읽는 판례잡지 중 하나로, 새로운 법률의 운용 등에 관한 사무총국의 견해 등이 게재되는 경우도 있어서, 사무총국이 그 견해를 공표할 때 이용하는 미디어라고 할 수 있다. 또한 앞에서 말한 전직 재판관의 논문에서는 명예훼손 손해배상청구에 대해 500만 엔 정도의 손해배상액이 적당하다는 결론을 내렸다.

지바 국장의 답변이 있은 다음날인 5월 17일(틀림없이 그의 답변대로 '아주 가까운 시일 안'이다)에 그가 언급했던 사법연수소 연구회가 열렸고, 그 결론 요약 및 그와 관련한 재판관들의 논문 역시 같은 해(2001년) 11월 15일자 〈판례 타임즈〉에 실렸다. 그런데 잡지에는 그해 7~9월까지 도쿄 고등·지방재판소에서 선고된 같은 유형의 판결(인용액은 500만~770만 엔)도 함께 게재되었다.

이 연구회의 결론 요약은 인용액 고액화의 필요성을 누누하게 주장하고 있으며, 재판관들의 논문에는 500만 엔도 너무 낮은 경우가 있다는 견해까지 실려 있다. 그리고 연구회 결론 요약의 '별지'에는 1점당 10만 엔이라는 '위자료 산정 기준표'도 제시되었는데 특히 '사회적 지위' 항목에는 '직업'에 대해서 '탤런트 등 10점, 국회의원·변호사 등 8점, 그 외 5점'이라는 점수가 제시되어 있다.

이러한 노골적인 대응관계에 주목할 필요가 있다. 3월에 압력이 시작되고 불과 2개월 후인 5월에 잡지에서 제1탄 특집을 꾸몄는데 그 간격이 너무 짧아, 국회에서 논쟁이 벌어지기 전부터 이미 물밑에서 압력이 시작되었다는 사실을 엿볼 수 있다.

그리고 5월의 연구회 이후 그 결과가 잡지에 게재(11월 15일자)되기 전에 앞에서 말한 각 판결이 나왔다는 사실에도 주목해주시기 바란다. 그 중 지방재판소 판결을 추인한 고등재판소 판결 2건은 제외하더라도 나머지 3건은 '7~9월 사이에 있었던 도쿄지방재판소의 판결'이다. 재판관들이 '선도 차량 판결'로써 고액 인용 판결을 내라고 어떤 형태로든 요청 내지 암시를 받은 것이라는 의심이 드는 부분이다. 적어도 연구회의 결과를 이미 알고 있어서 그것에 영향을 받은 것만은 틀림없는 사실일 것이다.

연구회의 결론 요약과 각 논문의 내용은 정치권의 압력에 응하려는 재판소 당국의 유도 하에 작성된 것이라는 의미에서 노골적인 '어용 논문'으로서의 색채가 강하다는 사실을 부정하기 어렵다.

특히 산정기준표에서 제시한 '사회적 지위' 부분의 점수 평가에는 문제가 많다.

우선 '탤런트 등 10점'이라고 탤런트의 점수가 일반인의 2배나 된다. 다음으로 '국회의원·변호사 등 8점'에 대해서는 변호사가 명예훼손 손해배상청구 소송을 일으키는 경우는 거의 없을 것이라 여겨지니 이는 눈속임으로 '국회의원' 부분이 중요하다는 것은 명백한 사실이다.

다시 말해서 '탤런트와 국회의원 등 정치가에 대한 점수를 일반인보다 높게 한다'는 것이 주된 목적이다.

하지만 이는 매우 우스운 생각이다. 우선 탤런트의 점수가 높다는 사실에 대해서는 합리적인 설명이 어려운데 탤런트의 스캔들 보도가 많았던 주간지에 타격을 주기 위한 의도가 아니었나 의심된다. 그리고 공인 중의 공인인 국회의원에 대해서는 어느 정도의 비판은 감수해야 한다는 것이 법률가의(또한 사회의 공통인식) 건전한 상식일 것이다.

게다가 사안에 따른 개별성이 매우 큰 명예훼손 손해배상청구에 대해 이와 같은 매뉴얼, 점수 매기는 방식의 산정기준표를 작성한다는 것 자체가 매우 의심스럽다. 요컨대 재판관들에게 '지금부터 이러한 종류의 소송에 대한 인용액은 매뉴얼에 따라 적용, 계산을 해서 500만 엔 이상으로 하자는 것이 당국의 방침입니다. 이를 잘 지켜서 산정하십시오'라는 취지를 철저하게 주지시키려는 데 그 목적이 있다고 봐도 좋을 것이다.

어쨌든 설령 예전의 인용액이 너무 낮았다 할지라도 이러한 통제를 통해서 그것을 일률적으로 고액화하는 것이 적절하다고는 생각하지 않는다. 더구나 연구회의 결론 요약에서는 "앞으로는 사과광고에 대해서도 적극적으로 인정해야 한다"는 방침을 역시 노골적으로 드러내고 있다.

완전히 변한 인용액과 미디어 패소율,
예단과 편견으로 가득했던 인정판단

그렇다면 그 이후 명예훼손 소송의 양상은 어떻게 변했을까?

우선 인용액이 단번에 고액화되었다. 1000만 엔의 판결이 여럿 나왔으며, 씨름의 승부조작 문제에 관한 집단소송에서는 인용액 총액이 자그마치 4000만 엔을 넘었다. 또한 사과광고를 인정하는 판결도 늘었다. 피고는 주간지가 압도적으로 많았다. 이것도 기자클럽제도나 인허가권을 통한 정치가들의 '압력'이 먹히지 않는 잡지들이 그 타깃이었다는 사실에 그대로 들어맞는다.

미국에서는 이러한 종류의 소송에 대해서는 표현의 자유와 관계가 있기에 원고에게 매우 높은 수준의 입증을 요구하고 있으며, 2000년 이전 일본의 판례에도 그 같은 점을 고려했었다.

그런데 요즘 일본의 판례는 기사의 사실성, 혹은 진실이라고 믿기에 충분한 상당성(예를 들어 진실이 아니라 할지라도 그렇게 믿을 만큼의 상당한 이유가 있다면 면책 받는 것)에 대한 피고의 항변을 쉽게 인정하지 않게 되었다. 그 결과 미디어의 패소율이 매우 높아져 '기소당하면 대부분 패소'에 가까운 상황이 되었다. 이는 인용액의 일률적인 고액화 이상으로 큰 문제다.

미디어의 조사 능력은 강제력이 있는 경찰·검찰과 비교할 바가 못 되며, 또 취재원의 비밀을 보장해야 한다는 취재 윤리의 원칙도 지켜야 한다. 하지만 2000년대 이후로는 '주간지=악질 미디어

로 보호할 가치가 없다', '정치인을 비롯한 중요 인물들의 권리는
최대한 존중되어야 한다'는 예단과 편견이 가득한, 불공평한 판례
가 되어가고 있다. 여기에는 일본 재판관들에게서 눈에 띄게 드
러나는, 그리고 요즘 급속하게 강화되고 있는 권위주의·사대주의
적 경향과 관련이 있다.

그 전형적인 예로, 대형 신문사·신문사 사장·여성 데스크(이하
'데스크'라고 함)가 주간지(그 출판사, 발행인 등)를 고소한 사건에 대
한 도쿄지방재판소의 판결(2014년 3월 4일, 미야사카 마사토시 재판
장)이 있다.

기사 내용은 사장의 애인인 여성 데스크가 종종 사장의 맨션
(통근의 편의를 위해 자택과는 별도로 빌린 것)에 들러 숙박하고 있
고, 회사 내에서는 그녀의 인사에 대해서 정실관계에 의한 것이
아니냐는 의심이 돌고 있으며, 또 그녀에 대해 누구도 비판할 수
없는 분위기가 있다는 것이다. 그 기사는 다수의 사원 등으로부
터 취재했고, 맨션 부근에서 잠복까지 한 결과를 바탕으로 한 것
이었다.

기자는 2012년 5월 하순부터 약 1개월 동안 데스크가 맨션에
4차례 숙박했으며, 또 그녀가 맨션을 나온 시각이 사장 출근 후
일정 간격(15분, 10분, 95분, 33분)을 둔 시각이었다는 사실을 확인
했고, 그 사실은 재판소도 인정했다. 데스크는 경비가 엄중한 맨
션에 아무런 제지도 없이 드나들고 있었는데 그 점에 관해서는
입주자와 같은 대우를 받고 있었다.

그런데 판결은 '데스크는 같은 맨션에 사는 다른 지인을 방문한 것이다'라는 원고들의 주장을, 그 지인이 누구인지도 특정하지 않은 채, 또 주간지 측이 데스크와 사장의 심문을 신청했음에도 그조차 채용하지 않은 채 데스크와 사장의 진술서 등만으로 인정했다. 게다가 재판부는 '맨션의 세대수는 155가구이니 데스크가 방문한 곳이 사장의 집일 확률은 155분의 1에 지나지 않는다'라는 표현을 써서, '피고의 주장은 너무나도 빈약'하다고 결론을 내렸다.

하지만 이는 있을 수 없는 일이다. 155가구밖에 되지 않는 고급 맨션에 사장과 '데스크의 다른 지인'이 동시에 우연히 살고 있을 확률은 복권의 고액 당첨 확률에 견줄 만한 수준일 것이다. '데스크의 다른 지인'의 이름과 데스크와의 관계가 분명하게 밝혀지지 않는 한, 이 같은 원고들의 주장을 그대로 받아들인다는 것은 너무나도 상식에 반하는 일이다. 또한 데스크와 사장에 대한 피고(주간지) 측의 심문에 의한 반박 기회를 인정하지 않은 채 데스크와 사장의 진술서만을 채용한 것도 매우 불공정하다. 이 재판장의 부적절하고 편향적인 심리와 판단은 제3장에서 논한 원죄(冤罪)사건에 대한 재판장들과 조금도 다를 바 없다.

이 재판장(나보다 한참 후배였기에 이름밖에 모른다)의 경력은 대체 어떠한 것일까? 혹시 실무 경험이 극히 부족한 사무총국 출신의 관리형 재판관이 아닐까 생각되어 조사를 해보았더니 사무총국 인사국 국원 경력 외에도 최고재판소 조사관 경험도 있었다.

'조사관의 수준도 상당히 떨어졌군'이라고 생각하지 않을 수 없었다.

이 소송의 판결 내용은 원고들에게 합계 1210만 엔의 위자료를 지불하고, 주간지 이외에 원고가 발행하는 신문에도 사과광고 게재를 명한 것이었는데 이 역시 보기 드문 일이다. 사과광고는 기사가 게재된 미디어에서만 인정하면 충분한데, 특히 원고가 발행하는 대형 신문이라면 자체로 승소판결 기사를 게재하는 방법으로 명예회복을 꾀할 수 있기 때문이다(실제로 이 사건에서도 그렇게 했다). 이 사과광고(그 비용만도 450만 엔에 상당한다고 한다)도 '본보기'와 같은 요소가 강해서 재판의 중립성을 해치는 것이다.

한편 항소심도 제1심 판결을 거의 그대로 추인해서 피고들의 항소를 기각했다(도쿄고등재판소 2014년 7월 18일, 야마다 도시오 재판장).

이러한 유형의 소송에서 재판관들에 대한 재판소 당국의 교묘한 개입에 주목해주시기 바란다. 국회에서의 정치인들에 의한 압력을 느낄 수 있었던 연구회 결론 요약과 논문은 단 한 줄도 언급하지 않았다. 하지만 재판관들이 일상적으로 읽는 잡지에 눈에 띄게 특집을 꾸밈으로써 당국의 의향이 재판관들, 특히 이러한 종류의 사안이 집중되는 도쿄의 재판관들에게는 바로 전달되었을 것이다.

또한 일단 이와 같은 판례의 경향이 확립되면 이후부터는 일본 재판관 특유의 '문제가 되는 쟁점과 관련된 판례들에 대해 비판적 검토를 하지 않고 사대주의적으로 대세에 따르는 경향', 즉 대세에 따르는 경향(《절망의 재판소》 153쪽 이하)에 '의지'함으로써 당국의 의향은 단기간에 방방곡곡까지 침투하게 되었을 것이다.

지배·통제 시스템은 고도의 것일수록 그 형체가 잘 보이지 않는다. 일본 재판소의 그것은 어떤 의미에서 세련의 극치에 달해 있어서 시대를 앞질러 간다고 할 수 있다.

예전의 잡지 미디어에는 보도윤리가 충분히 확립되어 있지 않아서 스캔들 지향적이고 인권에 대한 감각이 둔하다는 문제점이 있었던 것도 사실이다. 하지만 앞에서 말한 것과 같은 위자료 고액화로 인해 그러한 경향에 강력한 제재가 가해졌다. 한편 미디어, 특히 전국 일간지를 비롯한 대중매체들이 우려스럽게도 요즘 제도화·관제화 경향을 보이고 있으니(제8장에서 자세히 논하고 있다), 비주류 언론, 독립 언론, 출판사 계열의 미디어가 알 권리와 보도 책임에 대해 수행하고 있는 역할의 중요성이 충분히 인식되어야 할 것이다.

그런 의미에서 매스컴들이 어정쩡한 자세를 취하는 정치적 의혹에도 과감하게 맞서온 주간지의 보도 자세는 어느 정도 흠결이 있었다 해도 재평가되어야 한다고 생각한다. 여기서 말한 명예훼손 손해배상청구 소송의 폐해와 위축 효과 때문에 그 비판정신이 후퇴하여 비판의 대상이 정치, 경제, 권력에서 보다 안이한 방향, 예를 들면 한국이나 중국으로 향하게 된 것은 참으로 안타까운 일이라 하지 않을 수 없다.

또한 매뉴얼 지향의 폐해가 지적되고 있는 교통사고 손해배상 청구 소송(《절망의 재판소》 156쪽 이하) 이상으로 명예훼손 손해배상청구 소송에 매뉴얼은 더욱 어울리지 않는다. 사안별로 그 개별성에 따른 적절한 위자료 액수가 산정되어야 할 것이다.

재판관들이 최소한의 양식과 상식을 지키는 재판을 하기를 진심으로 바란다. 앞서 말한 것과 같은 판례의 경향에 무비판적으로 따르는 것은 그야말로 재판소·재판관이 '헌법의 수호자'와는 정반대인 '권력의 수호자'로 타락했다는 것을 의미한다.

한편 이 같은 판례의 경향은 잡지뿐만 아니라 출판에도 위축 경향을 가져다주어 어느 정도 고발적인 내용을 포함한 책을 쓸 때는 사소한 표현에까지 신경을 곤두세워야 하며, 또 아주 확실한 뒷받침이 없는 한 핵심을 파헤치는 서술은 하기 어려워졌다. 하지만 이러한 경향은 국민·시민의 '알 권리'를 위해서는 마이너스가 되는 부분이다.

예를 들어 유명인의 비판적인 평전을 쓰는 일은 명예훼손 소송의 위험을 생각하면 거의 불가능해져 버린다. 긴 평전 가운데에는 당연히 대상자의 명예와 관련된 내용이 다수 들어 있을 테지만, 그 모든 것들에 대해서 진실성이나 타당성의 엄밀한 입증을 하기란 실제로 불가능한 일이기 때문이다.

2. 통제받고 있던 원자력발전소 소송

일반에는 알려지지 않은 재판관 '협의회'의 실태

2011년 3월 11일에 있었던 동일본 대지진에 따른 후쿠시마 제1원자력발전소 사고 이후 재판소가 가장 강한 비판을 받았던 소송 유형이 바로 원전소송이다. 참고로 후쿠시마 원전사고는 국제원자력사고평가 척도로 레벨 7이라고 잠정 평가되었다. 즉, 체르노빌 원자력발전소 사고와 동등한 최악의 수준이라는 말이다.

비판의 요지는 '사고 시점까지 18건 있었던 원전소송(설치허가 처분 취소 등의 행정소송과 운전정지의 민사소송)에 대한 각 심급의 판결 중 겨우 2군데의 재판소만이 원고의 청구를 인용하는 데 그쳤다. 사법은 원전사고를 미연에 방지하지 못했다'는 것이다.

누가 뭐래도 옳은 말이다. 하지만 '겨우 2군데의 재판소'라는 것은 일본 사법의 현상을 제대로 파악한 표현이 아니다. 정확히는 이렇게 말해야 할 것이다.

"두 군데나 되는 재판소가 원고들의 청구를 인용했다. 하지만 결국 사법은 원전사고를 미연에 방지하지 못했다."

최고재판소 사무총국은 원전소송에 대해 노골적으로 각하·기각 유도 공작을 하고 있었다. 1976년 10월과 1988년 10월의 재판관 협의회에서 담당국 의견으로 각하·기각의 방향을 시사했었다(전자의 협의회는 행정소송 전반에 관한 것이고, 후자는 원전 행정소송에 특정한 것이었다).

사무총국이 주최하는 재판관 협의회란 무엇일까? 여기에는 '협의회' 외에 '회동'(관청의 특수용어 중 하나다)이라 불리는 것도 있으니 우선 그 차이점에 대해서 설명해본다.

'협의회'는 특정한 사건 유형에 특화된 비정기적인 것, '회동'은 모든 관청이 참가하는 정기적인 것이라 보면 된다. 하지만 이 구별도 엄밀한 것이 아니니 여기서는 이하 '협의회'라는 명칭으로 묶어서 부르겠다. 이후로 서술하는 내용은 민사소송 운영방법에 관한 협의회, 즉 비교적 문제가 작은 종류의 협의회에 사무총국 민사국 국원으로 관여했던 나의 경험과, 그리고 특정한 사건 유형에 특화된 협의회에 출석했던 재판관으로부터 얻은 정보를 바탕으로 했다.

이러한 협의회는 학자가 진행하는 연구회와는 성격이 전혀 다르다. 명칭은 '협의회'지만 그 실태는 '상의하달, 상명하복 회의, 사무총국의 의향 관철을 위한 개입회의'에 가까운 것이라 해도 무방하다. 주제는 민사국·행정국 등의 사건국이 결정하며(그것은 물론 최고재판소 장관이나 사무총국의 장(長)인 사무총장의 의향이 반영된 것이다), 참석자는 고등재판소 장관과 지방재판소장이 결정한다. 참석자 가운데 도쿄의 재판관이나 사무총국과 관계가 깊은 재판관에게는 일정한 정보 제공이나 사전교섭이 행해지는 경우가 있으며, 특정 소송 유형이 주제로 선택된 경우에는 그 유형의 사건을 실제로 담당하고 있는 재판장은 반드시 참석자로 뽑

한다.

협의문제, 즉 협의회에서 논의될 추상적·구체적 법률문제는 사건국이 결정한 주제에 따라 협의회에 참가하는 전 재판소(각 청)가 제출한다. 도쿄 등의 참석자는 사건국이 요구하는 협의문제를 '각본대로' 제출하는 경우가 있는데, 사무총국의 과장이나 국원이 부탁해서 제출하는 것이다. 지방의 재판장들은 자신이 담당하고 있는 사건의 개요와 문제점을 그대로 요약한 협의문제를 제출하는 경우가 많다. 이는 특별히 담당국에서 의뢰(차라리 '명령'이라고 해야 할까?)할 필요도 없이 그 같은 사건을 담당하고 있는 재판장들이 어려운 사건의 처리에 고민하고 있다는 사실과, '윗사람에게 의견을 구하지 않으면 모양새가 좋지 않다'는 마음에서 '자발적'으로 제출하는 것이다.

협의회에서는 각 협의문제 내지 비슷한 종류의 문제들을 문제군별로 묶고, 제출한 재판소(제출청)의 재판관이 먼저 의견을 말하면 의장이 한두 군데 청에 질문을 한 뒤, 민사국·행정국 등의 담당관이 국의 검토 결과와 견해를 얘기한다. 참석자 대부분은 각 청의 의견에는 귀를 기울이지 않지만 국의 견해만은 필사적으로 메모한다.

그 순간 연필이 일제히 움직이기 시작하는 모습은 스탈린 시대 소련의 회의가 이러지 않았을까 싶을 정도로 이상한 광경을 연출한다. 기자나 일반 시민이 방청한다면 틀림없이 강렬한 위화감을 품게 될 것이다.

이러한 협의회이기에 그 협의 결과를 사무국이 정리한 집무자료 가운데 '국(局)의 견해'는 전국의 재판관들에게 절대적인 영향을 준다. 사무총국의 집무자료는 언제나 멋없는 하얀 표지로 만들어지기에 재판관들은 그것을 '하얀 표지'라 부른다. 원전소송이나 수해소송 등 협의회가 개최된 사건유형의 판결 가운데는 '하얀 표지' 속 '국의 견해'와 취지를 같이하는 경우가 있는 것은 물론, 개중에는 표현까지 똑같은 '베끼기 판결'까지 존재한다고 한다.

《절망의 재판소》(153쪽)에서 언급한 '수해소송에 관한 대규모 추종 판례군'의 배경에는 최고재판소의 부정(否定)판결(1984년 1월 26일, 후지사키 마사토 재판장. 다이토 수해소송)의 존재도 물론 크지만 그 직전인 1983년 12월에 열린 수해소송에 관한 협의회의 영향도 마찬가지로 크다(협의회가 최고재판소의 판결 '직전'에 열렸다는 사실에 주목해주기 바란다. 담당국이 최고재판소 판결의 결론을 미리 '파악'한 뒤 노골적으로 '사전에 주지'시킨 것이다).

다이토 수해소송 최고재판소 판결의 사안은 '일수형(溢水型)', 즉 제방은 무너지지 않았으나 물이 넘쳐난 사안, 그리고 보수공사 중에 있던 미보수(未補修) 하천에 관한 사안이었다. 그럼에도 불구하고 그 이후의 하급심의 판례는 '파제형(破堤型)', 즉 제방이 터져 무너진 사안, 그리고 보수공사 도중의 하천이 아니라 필요한 보수가 끝난 하천에 관한 사안에 대해서까지 원고의 청구를 기각해 버렸다.

그 이유에는 재판관들의 무비판적인 추종 경향도 있으나, 앞선 최고재판소 판결의 사정거리가 (고의로 그렇게 한 것인지는 모르겠으나) 파악하기 어렵게 작성되었다는 점, 그리고 협의회의 '어쨌든 수해소송은 소극적으로'라는 경향이 강했던 결론을 참석 재판관들이 그대로 받아들였다는 점이 크게 작용한 듯하다.

이러한 추종 판례군의 상징적인 판례가 있다. 쓸모없어진 둑이 방치된 것이 원인이 되어 제방이 무너져버린, 이것이 국가배상이 아니면 무엇이 국가배상일까 싶은 사안(다마가와 수해소송)을 놓고, 제1심 판결(도쿄지방재판소 1979년 1월 25일, 후지와라 야스시 재판장)을 취소하면서까지 기각한 고등재판소 판결(도쿄고등재판소 1987년 8월 31일, 곤도 히로타케 재판장)에 대해서는 최고재판소도 결국은 그것을 파기하지 않을 수 없었다(1990년 12월 13일, 오호리 세이치 재판장). 하지만 어떤 의미에서 이 고등재판소의 판결은 최고재판소 스스로 뿌린 씨앗에서 자라난 독초였다고 할 수 있을 것이다.

이처럼 실질적으로 재판관의 독립을 해치는 협의회의 양태에 대해 변호사 등으로부터 여러 가지 비판이 있었다. 명예훼손 손해배상청구 소송에 대한 재판소 당국의 판단 통제 방법이 보다 세련되어, 인과관계가 잘 드러나지 않게 된 이유는 이러한 비판을 고려했기 때문이리라. 하지만 사무총국에 의한 이 같은 재판 통제의 본질 자체에는 예나 지금이나 조금도 변함이 없다.

원전소송으로 돌아가 보겠다. 1976년 10월의 행정소송에 관한 협의회에서는 '원전의 안전성이 높다는 점을 생각하면 원고 적격(適格)은 좁게 해석해도 된다'는 '국의 견해'가 있었고, 1988년 10월의 협의회에서는 '원전소송에 대해서는 행정청의 전문기술 재량을 존중하고, 거기에 합리성이 있느냐 없느냐는 관점에서 심사를 해나가면 충분하다'는 '국의 견해'가 각각 표명되었다. 이를 받아들인 판결들이 어떠한 것이었는지 지금부터 논해보겠다.

실질적인 판단 포기와 다름없는 원고 패소 판결들

원전소송이라 불리는 소송에는 설치허가처분 취소 등의 행정소송, 운전정지와 같은 민사소송이 있다. 양쪽 다 실질적으로는 '원전의 운전정지'를 요구하는 것으로 그 의미에는 차이가 없으니 이후부터는 양쪽 모두에 대해 '정지'라는 말을 사용하겠다.

원전에 관한 최고재판소의 판단은 이카타 원전소송(1992년 10월 29일, 오노 모토오 재판장)과 고속증식로인 몬주(일본이 개발한 고속증식로의 하나_옮긴이)에 대한 몬주 소송(2005년 5월 30일, 이즈미 도쿠지 재판장)으로, 두 가지 모두 행정소송이다. 그 틀은 1988년 10월의 협의회에서 밝힌 '국의 견해'와 동일한 것이고(여기서도 최고재판소 판결에 앞서 '국의 견해'가 있었다는 사실에 주목), 그것을 전제로 해서 "원자로 설치허가 단계의 안전심사에 있어서는, 해당 원자로 시설 전부를 대상으로 삼는 것이 아니라 그 기본설계의 안전성에 관한 사항만을 대상으로 삼는 것이라고 이해하는 것이 타당하다"(이카타 원전소송), "어떤 것이 기본설계의 안전성에 관한 사항에 해당하는가에 대해서는 원자력안전위원회의 과학적·전문기술적 의견을 충분히 존중해 내리는 주무 장관의 합리적인 판단에 맡겨져 있다"(몬주 소송)고 했다.

후자는 몬주의 첫 번째 사고(1995년 냉각재인 나트륨 누출로 인한 화재사고) 이후의 판단임에도 불구하고, 또 제2차 항소심 판결이 원고들의 청구를 인정했음에도 불구하고 "고속증식로의 설치허가처분에 위법이 있다고는 말할 수 없다"며 항소심 판결을 완전히 뒤집고 몬주의 안전성을 승인했다. 그 후 몬주는 2010년 5월 운전을 재개했고 그해 8월 노 안의 중계장치 낙하사고로 인해 다시 가동을 중단했다. 이 몬주 소송의 최고재판소 판결에 관여했던 재판장들의 책임은 매우 무겁다고 해야 할 것이다.

하급심 판결의 대부분도 그 이유 설시(說示) 내용은 앞서 말한 '국의 견해'나 최고재판소의 판결과 매우 유사하다. 다시 말해서 ① 행정청의 전문기술적 재량을 존중하고, 거기에 합리성이 있느냐 없느냐는 관점에서만 심사를 한다, ② 피고 측이 원자로 기본설계의 안전성을 일단 입증하면 흔치 않은 사고의 가능성 따위는 사실상 무시해도 상관없다, 는 것이 그 커다란 줄기이다.

하지만 원전사고 등은 예측할 수 없는 사태가 겹쳐서 발생한다는 것이 명백하다. 그러니 위와 같은 판단의 틀을 채용한다는 것은, 안전성에 관한 철저한 판단을 실질적으로 포기하는 것과 다를 바 없다. 요컨대 일본의 일반적인 형사소송에서처럼, 대다수의 재판관은 피고 측이 제출한 것(형사소송의 경우에는 검찰이 제출한 것. 양쪽 모두 '관(官)', 권력 있는 쪽에서 제출한 것)을 일단 심사하는 일밖에 하지 않았으며 그 심사 대상도 협소하게 한정되어 있었던 것이다.

게다가 수많은 기각판결 가운데는 어이없는 말을 포함한 판결도 있다. 센다이 고등재판소에서 1990년 3월 20일(이시카와 요시오 재판장)에 내린 판결이다.

이 판결의 마지막 내용은 "우리나라는 원자폭탄이 투하된 유일한 나라이기 때문에 원자력이라는 말을 들으면 우리 국민들이 맹렬한 거부반응을 일으키는 것이 당연하다. 하지만 반대만 하지 말고 차분하게 생각해볼 필요가 있다"로 시작되어 "결국 원전을 포기할 수는 없을 터이니 연구를 거듭해 안전성을 높여서 원전을 추진해나갈 수밖에 없을 것이다"라는 말로 마무리하고 있다.

이 문장은 사법의 기능을 완전히 포기하고 원고들과 국민을 우롱하는 것이다. '태초에 결론이 계시니…'라는 자세를 뻔뻔스럽게 드러내며 이해력이 떨어지는 어린아이를 따끔하게 야단치는 듯한 잔소리를 사람들에게 늘어놓고 있는 것이다. 안하무인, 공감과 상상력 결여, 인격적인 미숙함, 지적 태만 등과 같은 일본 재판관들의 정신구조적 병리(《절망의 재판소》 191쪽 이하)를 상징하는 설시라고 하지 않을 수 없다.

그런데 원전 행정소송 가운데는 일반적인 행정소송 이상으로 심리기간이 긴 것이 많았다(이에 대해서는 제5장 [1]에서 자세히 논하고 있다). 결론을 내리고 싶지 않아 질질 주변을 맴도는 듯한 심리를 하는 경향이 보였다. 제소(提訴)부터 최고재판소에 의한 확정까지 살펴보면, 이카타 원전소송에서는 19년, 가시와자키의 가리와 원전소송에서는 실로 30년, 도카이 제2원전소송에서도 31년이 걸렸다. 원전소송처럼 절박한 위험 가능성에 관한 공익적 소송에서의 이 같은 소송 지연은 그것만으로도 실질적인 판단 회피, 포기라고 평가할 수밖에 없는 수준이다.

원고들의 청구를 인용(認容)한 판결은 2건뿐인데, 몬주 소송의 제2차 항소심 판결(나고야고등재판소 가나자와 지부 2003년 1월 27일, 가와사키 가즈오 재판장. 앞에서 말한 몬주 소송 최고재판소 판결의 원심이다)과 민사소송인 시가 2호기 원전소송의 제1심 판결(가나자와지방재판소 2006년 3월 24일, 이도 겐이치 재판장) 등이다. 두 판결 모두 피고 측이 사고의 가능성이 희박하다고 주장한 것에 대해 집중했으며, 행정청의 안전심사 내용까지 파고든 판단을 하고 있다. 또한 후자는 내진설계의 문제점을 주요 근거로 삼았다.

모두 후쿠시마 원전사고를 예견한 과감한 판단이었다고 할 수 있다. 가와사키 재판장은 정년을 6년 정도 남겨둔 상태였고, 이도 재판장은 변호사가 되기 위해 몇 년 뒤에 퇴임했다. 현재 일본의 재판소 모습을 전제로 한다면 후쿠시마 원전사고 이전인 이 시점에서 이와 같은 판단을 한다는 것은 퇴임 시기나 직업 전환이라는 현실적 가능성까지도 고려하지 않았다면 어려웠으리라 여겨진다.

이도 재판장은 2011년에 변호사로 직업을 바꾼 뒤 잡지 인터뷰에서 "왜 정지 판결이 이어지지 않았던 걸까요?"라는 질문에 대해 "원전은 멈추지 않는다는 최고재판소의 생각을 느꼈다"고 대답했다.

어쨌든 이와 같은 소송에 대해 과감한 판단(가동되고 있는 원전의 운전정지)이 가능한 재판장은 전국에 기껏해야 수십 명 정도밖에 되지 않으리라는 점을 생각해보면, 원전소송에서 2건의 원고 승소판결은 오히려 매우 보기 드문 사태였음에 틀림없다.

오이(大飯) 원전소송 판결

그런데 후쿠시마 원전사고 이후 제기된 첫 번째 원전소송(민사소송)인 오이 원전소송에서는 정지 인용 판단이 내려졌다(후쿠이 지방재판소 2014년 5월 21일, 히구치 히데아키 재판장). 헌법까지 언급한 강한 어조의 판결로 주목을 끌었다. 나는 곧 원전 운전정지 판결이 나올 것이라는 사실 자체는 어느 정도 예상하고 있었다.

어째서일까?

첫째로 후쿠시마 원전사고 이후 시점에서는 일본의 원전 모두 운전정지 중이었기에(하지만 그런 가운데서도 오이 원전만은 2012년 7월~2013년 9월까지 가동되고 있었다), 그런 의미에서는 정지(사실은 운전재개 금지)가 오히려 여론의 흐름에 따르는 판단이었기 때문이다.

둘째로 후쿠시마 원전사고 후인 2012년 1월 사법연수소에서 전국의 지방재판소 재판관 35명을 모아놓고 열린 연구회에서 재판소 당국이 원전소송에 대한 방침을 바꿨기 때문이다.

첫 번째 문제에 대해서는 대체로 간과하고 있는 듯한데, 일반적으로 움직이는 것을 멈추려면 큰 용기와 결단력이 필요하다. 어디까지나 앞의 예와 비교했을 때의 경우지만, 멈춰 있는 것을 움직여서는 안 된다고 판단하는 것은 비교적 쉬운 일이다. 당분간 멈춘 채로 두고 신중히 생각해보자는 것이기 때문이다. 지금의 일본처럼 사람들 사이에 '원전은 정말 안전한 것일까? 정치인이나 전문가들의 말은 정말로 믿을 만한 것일까?'라는 의문이 강하게 남아 있는 상황에서는 더더욱 그렇다.

두 번째 점에 대해서, 재판관들이 이러한 연구회를 자발적으로 하는 경우는 120% 존재하지 않는다. 이 연구회가 앞에서 언급한 명예훼손 손해배상청구 소송과 마찬가지로 재판소 당국이 겉으로 드러나지 않는 교묘한 형태로 재판관들을 통제하기 위한 것이라는 점은 명백하다. 재판소 당국은 도쿄지방재판소 등의 재판관, 혹은 최고재판소 조사관, 사무총국 과장 등의 경험이 있는 재판관들을 통해서 간접적으로 의향을 표명했을 것이다.

이 연구회에 대해 수집한 정보로 판단컨대, 원전사고를 방지하지 못했던 재판소, 그리고 앞선 몬주 소송 최고재판소 판결 등에 대해 강한 비판이 일자 사무총국이 재판관들에 대한 고삐를 약간 늦추어 '여론이 시끄러우니 원전에 대해서는 우선 과감한 판단을 내려도 좋을지 모르겠다'는 암시를 주기 위해 연구회를 개최했을 가능성이 높다.

물론 오이 원전소송의 판단에 대해서는 이 재판장의 예전 판결이 '큰 정의'를 관철시키는 방향이었다는 점을 생각한다면 일관되어 있어서 기본적으로는 높이 평가해야 한다고 나도 생각한다.

이 판결의 의미는, 민사 정지소송의 사법심사에 있어서는 행정소송의 경우처럼 원자로 등 규제법(핵원료물질, 핵연료물질 및 원자로의 규제에 관한 법률)의 틀에 얽매일 필요는 없으며 원전 가동으로 인한 구체적인 위험성이 있는지 없는지를 직접 심리의 대상으로 삼으면 충분하다는 것이다. 틀림없이 이것도 하나의 견해다.

하지만 이처럼 민사소송에서 판단의 틀은 행정소송의 판단에 구애받을 필요는 전혀 없으며 독자적으로 생각해도 좋다는 데 대해서는 이견(異見)도 있을 것이다. 앞에서 말한 두 차례의 원전정지 판결에는 최고재판소 판단의 틀과 아슬아슬한 지점에서 대치하는 긴장감이 있었으나, 이 판결에는 그러한 점의 고려가 약간 희박하다. 그런 의미에서 이 판결의 선례로서의 통용성에 약간 위험이 느껴지는 부분도 있다.

물론 원전정지에 대해서는 원래 민사소송으로 진행되어야 한다는 것이 이 판결의 밑바탕을 이루고 있는 발상일지도 모르겠다(나 자신은 '원고가 사고의 구체적 위험성을 상당히 입증한 경우에는 피고가 그럴 가능성이 없다는 반증을 철저히 행해야 하며, 그렇게 하지 않는 경우에는 위험성이 인정된다'는 시가 2호기 원전소송 제1심 판결의 판단 틀에 찬성하고 싶다).

이론의 여지가 더 많은 것은 '구체적인 위험성'에 대한 판단 내용일 것이다. 구체적인 증거를 보지 않고 판결에 대해 언급하는 데에는 어느 정도 한계가 있을 테지만, 이 판결의 판단 내용을 보면 인구가 밀집되어 있고 지진 위험성이 높은 일본에서는 재가동 가능한 원전, 안전한 원전은 거의 없는 게 아닐까 여겨진다. 그것이 진실이라면 그것으로 충분하다고 생각한다(솔직히 말하면 나 자신도 그것이 진실이 아닐까 의심을 품고 있다).

그러나 한편으로 피고가 정해둔, 지진으로 일어날 수 있는 사태와 대책을 기록한 사건판단도(事件判斷圖 : Event Tree, 여기에 적힌 대책을 순서대로 따라가면 멜트다운, 노심용융(爐心溶融)에 이르는 일은 없다는 것이 피고의 주장)에 합리성이 부족하다는 사실에 주목하여 피고의 주장을 비교적 간단히 물리친 이 판결에 대해서는 향후 전력회사나 원전 지지파로부터 반론이 있을 때 이 판결의 논리가 그러한 반론에 견딜 수 있을 만큼 충분히 탄탄한 것인지는 곧 밝혀질 것이다.

물론 위와 같은 이 판결의 판단은 오이 원전의 안전성에 큰 문제가 있고, 피고의 주장 자체가 근본적으로 취약한 것에 가장 큰 원인이 있는 것일지도 모르겠다.

전력회사, 관료, 전문가, 그리고 사법을 신뢰할 수 있을까?

원전소송 등의 소송유형에 대해서는 '고작 3명의 재판관이 정치·행정의 큰 방침을 바꾸어도 되는 것이냐'는 의견이 나오는 경우도 가끔 있다.

그러나 애초부터 권력에 대한 사법부의 감시는 그런 것이다. 권력 내부에서는 자신을 엄격하게 바라보는 시선이 부족하기 쉬운 법이며, 지금의 일본은 그것을 거의 잃어버린 것이 아닐까 여겨질 정도다. 예를 들어 예전에는 자민당 내에서도 확고한 전통으로 존재했던 비판세력, 혹은 어느 정도 겸손한 이념이 지금은 거의 자취를 감춘 것처럼 보인다. 이러한 상황에서 특히 재판관에게는 독립된, 그야말로 법의 정신과 정의의 요청, 그리고 자신의 양심에만 따르는 제삼자의 눈을 가지고 국민·시민의 대리인으로서 냉철하게 권력을 감시하는 자세가 요구된다.

원전에 관해 말하면 사법에는 한마디로 최후의 페일 세이프(fail safe, 안전장치) 기관으로서의 역할이 요구된다.

원전의 안전심사는 전문성이 매우 높은 분야지만 그렇다고 해서 전력회사나 학자들의 판단만이 정확하다고는 할 수 없다. 원자력업계는 오래 전부터 전력업계, 규제 관청인 경제산업성, 정치가, 학자들이 유착되어 있는데 후쿠시마 원전사고 이후 '원자력 동네의 유착과 추태'가 거세게 비판받고 있지만 '안전 신화'에 의문을 제기하는 의견이나 제안은 철저하게 봉쇄되어 왔다.

1986년 체르노빌 원전사고 이후 세계 각국, 그리고 전력회사는 중대사고에 대비한 대책을 마련하게 되었으나 일본의 '원자력 동네'는 '일본의 원자로 격납용기의 봉쇄기능은 완벽하며 격납용기는 깨지지 않는다. 따라서 격납용기에서 방사능이 새어나올 위험도 없다'고 강변했다. 그리고 모든 교류전원 상실(station blackout, 비상용 디젤발전기 등도 사용불능이 되어 원전에 모든 교류전원을 공급할 수 없게 되는 사태)이 일어날 가능성도 거의 제로에 가깝다며 그에 대한 대책도 전혀 강구하지 않았다.

또한 2008년에 도쿄전력은 후쿠시마 제1원전에 거대 쓰나미가 닥쳐올 가능성을 경고하는 시뮬레이션 결과를 얻었음에도 결국 아무런 대책도 마련하지 않았다. 즉, 후쿠시마 원전사고는 객관적으로 봐도 '예상 불가능한 천재지변'이 아니었던 것이다.

또한 후쿠시마 제1원전 소장은 2011년 3월 11일 오후 2시 46분에 동일본 대지진이 발생한 뒤 약 2시간 후인 오후 4시 45분에 원자력 재해대책 특별조치법 15조 1항에 따라 '긴급사태 통보'를 정부에 보고했다(사태 발생 시각은 오후 4시 36분). 원래는 같은 조 3항에 따라서 즉시 주민 대피를 시작했어야만 했다.

그런데 정부에서 원자력 긴급사태 선언(같은 조 2항)이 나온 것은 같은 날 오후 7시 3분이었고, 주민에게 대피 지시가 내려진 것은 같은 날 오후 9시 23분(후쿠시마 제1원전에서 반경 3킬로미터 이내), 3월 12일 오전 5시 44분(10킬로미터 이내), 같은 날 오후 6시 25분(20킬로미터 이내)이었다. 그리고 그 사이인 12일 오후 3시

36분 1호기의 수소폭발이 일어나고 말았다.

정치인은 '15조 통보'의 의미를 이해하지 못했으며, 관료와 학자들은 정치인에게 필요한 설명을 하지 않았던 것이다. 다시 말해서 정부, 원자력 동네 유력자 가운데 단 한 사람도 그와 같은 사태를 진지하게 생각해보지 않았고, 따라서 법에 명시되어 있는 조치를 취하지 못함으로써 다수의 사람들을 피폭(被曝)되게 만들어버린 것이다.

후쿠시마 제1원전에 대한 원전소송은 제기되지 않아 어디까지나 가정에 의한 논의이지만, 다수의 재판소가 원전소송에 대해 과감한 판단을 했더라면 사고 발생 전에 후쿠시마 제1원전에 대해서도 정지 소송이 제기되었을 가능성이 있으며, 또 만약 사법이 그에 대해 과감한 판단을 내렸다면 후쿠시마 제1원전사고는 막을 수 있었을 것이다.

그런데 후쿠시마 원전사고 때 곤도 슌스케 원자력위원회 위원장(당시)이 작성한 〈후쿠시마 제1원자력발전소의 예측불가 사태 시나리오 스케치〉, 이른바 '최악의 시나리오'에 의하면 1호기의 격납용기 내 수소폭발에 의한 결정적 파손으로 시작되는 최악의 사태 발생 시에는 후쿠시마 제1원전에서 반경 170킬로미터 이내 (센다이, 미토 등을 포함)가 토양 속의 방사성 세슘이 $1m^2$당 148만 베크렐 이상으로 체르노빌 사고의 강제이주 기준 지역이 되며, 반경 250킬로미터 이내(도쿄를 포함)가 주민이 이주를 희망하는 경우에는 인정해야 하는 오염지역이 된다고 계산했다.

곤도 씨는 원자력 분야를 대표하는 원자력 연구자로 이 시뮬레이션의 신뢰성은 매우 높은 것이었다. 수십 년에 걸쳐서 수도권에 사람이 살 수 없게 되는, 전례를 찾아볼 수 없는 '일본 붕괴'의 가능성이 현실에 엄연히 존재했던 것이다.

대다수의 일본 국민이 다시 한 번 '전력회사, 관료, 전문가, 그리고 사법을 믿을 수 있겠는가?'라는 의심을 품게 된 것 역시 너무도 당연한 일이다.

그리고 후쿠시마 원전사고에 관한 각 사고조사위원회의 조사 보고서 내용이 제각각이라는 점에서도 분명히 알 수 있듯이 후쿠시마 원전사고의 원인 검증은 아직도 갈 길이 멀다. 특히 국회 사고조사위원회의 보고서가 사고의 직접적인 원인에 대해 쓰나미가 아니라 지진에 의한 기기 손상 가능성을 부정할 수 없다고 한 점은 매우 중요하다. 쓰나미가 아니라 지진에 의해서 원전의 주요 기기·설비가 손상을 입은 결과, 멜트다운이나 원자로 격납용기의 파손(결정적인 것은 아니었으나)이 일어난 것이라면 원자력규제위원회가 정한 새로운 규제기준(2013년 7월 8일 시행)에 의한 안전대책으로는 충분하지 못할 가능성도 있다.

원자력규제위원회가 가동을 승인한 발전소에 대해 재판소가 어디까지 개입해서 얼마나 치밀한 심리 판단을 행할지, 그리고 사법이 최후의 안전장치 기능을 적확하게 수행할 수 있을지가 앞으로 있을 원전소송의 핵심이며, 일본의 사법이 그 본연의 역할을 수행하려는 의지를 갖고 있다는 평가를 받을 수 있을지를 가

늘하는 하나의 중요한 분기점이 될 것이다.

아마도 원자력규제위원회의 새로운 규제기준을 만족시켜 중대 사고 대책이 갖춰진 원전의 운전정지 소송을 할 경우에는 오이 원전소송 판결을 뛰어넘는 치밀한 논리와 과학적 뒷받침이 필요하게 될 것이다. 그것은 틀림없는 사실이다. 원전소송의 원고 대리인들은 그 점을 쉽게 생각해서는 안 된다.

이상과 같은 점을 생각한다면 국민·시민의 대리인으로서 최후의 엄정한 판단을 요구받고 있는 사법의 역할이 매우 중요하다. 에너지정책이라는 문제가 있기는 하지만 적어도 위험한 원전의 안이한 재가동을 허가해서는 안 된다는 점은 명백한 사실이며, 그 점에 초점을 맞춘 떳떳한 소송지휘, 심리(審理) 판단이 바람직할 것이다. 나는 '사법은 최후의 안전장치 기능을 적확히 수행해야 한다'고 생각한다. 그것이 전직 재판관 출신 민사소송법 학자로서의 나의 결론이다.

물론 국민·시민들도 앞으로의 하급심, 최고재판소의 판단 추이에 충분히 주의를 기울이고 거기에 대한 적확한 감시와 비판을 하는 자세가 필요하다.

그런데 앞에서 말한 연구회의 개최 의도나 거기서 제시된 재판소 당국의 '의향'(연구회의 중요 발언자인 일부 재판관을 통해 암시되었을 것이라 생각되는 '그것')은 지금까지 언급해온 협의회나 연구회의 경우만큼 명확하지는 않다. 정치와 여론의 동향을 살피다 원전을 용인하는 분위기가 강해지면 다시 원래대로 되돌아갈 가능성도 충분히 있다고 생각한다. 그러한 점에도 주의를 기울여야 할 것이다(한편 후쿠시마 원전사고 이후의 원전정지 가처분 신청에 대해서는 현재까지 대부분, 현시점에서는 보전(保全) 필요성이 부족하다는 이유로 전부 기각되었다).

위와 같은 의미에서 《절망의 재판소》(155쪽)에서도 얘기했던 것처럼 재판의 결론과 함께 재판관의 자세도 역시 매우 중요하다. 지배적인 '분위기'에 따라 권력이나 여론에 영합하는 것을 우선으로 삼아 재판을 행하는 재판관들이 진지하고 적절하게 검토를 할 수 있을지 매우 의심스럽기 때문이다. 물론 이처럼 중대한 판단을 맡게 될 재판관의 능력도 역시 중요하다(이 항목에서는 NHK 스페셜 '멜트다운' 취재반 〈멜트다운 연쇄의 진상〉, 우가야 히로미치 《원전난민—방사능 구름 아래서 무엇이 일어났는가》, 오시카 야스아키 《멜트다운—도큐먼트 후쿠시마 제1원전사고》 등을 참고로 했다).

마지막으로 한 가지 덧붙이자면 오이 원전소송 판결과 같은 날에 내려진 제4차 아쓰기 기지소음 소송 판결(요코하마지방재판소, 사무라 히로유키 재판장)에 대해서도 똑같이 주목해야 한다.

이 사안에서는 원고들이 자위대 비행기 및 미군기 양쪽에 대해 정지 민사소송과 행정소송을 제기했기에 두 가지가 병행 심리되었다. 그리고 판결은 지금까지 최고재판소 판결에 없었던 유형, 즉 자위대 비행기에 관한 행정소송(단, 그 가능성을 시사하는 보충의견은 있었다)에 대해서 오후 10시부터 다음날 오전 6시까지의 야간비행 정지를 인정한 것이었다.

사실 이 시간대의 자위대 비행기의 비행은 제한되어 있지만, 그래도 공항에 대해서는 정지 소송을 일절 용납하지 않겠다는 자세가 확고했던 종전의 최고재판소 판례(《절망의 재판소》 137쪽 이하)에 비추어 본다면 이 판단은 용기 있는 것으로, 두꺼운 벽에 바람구멍 정도를 뚫은 것이라고 평가할 수 있겠다.

CHAPTER 5

통치와
지배 수단으로서의
관료재판

— 이래도 '민주주의 국가의 사법'이라고 할 수 있을까?

이번 장에서는 [1]에서 통치와 지배 수단으로서의 관료재판적
경향이 강한 소송유형인 행정소송에 대해서 논하고, [2]에서는
같은 관점에서 헌법소송을 비롯해 그밖에 문제가 있는 소송유형
에 대해 간결하게 분석한 뒤, [3]에서 최근 큰 문제가 되고 있는
전반적인 재판의 질 저하에 대해서도 이야기해두고 싶다. 재판의
질 저하와 재판 전체의 '통치·지배 수단으로서의 관료재판화'는
동전의 양면 같은 관계에 있기 때문이다.

　나는 《절망의 재판소》에서 일본 재판관의 다수파는 재판관이
라기보다는 오히려 '재판을 행하는 관료·공무원', '법복을 입은
공무원'(60쪽)이고, 일본의 재판소는 큰 틀에서 보자면 '국민과
시민을 지배하기 위한 도구·장치'(12쪽)라고 적었다. 독자 가운데
는 그것을 과장된 표현이라고 생각한 사람도 있는 듯하지만, 정

말 그럴까? 제3장, 제4장의 서술과 함께 잘 생각해보시기 바란다.

1. '완전' 절망의 행정소송

형사소송과 함께 권력 편들기 태도가 뚜렷한 일본의 행정소송

일본의 재판 가운데 그나마 봐줄 만한 부분이 많은 것은 순수 민사소송이고, 행정사건소송법이 적용되는 행정소송에 대해서는 형사소송과 마찬가지로 변호사·학자의 비판이 매우 강하다. 제2장에서 '가치관계 소송에 있어서 일본의 재판 모습이 과연 근대 민주주의 국가의 바람직한 수준에 달해 있는지 매우 의심스럽다'고 했는데, 행정소송은 헌법소송과 함께 그 전형이라고 할 수 있다(제4장 [2]의 원전소송도 상당 부분이 행정소송이다).

16년 동안 재판관으로 있었고 도쿄지방재판소 행정부에 속한 적도 있었던 변호사 하마 히데카즈 씨의 저서 속의 내용을 일반 독자도 이해하기 쉽도록 다시 정리해보겠다.

행정사건에 대해서 제대로 된 심리를 하는 재판관은 10명 중 1명 정도이다. 대부분의 재판관은 소송요건(뒤에서 다시 설명)이 구비되었는지 세세하게 살펴 조금이라도 문제가 있다 싶으면 옳다구나 하고 각하한다. 그럴 때면 50년 이상이나 지나 곰팡이가 슬어버린 듯한 판례가 금과옥조처럼 인용된다. 구성원 전원이 행정사건 다루기를 두려워하는 듯한 재판소를 만나게 되면 이러한 전제문제 심리에만 3년이나 허비하는 경우도 있다. 최고재판소까지 생각한다면 대체 언제나 심리가 끝날지 알 수가 없다.

본안(本案, 뒤에서 다시 설명) 심리에 들어가면 재판관은 이상할 정도로 국가, 지방공공단체, 행정청 등과 같은 피고 측 편에 서는데, 요즘 들어 그러한 경향이 더욱 뚜렷해졌다. 제2차 세계대전 이후 한동안은 재판관들에게서 전쟁에 대한 반성과 신헌법(1946년) 하에서 새로운 사법을 담당하고 있다는 자부심을 느낄 수 있었다. 하지만 요즘의 사무총국 행정국에서는 예전의 그림자조차 조금도 찾아볼 수가 없다.

특히 '송무검사(訟務檢事)' 경험이 있는 재판관에게 공평한 재판은 기대할 수도 없다. 피고 측 행정청인 법무성과 재판소 간의 인사교류, 즉 판검교류(判檢交流)는 아무리 변명을 해보아도 일반 대중의 눈에는 이상하게 보인다(제3장에서도 언급한 재판관과 검찰관의 인사교류, 이른바 판검교류는 민사부문에서는 지금도 여전히 행해지고 있다. 재판관이 법무성으로 파견되고 검찰관이 되어 행정소송을 담당한다. 이 같은 검찰관이 '송무검사'다).

핸드볼 국제대회에서는 심판이 특히 중동 국가에게 유리한 판정을 하는 경향이 있어서 이를 '중동의 휘슬'이라고 부르는데, 대체적으로 보면 행정소송의 재판관은 그야말로 '중동의 휘슬'이다.

행정소송의 승소율은 고작 8.4%(2012년도)이며, 승소 사안을 보면 주민소송 등 한정된 유형에만 국한되어 있고, 정부 부처의 정책실현 과정에 메스를 대 그것을 시정케 하려는 내용의 소송에서 원고가 승소하는 경우는 극히 드물다. 게다가 행정소송은 상급심에서 뒤집혀 패소하는 예도 많다. 최고재판소 재판에서도 역시 행정조사관의 말에 따라 좌우되는 이른바 '조사관 재판'(조사관의 보고서 의견을 그대로 받아들이는 최고재판소 판결)의 폐해가 노골적으로 드러나고 있다.

이러한 일들의 결과 지난 40년 동안 행정소송의 사건 숫자에는 큰 변화가 없으며, 법무성 이하 조직적 방어 속에서 행정소송을 제기하려면 대단한 인내심과 비용을 각오해야 한다. 어설픈 각오로 소송 수행은 불가능하다. (하마 히데카즈, 《행정소송의 회고와 전망—중동의 휘슬 비망록》)

1930년생인 하마 변호사는 이 책에 등장하는 법률가 중에서도 가장 연장자에 속하지만 그의 의견은 내가 지금까지 들어온 변호사, 학자의 의견을 총집약한 것이라 평해도 틀림없다.

조금 더 보충하자면 '소송요건'이란 재판소가 본안, 즉 원고의 청구에 대한 재판을 하기 위해 충족시켜야만 하는 형식적 전제요건이다. 통상적인 민사소송에서 이는 거의 문제가 되지 않는다. 예를 들어 피고가 일본의 재판권 아래에 있는지, 재판소가 그 사건에 대해 관할을 가지고 있는지 등의 상식적인 사항에만 거의 한정되어 있기 때문이다.

그런데 행정소송에서는 '처분성(處分性), 원고적격(原告適格), (행정소송 특유의) 소송의 이익'이라는 세 가지 요건이 매우 엄격해, 재판소는 이를 쉽게 인정하지 않고 본안 심리에 들어가지도 않은 채 원고의 소송을 각하하려는 것이다. 예전부터 재판관들 사이에 전해 내려오는 말에 "행정소송을 할 때는 세 가지만 알고 있으면 된다. 처분성, 원고적격, 소송의 이익. 어느 하나라도 걸리는 부분이 있으면 귀찮은 본안 심리를 하지 않고도 간단히 각하로 사건을 처리할 수 있다"는 말이 있는데, 실제로 나도 젊었을 때 이런 말을 들은 적이 있다.

이러한 소송요건들은 원래 국민의 권리·이익의 구제를 위해 적절한 소송을 선택하기 위한 요건이고, 따라서 재판소는 세금을 써가며 심리할 가치가 없는 경우만 배제하면 될 터이다. 하지만 하마 변호사가 지적한 것처럼 일본의 재판관은 이러한 소송요건을 새삼 좁게 한정함으로써 실체적 판단을 회피해왔다. 2004년에 개정된 행정사건소송법에서는 원고적격에 대해 '보다 넓게 인정하라'는 해석 지침이 내려졌는데(9조 2항), 이처럼 입법이 재판소를 등 떠밀어 견해를 바로잡도록 해야 할 정도로 행정소송에 관한 재판소의 생각은 완고하고 고루한 것이다. 이에 대해 "제2차 세계대전 이전 유럽의 낡은 사고방식에 지금도 여전히 질질 끌려가고 있다"고 비판하는 학자도 많다.

그 배경에는 '행정소송은 가능한 한 영역을 좁히고, 또 본안에서는 행정권의 재량을 넓게 인정해서 국가 등의 피고에게 유리한 판결을 내리는 것이 바람직하다'는 재판소 당국의 확고한 방침이 있다. 이러한 방침과 더불어 또 한 가지, 많은 재판관들이 행정법·행정소송의 난해한 법률론에 익숙하지 않기 때문에 지방재판소에서는 '구성원 전원이 행정사건 다루기를 두려워하고 있는' 사태도 발생하는 것이다.

틀림없이 일본의 행정법 이론에는 행정의 자율성을 지나치게 강조한 나머지, 이해하기 어려운 개념이나 이론구성을 남발하고 있는 것처럼 보이는 부분이 있다(물론 이는 일본 법학의 전반적인 결점이기도 하다). 앞에서 말한 '행정의 재량', 혹은 '행정 재량에 관한 사법 판단의 방법'에 관한 행정법학 역시 그다지 이해하기 쉬운 것은 아니다. 물론 행정의 자율성과 유연성을 확보하기 위해 어느 정도 행정의 재량을 인정할 필요는 있을 것이다. 하지만 이것을 무제한으로 넓게 인정해나가면 행정에 대한 사법의 견제 기능은 거의 의미를 잃게 된다.

어쨌든 재판관들이 걸핏하면 행정의 재량을 강조해가며 매우 안이하게 판단해서 피고를 구제하는 경향이 강한 것만은 틀림없는 사실이다. 그 결과가 '각 부처의 정책실현 과정에 메스를 들이대 그것을 시정하려는 내용의 소송에서 원고가 승소하는 것은 극히 드문 일'이라는 행정소송의 현실로 나타나는 것이다(제4장 [2]의 원전행정소송에서도 마찬가지였다).

다시 말해서 행정에 대한 사법의 적정한 감시라는 제도 본연의 바람직한 목적, 그런 의미에서의 삼권분립의 취지가 거의 실현되지 못하는 것이다. 일본의 행정관료가 제멋대로의 방만한 행정, 권익확보 행정을 아무렇지도 않게 행하면서도 전혀 책임을 지지 않는 큰 원인 중 하나가 위와 같은 행정소송의 실태에 있는 것이다.

주민소송도 역시 가시밭길

주민소송(지방자치법 242조 2)이라는 소송유형에 대해서 들어보신 적이 있으신지? 주민이 지방공공단체장 등의 위법한 지출 행위에 대한 책임을 묻는 소송으로, 원고가 주민 대표로서 피고의 책임을 묻는다는 의미에서 주식회사의 주주 대표소송과 성격이 비슷하다. 법적으로는 일종의 '대위소송(代位訴訟)'으로, 주문(主文)에서 피고는 원고인 주민이 아니라 지방공공단체에게 금전을 지불하라고 명령한다.

일본의 행정소송은 일반적으로 매우 저조하지만 그 가운데서 주민소송, 특히 앞서 말한 조문 1항 4호의 손해배상청구, 혹은 부당이득 반환청구, 이른바 '4호 소송'만은 그 법률구성이 알기 쉬워서 예외적으로 자주 사용되어 왔다. 이 소송은 '지방자치에 있어서 다수결로 운용되는 지방의회와 그것을 배경으로 한 수장 등의 위법행위를 바로잡고 다수결에 의한 의회제 민주주의의 결함을 보완하기 위한 제도'(하마 변호사)라는 높은 가치를 가지고 있다. 물론 최근 문제가 많은 개정(개악)으로 인해 주민 입장에서 보면 행사하기 어려워졌다는 면이 있는데 그에 대해서는 나중에 논하기로 하겠다.

하지만 이 소송도 일부라도 주민이 승소하는 비율은 화해 혹은 화해에 의한 사실상의 소송 취하를 포함해도 9% 정도이고, 승소 건수로 보면 전국에서 1년에 겨우 15건 정도여서 결코 높은 수치는 아니었다(1990년대 후반의 수치. 전 고베대학·주오대학 교수, 현 변호사인 아베 야스타카 씨 논문에 의함).

예를 들어 도쿄 교외의 한 시에서 이런 사건이 있었다.

벌써 오래 전 일이지만 보수계였던 당시 시장이 어느 사찰로부터 5억 엔의 거액을 주고 참배길을 매입했다. 그 후 매입의 위법성을 묻는 주민소송이 제기되었다. 토지의 본래 가격을 따져봐도, 그리고 매입 후 도로가 시에 의해 깨끗하게 정비, 포장되어 사찰에도 큰 이익이 되었다는 사정을 생각해봐도 5억 엔이라는 매입 가격은 분명 지나친 고액이라는 의견이 시민들 사이에서 강하게 일었다. 주민소송이 본안까지 가게 되면 시장이 매입 가격의 정당성을 주장, 입증하기란 쉬운 일이 아니었을지도 모른다.

하지만 이 소송은 각하로 끝나버리고 말았다. 어째서였을까?

주민소송을 제기하려면 그 전제로 주민감사청구(지방자치법 242조)를 해두어야 한다. 그리고 이 청구는 지출 행위가 있던 날로부터 1년 이내에 해야 하는데, 참배길 매입을 할 때 시장이 의회의 승인을 거치지 않아 주민이 그 사실을 안 것은 매입일로부터 이미 1년 이상이 경과해버린 뒤였다.

지방자치법 96조 1항 8호에 의하면 시장은 조례에서 정한 범위 내에서는 의회의 의결을 거치지 않고 재산의 취득, 처분이 가능한데, 이 시의 조례는 5000만 엔 이하 혹은 3000m^2 이하의 토지 매매에 대해서는 의회의 승인을 필요로 하지 않는다고 되어 있었다. 그리고 본건의 길은 5억 엔에 매입되었지만 3000m^2 이하의 넓이밖에 되지 않았다.

어떤가? 일본 법률의 구조가 행정에 얼마나 유리하게 만들어져 있는지 잘 알 수 있으리라.

한 가지 사례를 더 들어보겠다. 내가 항소심(오사카고등재판소 1990년 4월 26일, 고사키 요시나가 재판장)에서 주임재판관을 맡았던 사안이다.

이 사안은 '오사카 부(府) 수도부 회의접대비 반환청구소송'이라 불리고 있다.

1980년 무렵, 오사카 부 수도부에서는 다수의 의원이 자신들의 음식비, 술값 외상(청구서)을 수도부로 돌리는 위법행위가 행해지고 있었는데, 소송기록에 의하면 연간 700만~800만 엔이라는 큰 금액이었다. 다시 말해서 의원들이 음식을 먹고 그 외상값을 수도부로 돌렸으며, 수도부에서는 실제로 집행하지도 않은 회의비로 그것을 계상하는(실제 열리지도 않은 다른 행정기관과의 회의를 만들어내서 지출하는) 어처구니없는 짓을 한 것이다.

그 액수가 놀라운 것이었으며, 의회에서는 결산 승인 때 한 공산당 의원이 "뭡니까, 이건! 홋카이도 수도관계 직원과의 회의네,

북유럽 수도관계 기업과의 회의네. 이런 말도 안 되는 지출, 도저히 승인할 수 없습니다!"라고 홀로 언성을 높이는 사태를 맞게 되었다. 공산당 의원 외에는 어째서 고개를 숙이고 있었는가 하면, 공산당 이외의 각 당 의원들 모두 이러한 비용 떠넘기기를 하고 있었기 때문이었다. 이처럼 '큰 정의'에 관한 소송의 기록·주장이나 증거에는, 보도는 물론 판결에조차 나타나지 않는 생생한 '악행'의 진실이 기재되어 있는 경우가 흔히 있다.

그런데 이 주민소송은 1982년의 지출 가운데 약 90만 엔어치(음식점 4곳에서 10회에 걸친 '회의')만을 선택해서 제기된, 금액으로 보면 매우 미미한 것이었다. 본건에서 문제가 된 '회의' 장소에는 요릿집뿐만 아니라 고깃집, 심지어는 바(bar)나 술집, 그것도 안이 어둑하고 여성과의 접촉이 허용되는 술집까지 포함되어 있었다. 원고 측 변호사는 증인심문에서 그 회의에 참석한 것으로 되어 있는 직원에게 다음과 같은 비아냥거림 가득한 심문을 했다.

"음, 이 가게는 매우 어둡고 좁은 곳 같던데 회의 때 서류는 어디에 펼쳐놓으셨습니까? 그리고 글자는 제대로 보이기나 했나요? 혹시 손전등이라도 쓰신 건가요?"

제1심(오사카지방재판소 1988년 6월 24일, 야마모토 노리오 재판장)과 항소심 모두 수도기업 관리자(지출 책임자)에 대한 청구 가운데 약 68만 엔을 인용했다(그 이외는 감사청구를 거치지 않았다는 이유로 각하). 이들 판결은 지방 공공기업의 관리자(長)가 재무회계상의 행위를 담당 직원에게 전결시키는(즉, 내부적으로 담당 직원에게 사무를 맡기고 있는) 경우, 4호 소송의 피고가 되는 것은 관리자이며, 또 담당 직원의 고의 혹은 과실이 그대로 관리자의 책임이 된다는 판단을 취한 것이다.

이에 대해 쌍방 모두 상고를 해서 최고재판소(1991년 12월 20일, 오니시 가쓰야 재판장)는 이 같은 전결이 있었던 경우 피고가 되는 것은 관리자와 담당 직원(본건에서는 부장에서 과장까지의 3명) 쌍방이며, 한편으로 관리자가 책임을 지는 것은 그에게 지휘 감독의 의무 위반이 있고 고의 혹은 과실에 의한 담당 직원의 위법행위를 저지하지 않은 경우에 한정된다며 사건을 하급심으로 되돌려 보냈다.

최고재판소의 판단 가운데 앞부분은 그것으로도 상관없으리라. 피고로 삼을 수 있는 직원의 범위가 늘어난 것이니(뒤에서 말하겠지만 물론 실제로는 전결의 유무나 실태를 외부에서는 알 수 없다). 하지만 뒷부분은 어떤가?

틀림없이 '과실책임주의 원칙'에 따르면 관리자가 책임을 지는 것은 부하의 감독을 소홀히 한 경우에만 한정된다는 것도 하나의 논리이기는 하다. 하지만 전결의 경우라 할지라도 법령상의 권한은 어디까지나 장에게 있다. 또한 전결의 유무나 실태를 외부에서는 알 수 없기 때문에 실제로는 기관장만을 피고로 해서 4호 소송이 일어나는 경우가 많다는 사실, 그리고 사실상 장은 위법행위를 잘 알고 있는 경우가 많음에도 그 고의·과실의 입증이 매우 어렵다는 전결법률 관계의 실태를 생각한다면 "담당 직원에게 실질적인 권한을 전부 내준 이상 그 책임도 관리자 스스로 져야 한다"는 제1심, 항소심 판결의 논리에도 일정한 정당성이 있는 게 아닐까?

그런데 최고재판소 판단에 따르면 담당 직원만이 책임을 지게 되는 사태가 발생할지도 모르는데, 실제로는 하급직원일수록 조직에서 일어나는 위법행위를 저지하기 어려운 경우가 많은 점을 생각해볼 때, 윗사람은 책임을 면하기 쉽고 아래 직원은 책임을 면하기 어려운 형태가 된다. 이게 정말 정의에 합당한 것일까 하는 의문이 든다.

전결 책임에 관한 지금까지의 하급심 판례, 학설도 위의 두 가지 생각(본건에 관한 하급심의 판단과 최고재판소의 판단)으로 나뉘어 있었는데, 적어도 본건 하급심의 논리가 주민 편의를 배려하면서 행정 자세를 바로잡기에 보다 적합한 생각이라는 데는 틀림이 없다. 최고재판소의 생각대로라면 관리자는 전결로 권한을 전부 내주기만 하면 "아, 위법행위가 있었는지 전혀 몰랐습니다. 유감입니다"라고 시치미를 떼는 일이 가능해져서 하급직원만 직장에서 쫓겨나고 끝내버리기 쉽다.

여기서 생각할 수 있는 가장 좋은 법률구성은, 장에게 감독 책임을 지게 하되, 그 감독 책임을 게을리 하지 않았다는 사실주장을 입증하지 못하면 책임을 면할 수 없게 하는 것이리라. 하지만 이러한 법률구성은 상당히 과감한 것으로 재판관이 입법을 행한 것이나 다를 바 없다는 비판을 받기 쉽기 때문에 하급심 재판관으로서는 취하기 어렵다.

앞에서 말한 '오사카 부 수도부 회의접대비 반환청구소송' 주민소송이 제기된 것이 1983년이고, 최고재판소 판결이 나온 것이 1991년, 그 후 하급심으로 되돌려 보낸 소송이 어떻게 되었는지는 모르겠으나 아마도 그로부터 몇 년이나 걸렸을 것이다. 주민소송에 대해 "복숭아나 밤나무는 3년, 감나무는 8년 만에 결실을 맺지만, 주민소송은 10년이나 걸리니 도무지 채산이 맞지 않는 사회봉사"라고 말한 학자이자 변호사의 말(아베 교수)도 결코 과장이 아니다.

주민이 이겨도 수장(首長)의 책임은 없다!
―아연실색한 최고재판소의 '채권포기 의결 인정' 판결

이처럼 주민소송도 어렵기는 마찬가지지만 눈에 띄는 성과가 거의 없는 행정소송 가운데서는 그나마 희망이 보였다. 의원이나 수장들의 해외 '시찰'(실제로는 유흥이자, '매춘관광'까지 있다), 거짓 회의 등(앞서 말한 대로 매우 악질), 고액 접대, 거짓 출장, 허위 수당, 공공재산의 염가 매각, 사유재산의 고가 매입(참배길의 사안을 떠올려보시기 바란다), 민간 법인에 파견한 직원 급여의 위법한 부담(공익 법인 등의 일반직 지방공무원 파견 등에 관한 법률 6조 위반), 위법한 보조금 교부, 담합에 의한 부당이익 등이 4호 소송에 의해서 적발, 시정되어 왔다.

그런데 이 4호 소송에 대해 2002년에 큰 문제가 있는 개정(개악)이 행해졌다.

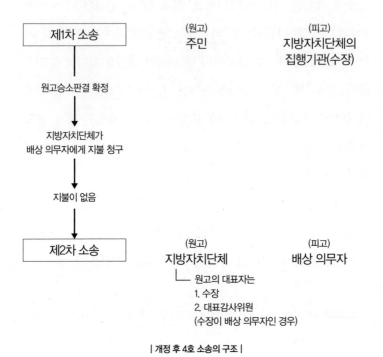

| 개정 후 4호 소송의 구조 |

지금부터의 설명은 상당히 복잡하니 위의 도표를 보면서 읽으시기 바란다.

이 개정은 지금까지 단 한 차례로 끝나던 4호 소송을 두 번으로 나누었다. 즉, 4호 소송에 대해서는 제1차, 제2차 두 번의 소송이 필요해진 것이다. 제1차 소송은 주민이 원고이고 지방자치단체의 집행기관, 즉 수장(예를 들면 시장)이 피고다. 그 주문은 "피고는 위법한 지출 행위를 행한 자에 대해서 ○○엔(손해배상, 혹은 부당이득반환청구금)을 청구하라"는 것이다. 그런데 이 소송에서 집행기관이 패소하면 지방자치단체는 위법한 지출로 인해 제1차 소송에서 배상의무를 지게 된 자에게 지불 청구를 하고, 그에 따른 지불이 없을 경우에는 제2차 소송을 제기해야 한다.

한편 제2차 소송에서 지방자치단체 대표자는 수장이지만 수장이 제2차 소송의 피고인 경우에는 원고의 대표자와 피고가 모두 수장이 되어 이익상반의 관계가 발생하기 때문에 이 경우에는 대표감사위원이 지방자치단체의 대표자가 된다.

그런데 수장이 위법한 지출을 행한 경우에는 제1차 소송의 피고가 수장이 되는 것도 이상하다고 생각할지도 모르겠다. 하지만 이는 행정법 이론으로 보면 상관없는 일이다. 즉, 제1차 소송의 피고는 '집행기관으로서의 수장'이라는 공적인 '기관, 지위'이지 개인으로서의 수장이 아니다. 이처럼 '기관, 지위'와 그 지위에 있는 '개인'을 구분하여 생각하는 것도 행정법·행정소송 특유의 발상인데 법률의 문외한뿐만 아니라 행정법에 그다지 밝지 못한 법률가에게조차도 그다지 이해하기 쉬운 개념이 아니다.

여기서 한마디 덧붙이자면 제1차 소송과 제2차 소송 모두 보통의 소송이기 때문에 당연히 최고재판소까지 다툴 수 있다. 이로 인해서 4호 소송에는 시간이 더욱 걸리게 되었다.

그렇다면 어째서 이렇게 번거롭게 만들었을까? 그 목적은 종전의 4호 소송에서는 직접 피고가 되어야 했던 개인(시장 등)의 소송 부담을 덜어주려는 데 있다.

그 결과 어떤 사태가 벌어졌을까?

개정된 시스템에서 제1차 소송의 피고는 앞서 말한 것처럼 '수장'이라는 공적인 '기관, 지위'이니, 피고는 세금(당신도 내고 있는 세금)으로 변호사를 고용하고 직원까지 동원해서 소송에 대해 만반의 준비를 갖출 수 있게 된다. 그 결과 법정은 '늑대(피고 측) 여러 마리가 한 마리의 병아리(원고 측)를 물고 늘어진' 듯한 상태가 된다(아베 교수).

이 피고('지위'로서의 수장)는 공정중립한 제삼자가 절대 아니기 때문에 지방공공단체 측에 불리한 증거 따위는 절대로 제출하지 않으며 제2차 소송에서도 서로 입을 맞춰서 매우 너그러운 화해를 할 가능성이 있다.

틀림없이 이전 시스템에서는 수장 등의 개인이 직접 피고가 되기 때문에 소송이 남발될 경우 응소(應訴)의 부담이 커진다는 딱한 측면이 있기는 했다. 하지만 그렇다면 지방공공단체가 피고 측에 보조참가 형식으로 참가하는 것을 인정하고 변호사 비용도 부담(물론 개인의 책임이 인정된 경우에는 그 한도에서 개인에게 부담시키는)할 수 있게 하는 식의 개정만 하면 충분했을 것이다(종전 시스템에서도 개인이 승소한 경우에는 변호사 비용을 지방공공단체로부터 상환 받을 수 있었다).

또한 이 개정의 배경에는 개인에게 고액의 배상의무를 지우는 것은 너무 가혹하다는 의견도 있었다. 하지만 그렇다면 예를 들어 가벼운 과실의 경우에는 배상액에 한도를 정하는 등의 개정을 하면 되었을 것이다. 물론 주민소송의 실태를 보면 주민이 승소하기란 쉬운 일이 아니지만, 주민이 승소한 경우를 보면 수장 등의 위법행위가 과실은커녕 악의적이고 고의성에 바탕을 둔 것, 계획적인 '악행'인 경우가 많다. 그런 면에서 민간기업의 수장이 늘 주주대표 소송의 감시에 노출되어 있는 데 비하면 매우 느슨한 상황이었던 것이다.

그런데 이러한 '시장 등의 수장에게 관대하고 주민에게 엄격한' 개정은 큰 부작용을 낳았다. 이 개정 후, 제1차 소송에서 책임을 인정받아 배상의무를 지게 된 수장 등이 의회와 결탁하여 지방공공단체가 가지고 있는 '수장 등에 대한 손해배상 청구권' 등을 포기케 하는 '의회에 의한 채권포기 의결' 문제가 일어난 것이다. 이에 따라서 '주민이 제1차 소송에서 이겨도 수장 등의 채무는 소멸'되는 어처구니없는 결과가 발생했다.

이 채권포기 의결은 지방자치법 96조 1항 10호(의회는 특별히 정한 경우를 제외하고 권리포기 의결이 가능)에 바탕을 둔 것이다. 개정 전에도 이 조문에 근거한 채권포기는 가능했을지 모른다. 하지만 개인이 직접 피고가 되는 종전의 4호 소송에서 패한 '개인으로서의 시장 등'이 의회에 손을 써서 자신에 대한 손해배상 청구권을 포기케 한다는 것은 아무리 낯 두꺼운 정치인이라도 쉬운 일이 아니었으며, 애초부터 그와 같은 일을 생각해낼 사람도 없었을 것이다.

하지만 개정 결과 소송이 2단계가 되어, 제1차 소송에서는 '개인으로서의 수장 등'은 피고가 아니게 되었기에(앞서 말한 대로 '지위'로서의 수장이 피고가 되는 것에 불과하다) 제1차 소송에서 책임을 인정받은 수장 등이 제2차 소송까지의 시차를 이용해서 의회에 그 '자신에 대한 채권포기를 위한 작업'을 하게 된 것이다.

이는 수장 등이 행한 위법행위를 의회가 용납한다는 것을 의미하는데 의회에 그런 권한이 있을지는 누가 생각해봐도 의문일 것이다. 개정에 앞장섰던 지방제도조사회(내각부 심의회 중 하나로 총리의 자문에 응해 지방제도에 관한 중요 사항을 조사·심의하는 것을 임무로 한다. 그런데 그 실태는 주민소송을 규정한 지방자치법을 소관하는 총무성의 일부 국(局)에 가깝다)마저도 2009년 6월의 답변에서 '이와 같은 채권포기 의결은 주민소송제도의 취지를 해칠지도 모르니 이를 제한하는 조치를 강구해야 한다'는 뜻을 밝혔다. 즉, 지방제도조사회조차 '앞서 말한 개정으로 뜻밖의 부작용이 발생했다'고 인식한 것이다.

그렇다면 이 문제에 대해 최고재판소는 어떤 판단을 내렸을까?

놀랍게도 최고재판소는 총무성 의향을 반영하는 행정기관인 지방제도조사회조차 '제한 조치가 필요'하다고 한 채권포기 의결에 대해 의회의 넓은 '재량권'(이미 내가 강조했던 용어다)을 인정해서 '원칙적으로 유효'라는 판단을 내렸다(2012년 4월 23일, 지바 가쓰미 재판장).

이 판례는 최고재판소가 '회피 기술' 중 하나로 자주 사용하는 '제반 사정을 종합적으로 고려하여'라는 일종의 마법의 언어를 사용해가며, 일정한 경우에는 채권포기도 무효가 될 수 있다고 한 것인데, 실제로는 '채권포기는 상당한 이유가 없는 한 유효'라는 판단의 틀임이 명백하다.

다음과 같은 사실관계를 검토해보면 그 점이 분명해진다. 앞서 말한 유형 가운데 '사유재산의 고가 매입'이라는 사안으로 살펴보자. 어느 정(町, 우리나라의 읍에 해당함_옮긴이)에서 정수장 용지로 쓸 토지를 매입한 사안으로, 소유주 A는 이 토지를 경매에서 4465만 엔에 경락받아 땅을 다듬은 뒤 7000만 엔 정도에 팔고 싶다고 말했다. 그런데 정장(町長) B의 친구인 부동산업자의 소개로 (즉, 정장의 연고에 의해 선택된) 부동산 감정사 C가 토지 가격을 2억 7390만 엔으로 감정했고, 이 사실을 안 뒤 A는 매각 가격으로 2억 6500만 엔을 제시했고 정장 B는 이 금액에 의문을 제기하는 목소리가 여기저기서 있었음에도 불구하고 정을 대표해서 A가 제시한 금액에 가까운 2억 5000만 엔에 매매계약을 체결해버렸다. 그런데 부동산 감정사 C는 후에 부당감정을 했다는 이유로 일본부동산감정협회로부터 6개월 회원정지처분을 받았다(이는 매우 무거운 처벌이다).

제1심과 항소심 판결은 정장 B에게 토지의 적정 매매가와의 차액인 1억 2192만 엔을 지불하라고 명령했다. 이 항소심 판결 직전에 의회의 채권포기 의결이 행해졌으나 항소심 판결은 이를 위법, 무효라고 판단한 것이다.

그런데 이 사안에 대해 최고재판소 판결은, 하급심의 판단은 매매 가격의 적절성과 주민소송의 경위 등만을 고려했을 뿐, '제반 사정'을 종합적으로 고려하지 않았기에 부당하다며 이를 되돌려 보냈다. 이는 결국 '제반 사정을 종합적으로 고려하여 본건의 채권포기 의결은 유효하다고 인정하라'는 말과 다름없다(뒤에 언급할 지바 재판관의 보충의견을 보면 채권포기 의결이 무효가 되는 것은 극히 예외적인 경우임이 분명히 기록되어 있다). 참으로 놀랍고 어처구니가 없는 '채권포기 의결 원칙 유효 판결'이다.

이 판결에 대해 변호사, 학자들은 지방의회가 수장 등의 집행기관에 대한 감시기능을 전혀 하지 않는 '대정익찬회(大政翼賛会)*'로 전락한 지방자치 현상에 눈감아버린 것이라며 강하게 비판했다. '근본적 오류'이자 '비상식'(하마 변호사)으로, '종합적 고려의 기준이 어디 있는지 알 수 없기에 실질적으로는 주민소송을 사형시킨 것이나 다를 바 없다'(아베 교수)라는 등의 비판이다. 실제로 반국민적, 반민주적 판결이라고 평가할 수밖에 없다.

이 판결의 재판장인 지바 재판관은 제4장 [1]의 명예훼손 손해배상청구 소송 부분에서 언급한 국회 답변을 했던 지바 가쓰미

---

* 1940~1945년까지 존재했던 일본제국의 관제 국민통합 단일기구. 1940년 제2차 고노 내각이 성립되자 각 정당이 해체되어 무정당 시대를 맞게 되었다. 그 결과 군부, 관료, 정당, 우익 등을 망라한 대정익찬회를 결성. 이후 군부가 주도권을 장악하여 대정익찬회는 행정보조기관으로 전락, 점차 정부 시책을 측면에서 협력해 나가는 보완적, 행정조직적인 성격으로 축소되었다.

민사국장, 바로 그 사람이다.

게다가 지바 재판관은 놀랍게도 그 보충의견에서 채권포기 의결에 대해 "주민소송이 가져온 상황에 대한 의회 나름대로의 대처방법일 것이다"라는 '깊은' 이해를 내보였다.

더욱 놀라운 것은, 스도 마사히코 재판관(변호사 출신)이 본 판결 재판의 큰 틀에는 동조하면서도 "아무리 그래도 이 사안에서는 하급심의 결론이 지지를 얻지 않을까"라고 밝힌 의견에 대해 지바 재판관은 이를 집요하게 비판하고 "스도의 의견은 재판소가 의회의 재량권 행사에 직접 개입하고 있다고 보일 우려가 있다"고 일축했다.

학자 가운데는 자기 마음에 들지 않는 의견을 얘기하거나 논의를 하는 사람에 대해, 술자리 같은 사석에서 끈덕지게 비아냥거리고 불쾌감을 주는 발언을 하는 사람이 있다(안타깝게도 오히려 유명 대학에 많다). 학자의 정신구조적 병리에 바탕을 둔 일종의 '질병'인데 아무리 그런 학자라 할지라도 글로는 그렇게 쓰지 않는다. 설령 있다 해도 아주 드물다. 그러한 생각을 글로 남기면 반대로 자신이 비판을 받게 될지도 모른다는 사실 정도는 잘 알고 있기 때문이다.

그런데 지바 재판관은 이와 비슷한 일을 하필이면 최고재판소의 판결 속에서 행한 것이다. 참으로 놀라지 않을 수 없었다. 이 부분에 대해선 학자로부터도 '특이한 인상을 받은 것은 틀림없이 필자만이 아닐 것이다'라는 큰 위화감이 표명되었다(사쿠라이 게

이코 교수, '가쿠슈인 대학'의 글 가운데서). 어쨌든 스도의 의견에 대한 지바 재판관의 비판이 앞으로 채권포기 의결에 관한 사건을 담당할 재판관들을 움찔하게 만들리라는 점은 쉽게 상상해볼 수 있다.

또한 이 판결에 대해서는 "채권포기 의결이 유효라면 유효, 무효라면 무효라고 분명하게 말하고 근거도 제시해야 한다. '실제로는 거의 유효지만 특별한 경우에는 무효가 될 수도 있다. 게다가 그 기준은 매우 애매하다'라는 판단은 최고재판소 판결에 어울리지 않는다. 참으로 기만적이고 위선적이어서 동감할 수가 없다"라는 또 다른 관점에서의 비판도 있다. 행정법에 대해 잘 알고 있는 전직 재판관의 의견이다.

또 다른 사례 하나. 오키나와 반환 '밀약'문서 공개 사건으로 알려진 사건이 있다. 전 마이니치신문 기자인 니시야마 다키치 씨 등이 정보공개법(행정기관이 보유한 정보의 공개에 관한 법률)에 의거해서 오키나와 반환협정 체결교섭에서 미일 간에 교환한 것으로 알려진 '밀약'문서의 공개를 외무·재무장관에게 청구했으나, 그와 같은 문서는 보유하고 있지 않다는 점을 이유로 공개 불가 결정이 내려졌다. 이에 니시야마 씨 등이 그 결정의 취소와 공개 결정의 의무화 등을 요구한 소송이다.

제1심 판결(도쿄지방재판소 2010년 4월 9일, 스기하라 노리히코 재판장)은 "행정기관이 과거에 문서를 작성, 취득, 보유했다는 사실이 증명되면 그 후에도 그 상태가 계속되었으리라 추인된다"며 원고들의 청구를 인정했다. 항소심 판결(도쿄고등재판소 2011년 9월 29일, 아오야나기 가오루 재판장)은 "통상적인 경우라면 위와 같이 해석해도 좋지만, 본건 문서에 대해서는 그 특수성 때문에 앞에서와 같은 추인을 할 수는 없으며 통상과는 다른 방법으로 폐기되었을 가능성이 있다"며 원고들의 청구를 인정하지 않았다.

일단 작성되었던 행정문서가 현재도 존재하는가 존재하지 않는가 하는 것은 원고들이 알 수 없는 일이며 그 입증은 쉽지가 않다. 제1심은 그 사실을 고려해서 '작성된 사실이 분명한 문서에 대해서는 행정기관에서 그 후에도 보유하고 있다고 추정'해서 원고들을 입증 곤란에서 구제한 것이다. 그리고 항소심도 그 추인의 큰 틀만은 유지했다.

하지만 최고재판소는 항소심에서도 유지한 앞의 추인의 틀조차 채용하지 않고 '문서의 존재에 대해서는 어쨌든 원고들에게 증명 책임이 있다'는 냉담한 일반론으로 원고의 청구를 간단히 물리쳤다(2014년 7월 14일, 지바 가쓰미 재판장). 국민·시민의 '알 권리'에 대한 감각이 부족한 관료적 판결이라고 해야 할 텐데, 이 사건의 재판장도 앞서 밝힌 것처럼 지바 씨였다. 권력옹호적인 그의 태도는 참으로 일관되어 있다고 할 수 있겠다.

어떤 이유에서인지 별로 언론에 보도되지는 않지만 일본의 정치·행정의 실태는 중앙정부든 지방정부든, 주민소송과 관련해서는 아마도 흙탕물에 흠뻑 젖은 걸레 같은 것이리라. 몇 가지 행정소송, 주민소송을 살펴보면 실제로 그 사실을 잘 알 수가 있다. 원칙대로 하자면 그 걸레를 힘껏 짜고 물에 빨아서 깨끗이 하는 것이 사법의 역할일 테지만, 채권포기 의결 원칙 유효 판결로 최고재판소는 국민·시민, 즉 여러분에게서 징수한 세금을 물 쓰듯이 허비하고, 심한 경우에는 실질적으로 착복하고 있는 수장, 의원, 관료들의 행태를 바로잡을 마음이 전혀 없다는 사실을 분명히 한 것이다(이 부분에서는 아베 야스타카 '주민소송개정안에 대한 사소한 의문'(《자치연구》 77권 5호), '주민소송 2002년 개정 4호 청구피고 변경의 오류'(《판례시보》 2100호), 사쿠라이 게이코 '주민소송의 현재'(《자치실무 세미나》 2014년 2월호) 및 하마 변호사의 서적 등을 참고로 했다).

형사·행정·헌법소송에서 재판관들이 과잉반응하는 이유는?

여기서 흥미롭고 이해하기 힘든 현상에 대해 얘기해 보겠다. 형사, 행정, 헌법소송 등에서 보이는 재판관들의 과잉반응에 관한 것이다(헌법소송의 실제에 대해서는 뒤에 이어지는 [2]의 앞부분에서 논하겠다).

예를 들어 억울한 죄에 대해서 살펴보자. 하카마다 사건에서는 증거의 취약성이 명백한 것이어서 무죄가 되어도 검찰, 경찰이 재판소를 비난할 수 없다. 또, 에니와 여직원 살인사건에 대해서도 재심청구에 있어서 검찰의 주장 입증은 사실상 백기를 든 것이나 다를 바 없다고 여겨지던 터라 뜻밖의 청구기각 결정이

나자 변호인단과 기자·저널리스트, 관심을 갖고 있던 학자들은 전율했다.

국책수사에 대해서도 마찬가지다. 《국가의 덫》(제3장 [2]에서 언급한)에 등장한 검찰관의 말에도 드러나듯이 국책수사에 관여하고 있는 검찰관들조차 그 표적이 된 사람들의 실형은 바라지 않는다. 검찰관으로서는 유죄판결로 인해 '시대에 한 획을 긋고 검찰 특수부의 주가가 올라가기만 하면' 그것으로 충분한 것이다. 그럼에도 불구하고 형사계 재판관의 다수파는 희생양들에게 실형을 내려서 그들의 인생을 파괴하기를 서슴지 않는다.

행정소송에 대해서도 마찬가지다. 양심적인 행정관료 가운데는 '재판소가 행정의 부패를 바로잡고 도에 넘치는 행위를 경계하는 것은 긴 안목으로 봤을 때 행정을 위한 일이기도 하다'고 생각하는 사람도 있으며, 실제로 나도 그러한 의견을 들은 적이 있다. '아무리 그래도 채권포기 의결은 무리수이며 법을 악용하는 게 아닐까?'라는 지방제도조사회의 답신도 그 같은 사실을 나타낸다. 또한 평균적인 행정관료들도 행정소송에서 지는 경우는 대부분 부패 중의 부패, 변명할 여지가 없는 사안에 한정되어 있다는 사실을 알고 있기에 그 같은 판결을 반드시 적대시하지는 않는다.

헌법소송에서도 마찬가지여서 예를 들어 제2장에서 언급한 다치카와 반전 전단지 배포사건에 대해서는 검찰 내부에서조차 "아무리 그래도 이런 표적수사는 말이 안 된다. 억지다. 무죄가 되면 불리한 전례가 생길 뿐이니 그만두는 게 좋다"는 의견이 상당히 있었음에도 불구하고 후에 검찰의 수장으로 승진한 어떤 검찰관의 강경한 기소 의견이 관철되고 말았다고 알려져 있다.

이와 같은 재판관들의 과잉반응을 어떻게 생각해야 좋을지, 솔직히 말해서 전직 재판관인 나조차도 잘 모르겠다. 나의 상상력이 미치는 범위를 훨씬 뛰어넘는 것이다. 통치·지배의 한 부분을 담당하고 있다고 자부하는 자들 사이에 싹튼 동료의식일까? 권력에 아부하고 있는 것일까? 그도 아니면 권력의 수호자, 혹은 권력과 시민의 조정자 역할이라도 수행하고 있다고 생각하는 것일까? 혹은 비뚤어진 자부심, '나야말로 권력 중의 권력, 권위 중의 권위. 그러니 나는 권력 이상으로 권력적인 재단(裁斷)을 내려야 한다'는 식의 자아도취적인 의식의 표출일까?

아마도 답은 이 모든 것들이 복합된 것이리라. 제1심 재판관의 경우는 그야말로 과잉반응으로, 최고재판소 사무총국의 눈총을 받을 만한 판결은 쓰고 싶지 않다는 동기가 강하게 작용했던 것이리라. 그리고 제2장에서 주류판매조합 연금사건 판결의 예에서처럼 재판관이 관료 근성을 발휘해서 승소 판결을 내기 싫어하는 예도 많다.

독자 여러분들도 지방자치단체 공무원이 자신의 권한을 과시하듯 그것을 등에 업고 융통성 없는 말을 되풀이하며 진행시켜주지 않아 애를 먹었던 경험이 있지는 않은지? 승소 판결을 내기 꺼려하며 '작은 정의'를 실현하려 하지 않는 재판관들의 심리는 아마도 이 같은 하급공무원의 심리와 비슷한 것이리라. 그리고 고등재판소, 최고재판소로 히에라르키가 올라갈수록 통치자로서의 동료의식, 권력옹호자, 조정자, 그리고 일그러진 자긍심의 발현 등의 요소가 강해지는 것이리라.

어쨌든 이러한 재판관들의 과잉반응의 결과는 권력 측으로부터 재판소 경시, 멸시를 초래하고 있다. 마음대로 해도 나무라는 사람이 없다는 사태는 오히려 '재판관 따위 어차피 그 정도의 무리들. 신경 쓸 것 없어. 우리 멋대로 하자고' 하는 풍조를 불러와 권력·행정 쪽에서도 양식파·양심파는 고립되고, 그렇지 않은 사람들의 준법정신, 준수 감각이 더욱 마비되어 가는 결과를 가져왔다.

한낱 자유주의자인 나 같은 보헤미안 학자가 굳이 이 같은 격한 말을 써야 될 정도로 일본의 사법은 '권력을 감시하고, 사람들의 자유와 권리를 지킨다'는 측면에서는 취약하며, 어정쩡한 태도를 취하고 있고 힘을 쓰고 있지 못하다.

33년 동안의 재판관 경험에 비추어보아 실무는 정직하게만 행할 수 없다는 사실도, 사소한 일이라 할지라도 정의를 관철시키는 판단은 상당한 용기를 필요로 한다는 사실도 너무나 잘 알고 있다. 하지만 아무리 그렇다 해도 일본의 재판소·재판관, 그리고 재판(특히 가치관계 소송의 재판, 보편적인 가치나 정의에 관한 재판)의 현상은 너무나도 한심하고 너무나도 심하지 않나 하는 것이 나의 솔직한 생각이다.

2. 그 밖의 소송 유형

그 밖의 소송 유형에 대해서는 문제점을 간결하게 지적하겠다.

헌법 판례는 벌거벗은 임금님?

헌법소송에 대해서는 우선 최고재판소가 헌법판단을 행할 수 있는 경우를 스스로 매우 좁게 한정해 버렸다는 문제를 가지고 있다. 최고재판소는 특정한 자의 구체적인 법률관계에 관한 분쟁이 있는 경우에만 헌법판단을 행할 수 있다는 부수적 위헌심사제를 취했으며(1952년 10월 8일 대법정 판결, 다나카 고타로 재판장), 또 헌법과 구체적인 사건과의 관계, 즉 '사건성'의 요건을 극히 좁게 해석하고 있다.

독일의 헌법재판소는 추상적 위헌입법심사권을 가지고 있어서 위와 같은 제약 없이 헌법판단을 행할 수 있으며(단, 추상적 위헌입법심사에 대한 신청권자는 연방·주 정부, 연방의회 의원의 4분의 1로 한정되어 있다), 일본과 마찬가지로 부수적 위헌심사제를 취하고 있는 미국에서도 앞에서 말한 사건성의 요건이 실제로는 넓게 해석되고 있기 때문에 연방대법원이 실질적으로 헌법재판소에 가까운 역할을 수행하고 있다.

일본의 최고재판소가 법령 자체에 관해 위헌판단을 내린 것은 '법령은 위헌이지만 선거 자체는 유효하다'는 1표의 가치에 관한 판례(사정판결)를 포함해 1945년 이후 70년 동안 고작 9건밖에 되지 않는다.

또한 최고재판소는 통치행위론, 입법재량론에 근거하여 중요한 정치문제에 대해서는 명확한 판단을 회피하고 있고, 다치카와 반전 전단지 배포 사건에서도 볼 수 있듯이 공공의 복지라는 '납득할 수 없는 개념'으로 인권을 제약하고 있다.

원래 헌법 판례라는 것은 위헌 여부를 판단하는 것이 국제적인 상식이다. 재판소가 국민·시민을 대표해 국가 등의 권력에게 '그렇게 해서는 안 됩니다. 위헌입니다'라고 못을 박는 것이 헌법 판례다. 이것이 '헌법의 수호자'라는 말의 의미이다.

다시 말해서 헌법 판례란 원래 재판소가 권력으로부터 국민·시민의 자유와 권리를 지키는 판례인 것이다. 그것이 세계 표준이다. 따라서 헌법 판례는 명쾌하고 엄격해야 하며 안이한 예외를 두어 기본적 인권을 제약하는 것은 용납되지 않는다. 미국의 대법원은 1989년과 1990년 판례에서 표현의 자유에 있어서 항의 표시로서의 성조기 소각 금지조차 위헌이라고 했다. 미국은 예로부터 자유국가이자 동시에 권력과 시민이 치열하게 대립한 나라였다. 그런 미국에서조차 (혹은 바로 그렇기 때문에) 재판소는 기본적 인권에 관한 영역에 대해서는 단호한 태도를 보인다.

제2장에서 논한 것처럼 일본 최고재판소가 다치카와 반전 전단지 배포 사건에서 사실상 '정치적으로 과격한 사람들의 표현의 자유는 보장하지 않는다'고 판례로써 선언하고, 1표의 가치 관련

사건에서 '위헌상태'라는 이해할 수 없는 카테고리까지 만들어 '국회의원들의 기득권을 지켜드리려는 의도'를 분명히 했다는 사실과 비교해보기 바란다. 이상과 같은 점을 생각해본다면 일본의 최고재판소가 오히려 권력 쪽을 지키는 '권력의 파수꾼'임을 분명히 알 수 있을 것이다.

결론을 말하자면 '일본에 진정한 의미에서의 헌법 판례가 있다고 말할 수 있을지조차 의문'(《절망의 재판소》 133쪽)이라는 것이 지금의 상황이다. 헌법 판례에 있어서 사실 일본의 최고재판소는 '벌거벗은 임금님'이다. 학생들에게서 "선생님, 헌법의 답안을 어떻게 써야 할지 잘 모르겠습니다. 막막해서…"라는 말을 듣는 경우가 종종 있는데, 아마도 이것이 하나의 원인일 것이다.

여러 학설에서는 일본에도 서구 각국과 같은 헌법 판례가 있다는 것을 전제로 헌법을 설명하고 있다. 하지만 사실은 그 전제 자체가 매우 의문스러운 것이다. 일본의 헌법학에서는 미국, 프랑스, 독일 등으로부터 영향을 받은 헌법이론에 의지하면서 그런 나라들의 헌법 판례, 헌법학의 틀이나 지표(指標)를 이용해서, 혹은 그들과 유추·비교하면서 일본의 헌법 판례를 해설하는 경향이 강하다. 하지만 실제로 일본의 헌법 판례는 서구 각국의 헌법 판례와 '전혀 닮지 않은 것'으로, 그런 의미에서 '헌법 판례와 비슷한 것'이라고 부르는 편이 정확한 경우가 더 많다.

예를 들어 미국의 헌법 판례는 사실의 취급에 엄정하고 여기에 적용되는 기준, 지표도 명확하다. 하지만 일본의 헌법 판례는 사실의 취급도 자의적이고 거기에 적용되는 기준도 매우 불명확한 경우가 많다.

한 가지 예를 들어보자. 미국에서는 종교의 자유에 관해서 어떤 법률이 그 목적·효과로 인해 종교의 자유를 억제하는 경우, 혹은 종교와 국가의 과도한 밀착관계를 요구하는 경우에는 위헌이라고 여긴다. 즉, 목적·효과·과도한 밀착관계라는 세 가지 기준은 모두 정교분리원칙 위반을 견제하는 독립된 요건으로, 그 중 어느 하나라도 저촉되면 위헌이 된다(레몬 테스트*라 불리는 기준).

이에 비해 일본 최고재판소의 판례는 레몬 테스트의 세 번째 기준에 해당하는 사항에 대해서 '국가와 종교의 어느 정도의 관계는 피할 수 없다'는 문맥으로 오히려 합헌성을 인정하기 위한 말로 쓰는 경우가 있으며, 기준 전체를 놓고도 목적·효과의 기준, 즉 '사회통념에 기초한 목적·효과 등의 종합적 고려'라는 막연한 인식 때문에 사건에 따라서 자의적으로 취급하기 쉽다. '제반 사정의 종합적 고려'라는 것은 채권포기 의결 시인(원칙 유효) 최고

---

* 미국 로드아일랜드 주의 1969년 급여보충법과 펜실베이니아 주의 1968년 비공립 초중등교육법은 둘 다 주(州)로 하여금 성당에서 운영하는 학교 등 비공립학교에서 비종교적 과목을 가르치는 교사들의 급여를 직접적으로 지원하도록 규정하고 있었는데 이 법규정의 위헌 여부를 묻는 소송이 연방대법원에 올라왔고 연방대법원은 다음과 같은 레몬심사 기준으로 판단하였다.
1. 정부 정책의 목적은 합당한 비종교적, 즉 세속적이야 한다.
2. 정부 정책이 초래하는 결과가 어떤 종교를 향상시키거나 억제해서는 안 된다.
3. 정부와 종교가 지나치게 얽매이게 하는 상황을 조장해서는 안 된다.
만약 3가지 중 하나라도 위반될 경우 정부 정책은 연방헌법 수정 제1조의 국교금지조항에 의해 위헌이라고 하였다.

재판소 판례 부분에서 얘기했던 것처럼 일종의 '마법의 언어'와 같은 것이어서, 실제로는 어떤 판단으로든지 이끌어주기 때문이다. 법률이나 행위의 합헌성·위헌성이 엄격하게 가려져야 할 헌법 판례에서 안이하게 이와 같은 '종합적 고려'라는 기준을 취해서는 안 된다.

다시 말해서 표면상으로는 비슷한 말을 사용했지만(예를 들어 미국 판례의 문장을 표면적인 부분에서는 참고했지만), 실질적으로는 '막연한 기준의 기회주의적 적용'이라는 '비슷한 듯 다른 것'이 되어버린 것이다.

또한 사실의 취급·평가도 그 이상으로 자의적이다. 예를 들어 이런 사안이 있다.

순직한 자위대 간부의 아내(기독교인)가 분명하게 거절했음에도 불구하고 남편이 호국신사(일본 전통 종교인 신도(神道)의 제사 시설)에 합사되어 정신적 고통을 입었다고 주장하며 국가에 배상청구 등 소송을 제기했다. 제1심(야마구치 지방재판소 1979년 3월 22일, 요코바타케 노리오 재판장), 항소심(히로시마 고등재판소 1982년 6월 1일, 에비타 이사오 재판장) 모두 이를 인용했다.

그런데 최고재판소는 자위대 지방연락부 직원이 각지의 순직 자위대 간부 합사 상황에 대해 조회한 뒤 그 결과를 현(顯)의 대우회(隊友會, 사단법인 대우회 현의 지부) 회장에게 열람시키고 대우회의 제사 준칙과 모금계획서의 기안·배포, 모금관리 등을 행해 순직자의 유족으로부터 합사에 필요한 서류를 받은 행위에 대해서 "대우회와 공동으로 합사 신청(종교적 활동)을 행한 것이라고는 말할 수 없다"고 판단했다(1988년 6월 1일 대법정 판결, 야구치 고이치 재판장. 자위대 간부 합사 위헌소송).

하지만 위와 같은 사실관계를 보면 "'지방연락부 직원과 대우회는 합사 실현을 의도하고 역할을 분담·준비해서 최종적으로 대우회의 명의로 합사 신청에 이른 것으로, 지방연락부 직원은 합사 신청의 실현을 위해 필요한 행위를 했으니 본건 합사 신청은 양자 공동의 행위로 볼 수 있다"는 하급심의 사실평가 쪽이 훨씬 더 자연스럽다. 요컨대 '합사 신청이 지방연락부 직원과 대우회의 공동행위라는 사실을 인정하면 원고의 청구를 인용할 수밖에 없지만, 자위대와 호국신사가 관계된 이 사건에서 청구를 인용하면 권력과의 관계상 매우 난처하기에 사실 평가를 왜곡했다'는 것이 명백하지 않을까 싶다.

상식적으로 봐도 자기 신앙생활의 이익에 해를 입었다는 원고의 주장은 옳은 것으로, 이것이 종교자유의 문제가 아니면 대체 무엇이 종교자유의 문제냐고 묻고 싶을 정도의, 그야말로 종교의 자유와 정교분리원칙 위반에 관한 전형적인 사안이다. 이 최고재판소 판결은 정부의 국수주의·보수파 쪽으로 시선이 완전히 쏠린 정치적 판결, 눈치보기 판결이다. 이처럼 최고재판소가 권력 중에서도 특히 국수주의 세력에 따르기 쉽다는 점에도 주의하기 바란다. 대법정 판결조차 이런 형편이다.

이제 이해하셨는지? 외국의 화려한 옷을 입었다고 설명되고 있는 임금님은 사실은 누구라도 외면하고 싶어 할 정도로 뚱뚱하고 추한 몸을 그대로 드러내고 있는 것이다.

일본의 헌법소송이 이처럼 저조한 데에는 헌법과 다른 법률 간의 연속성이 그리 명확하지 않아서 헌법 정신이 각 법에 충분히 미치지 못했다는 점과, 그 가운데 헌법 판단을 적절히 가미할 수 있을 만한 개별적 소송 형식이 적다는 점에도 그 원인이 있다.

지금의 국수주의적 보수 정치인 중에는 무릇 근대 헌법감각이라는 것은 없고 오히려 대일본제국 헌법을 스스로의 정체성으로 삼고 있는 게 아닐까 싶은 사람들까지 있다. 그 결과 헌법 위반이 크게 의심되는 법률이나 조례, 혹은 정부의 행위가 오히려 늘어나고 있다. 예를 들어 특정비밀 보호에 관한 법률(2013년 12월 성립), 헌법 해석의 변경에 의한 집단적 자위권 행사를 인정한 내각회의 결정(2014년 7월, 아베 신조 내각)이 그 분명한 예일 것이다.

특정비밀 보호법, 특히 그 '특정비밀'의 범위가 불명확하다는 점에 큰 의문이 있고, 내각회의 결정도 문제가 크다. 국가의 기본법인 헌법의 공권적 해석을 이처럼 애매한 형태로, 결정적으로 변경하는 것은 근대 법제도의 상식에 반하는 것이다. 이와 같은 행위는 틀림없이 일본의 국제적 신용, 국제적 평가를 크게 해치는 결과를 초래할 것이다.

그럼에도 불구하고 이러한 사항에 대해 사법부의 적절한 감시가 전혀 행해지지 않고 있다. 그것이 현대 일본의 상황이다.

소송유형과 재판관에 따라 결론이 달라지는 국가배상 청구소송

국가배상 청구소송에 대해서는 수해소송(제4장 [2], 《절망의 재판소》 153쪽 이하)과 영조물 책임소송(제2장의 도로변 추락방지용 방호 울타리에 관한 사안)을 예로 들어 논했는데, 간단히 말하면 통치와 지배의 근간(《절망의 재판소》 133쪽)에 저촉되는 유형, 예를 들어 위의 수해소송에서는 재판관들의 최고재판소 편들기, 사무총국 편들기 태도가 두드러졌다.

한편 일반적인 영조물 책임(도로, 공원, 공공건물 등 공적 영조물의 하자에 의거한 책임), 교육관계(학교 사고), 위법수사 등의 유형에서는 예전에 비해 인용되는 예가 많아졌으며, 나도 위와 같은 유형에 대해 몇 건의 인용 판결문을 썼다. 단, 이런 유형에서도 재판관 개개인마다 견해 차이가 뚜렷하다. 재판관이 누구냐에 따라 결론이 달라질 가능성이 큰 유형의 사건임에는 분명하다.

국가배상 청구에서는 그 배상금이 세금에서 지급된다는 점을 생각한다면 모든 사안에서나 인용이 바람직하다고는 말할 수 없다. 하지만 공무원의 행위나 공적 영조물의 이용과 관련해서 일부 국민이 부당한 손해를 입은 경우에는 법과 양심에 따라 그 손해를 회복시켜주는 것이 필요하다. 재판관에게는 적절한 판단을 할 수 있는 비전과 판단력이 요구된다.

나는 퇴임할 때 한 젊은 재판관에게 "마지막으로 한 말씀 해주십시오"라는 요청을 받고 이렇게 답한 적이 있다.

"꽤 오래 전의 일이지만 국가배상 청구소송에 관한 자네의 조사나 의견을 본 적이 있는데, 처음부터 기각 쪽으로 생각하고 원고의 문서제출 명령 신청에 대해서도 역시 처음부터 기각 쪽으로 처리하려는 생각이 있는 것처럼 느껴졌다네. 자네는 우수한 재판관이고 훌륭한 재판장이 될 자질도 가지고 있다고 생각하네만, 특정 유형의 사건에 대해서 처음부터 마음을 정한 듯한 자세를 취하는 것만은 하지 않았으면 좋겠네."

사실 예나 지금이나 우수한 젊은이에게서도 이런 경향을 볼 수 있다. 그러한 견해는 사법연수 기간 중에 사법연수소 교수나 실무 실습에서 재판장 등으로부터 영향받은 것이 아닐까 생각되는데, 커리어시스템의 큰 문제점 중 하나이다. 그리고 안타깝게도 젊은이가 자신의 생각을 갖지 않고 대세에 따르려는 경향이 강해진 오늘날, 그 폐해가 더욱 커진 것이 아닐까 싶다.

미국보다 늦게 시작된 슬랩 소송

슬랩 소송, 영어로 SLAPP은 '공공활동에 대한 전략적 소송(Strategic Lawsuit Against Public Participation)'의 약자인데 슬랩(SLAP), 즉 '찰싹 때리다'는 단어와 의미가 연관되는 것 같다. 국가나 지방공공단체, 혹은 대기업 등의 큰 권력을 가진 자가, 개인의 반대운동이나 고발 등에 대항해 그것을 억제할 목적으로 제기하는 민사소송을 말한다.

미국에서는 상당히 오래 전부터 이런 소송이 문제가 되었다. 예를 들어 대기업이 한 지방에 진출할 때 반대운동을 하는 개인을 목표로 거액의 손해배상 청구를 제기해서 그것을 억누르는 것과 같은 사태를 말한다. 소송이 그 본래의 목적인 '권리의 적절한 표현'이 아니라 '반대자에 대한 위압·공갈'을 의도하고 행해지는 것이 특징이다.

일본의 오키나와에서도 일본 주둔 미군 북부훈련장 헬리콥터 착륙장(헬리패드) 건설에 항의하는 주민·지지자 등의 반대시위에 대해 오키나와 방위국이 '통행방해금지 가처분'을 신청했고, 나하 지방재판소에서 2명에 대한 가처분이 발령된 사건(2009년 12월 11일, 히라타 나오토 재판장)에 대해 슬랩 소송이 의심된다는 비판이 나오고 있다(가처분 후에 제기된 통상 민사소송에서도 지방재판소, 고등재판소에서 1명에 대해 마찬가지 판단이 내려졌다). 그 외에도 원전건설 반대운동에 관여한 개인에 대한 전력회사의 거액 손해배상 청구 등의 예가 있다. 또한 제4장 [1]에서 언급한 명예훼손 손해배상 청구 가운데서도 요즘에는 슬랩 소송의 성격이 강한 것이 상당수 존재한다고 한다.

미국에서는 대다수 주에서 안티슬랩법, 공갈소송 금지법이 성립되고 있는데, 일본에서의 이 같은 움직임에는 크게 경계를 해야 할 것이다. 막강한 권력이나 재력을 가진 자가 반대자의 활동을 봉쇄하기 위해 민사소송을 이용하는 것은 '큰 정의'에 반하는 행위이다. 재판관은 통상 민사소송과 같은 감각으로 이를 쉽게 인정하는 판단을 해서는 안 된다. 슬랩 소송은 법의 기저에 깔린 정의·공평 관념과 신의(信義)의 원칙에 반하는 소송이기 때문이다. 또한 슬랩 소송임이 분명한 소(訴) 제기에 대해서는 소송권을 남용하는 것으로 간주하여 각하하는 것도 생각해볼 수 있는 방법이다(신도 코지《신 민사소송법》265쪽 참조).

너무 높은 담보금, 가처분 명령 내리기를 주저하는 민사보전

나의 전문분야 중 하나인 민사보전(民事保全)소송은 통상민사소송(보전소송의 상대적인 의미로 본안소송이라고 한다) 전에 피고의 재산을 가압류하거나, 토지·건물의 등기나 점유를 원고에게로 고정하거나, 원고 측 이익이나 지위를 임시로 실현하는 등의 절차를 말한다. 특히 임시로 지위를 정하는 가처분(정확히 말하면 그 대부분을 차지하는 가처분 실행) 명령 절차는 절박한 권리침해에 대한 원고 측의 신속하고 강력한 구제수단으로써 매우 큰 의미를 가진다.

그런데 이 민사보전 사건의 신규 접수 건수가 몇 년 사이 계속해서 감소 추세에 있다. 정점을 찍은 1998년 대비 2013년에는 37.2%로까지 격감했다. 민사보전 사건의 신규 접수 건수는 통상소송사건의 동향을 예측하고, 또 재판소에 대한 일반인·기업의 기대치를 나타내는 지수로 여겨진다는 점을 생각한다면 이와 같은 감소 경향은 중대한 사태라고 하지 않을 수 없다.

나는 그 원인 중 하나가, 민사보전 사건에서 원고 측이 공탁해야 하는 담보금이 너무 비싼 데 있다고 생각한다. 이 담보는 보전명령에 따라 피고 측이 입을지도 모를 손해를 위한 담보이다. 피고 측은 향후 보전명령이 부당했다는 사실을 이유로 제기하는 손해배상청구 소송에서 승소하면 이 담보금에서 우선 변제를 받을 수 있다.

그런데 실제로는 이 손해배상청구는 거의 예가 없다. 보전명령에 의해 손해를 입은 피고 측이 이후의 본안소송에서 승소하는 (즉, 보전명령을 얻은 원고 측이 본안소송에서 패소하는) 사태는 그렇게 많지 않으며, 또 손해를 입증하기도 상당히 어렵기 때문이리라.

그렇다면 일본의 민사보전에 있어서 원고 측에 요구되는 피보전(被保全) 권리 등의 증명(소명이라 불린다)의 정도가 상당히 높다는 점, 즉 그렇게 간단히는 보전명령이 발령되지 않는다는 점을 생각한다면, 담보금은 더 낮아도 상관없을 것이다. 나는 지금의 재판소가 설정한 담보 기준(일본의 재판소·재판관의 매뉴얼 지향 체질 때문에 어느 재판소에나 거의 같은 내용의 담보기준표가 존재한다)이 너무 높다고 생각한다.

민사보전에 지식이 있는 나로서도 재판관들이 담보를 필요 이상으로 높게 설정하는 이유를 잘 모르겠지만, 어찌됐든 신청의 장애물을 높여두는 것 자체에서 어떤 의미를 찾으려는 재판관들의 관료적인 자세와, 담보를 높게 설정해두면 신청이 줄고, 특히 문제가 있는 신청이 줄어들기 때문에 재판관의 심사가 편해진다는 자신들의 이익 때문이 아닐까 생각한다(나는 33년 동안이나 재판관으로 있었지만, 이처럼 전체 재판관들의 자세나 사고방식에는 지금도 여전히 이해하기 어려운 부분이 많이 있다).

하지만 권리의 보전·실현이라는 면에서 원고 측에게 매우 중요한 민사보전에 대해 그런 이유로 제한한다는 것은 부당하다. 변호사협회도 이런 문제를 방치해두지 말고 좀 더 적극적으로 다루어야 하지 않을까 생각된다. 최근 사법제도 개혁에도 불구하고 민사소송의 이용이 줄어들고 있는 구조적인 원인을 좀 더 깊이 파헤쳐 생각해볼 필요가 있다고 생각한다.

또한 임시 지위를 정하는 가처분에 대해서 재판관들이 정지·지위보전 등의 과감한 가처분을 내리기를 망설이는 경향이 있다는 사실도 지적해두고 싶다. 과감한 판단을 피하기 위해서 어떻게든 화해나 각하로 매듭지으려는 경향이 매우 강하다.

이러한 가처분명령 절차 심리는 까다로워서 능력 있는 베테랑 재판관이 아니면 잘못된 판단을 할 위험성이 있는 것만은 틀림없다. 하지만 그렇다고 해서 명령을 내리기 싫다는 이유만으로 질질 심리를 끌다가 화해를 강요하거나, 혹은 적당한 구실로 안이하게 각하를 결정해버리는 사태는 당사자에게 강한 불신과 불만을 갖게 한다는 사실을 깊이 생각해야 한다.

3. 재판의 질이 너무나 떨어졌다!

최근 형사뿐만 아니라 민사에 있어서도 코먼센스(common sense), 즉 양식이 결여된 비상식적인 판결이 늘어나고 있다. 이미 상당수의 판결을 예로 들었지만 상징적인 사례를 하나 더 들어보겠다. 치매에 걸린 노인이 가족이 잠깐 한눈을 판 사이에 밖으로 나갔다가 전차에 치인 사건으로, JR이 가족들에게 손해배상을 청구했고 나고야지방재판소(2013년 8월 9일, 우에다 사토시 재판장), 나고야고등재판소(2014년 4월 24일, 나가토 에이키치 재판장)는 그것을 인정했다. 특히 1심 판결이 비상식적이었다.

제1심 판결은 아내뿐만 아니라 따로 사는 장남에 대한 청구까지 인정했는데 참으로 슬프게도 이 재판장 역시 최고재판소 조사관 경험이 있는 사람이다. 이 판결은 치매 환자를 돌보고 있는 가족과 의료관계자를 전율케 했으며 인터넷에서는 "그럼 치매 노인은 방 안에라도 가둬두란 말이냐?"라는 비판의 목소리도 나왔다. 형사에서는 '내일은 당신도 살인범'이지만, 민사에서는 '내일은 당신도 고액 배상 의무자'인 셈이다.

내 느낌에 의하면 예전에는 직업정신이 투철한 중간층 재판관들조차도 이와 같은 판결은 하지 않았던 것 같다. 무리가 되지 않는 정도의 낮은 금액에 화해를 권고하고 당사자들이 받아들이지 않으면 '주의의무 위반을 인정하기는 곤란하다'며 기각했을 것이다. 이러한 사안에서는 철도회사도 채권이 성립된다고 볼 수 있어 주주로부터의 추궁 등을 고려해 일단 소송을 일으키기는 하지만, 승패에는 연연하지 않는다는 것이 본심이라 여겨지기에 기각 판단을 내려도 실제로 상처를 입을 자는 아무도 없기 때문이다. 따라서 인용 판결로 좋지 않은 선례를 만들 필요까지는 없다.

이러한 판결로 치매 노인을 돌보려는 친족이나 시설이 감소해 버리는 위축효과, 파급효과도 생각해야 할 것이다(항소심 판결은 장남에 대한 청구는 인정하지 않고 아내에 대한 인용액도 절반으로 하는 등 어느 정도 배려를 했다. 그런 의미에서는 화해적인 판결이라고도 할 수 있다).

이러한 사고는 약자 보호를 위한 사회적 시스템이 제대로 기능하지 않기 때문에 일어난다. 아버지가 돌아가신 후 심신상태가 좋지 않았던 어머니를 요양원으로 모셨을 때 내가 느꼈던 것은, 일본 사회는 그야말로 '돈만 있으면 무엇이든 다 할 수 있다'는 것이었다. 일본에서는 고액의 요양원에 들어갈 만큼의 돈이 없으면 심신이 병든 사람의 노후는 매우 가혹한 것이 되며, 간병하는 가족이 모든 부담을 떠안게 된다. 어머니의 경우는 마침 아버지의 부동산을 처분한 대금과 저축한 돈으로 그럭저럭 요양원에 들어갈 수 있어 다행이었지만 그렇지 않았다면 어떻게 되었을지, 지금 생각해도 식은땀이 난다.

예전의 직업정신이 투철한 재판관들이었다면 최소한 '아무리 그래도 이 철도회사의 청구를 인용하는 것은 상식에 반하는 일이다'라는 사실은 알고 있었을 것이다. 대다수 재판관들도 그 정도의 양식, 사회에 대한 희망은 가지고 있었다. 사회의 폐해에 대한 모든 책임을 재판을 통해 약자에게 떠넘기는 것은 누가 봐도 정의·공평의 원리에 반하는 것이기 때문이다.

그리고 이것은 재판관이 당사자의 시점에 서서 재판을 진행하고 있는가 하는 문제이기도 하다. 나는 재판관 시절 후배들이 판단에 애를 먹고 있는 사건으로 상의를 해오면 사실인정과 법률론에 대해 조언을 한 후, 마지막에 이렇게 덧붙인다.

"자네 자신이 이 사건의 당사자라면 판결에 대해 불만은 있지만 그렇게 판단하는 것도 어쩔 수 없는 일이라고 받아들일 수 있을지, 아니면 도저히 승복할 수 없다고 생각할지, 마지막에는 그에 따라서 판단을 하면 어떻겠나?"

이처럼 마지막에는 당사자의 시점에서 판단하면 비상식적인 판결만은 피할 수 있다. 치매 노인의 전차 사고 건 경우로 말하자면 인용판결이 내려지면 피고는 도저히 승복할 수 없다고 생각할 것이지만, 기각판결이 내려지면 원고는 불만이야 있겠지만 그렇게 판단하는 것도 어쩔 수 없는 일이라고 받아들이리라는 점은 쉽게 상상해볼 수 있다.

일본 사회가 한편으로는 섬세한 마음씀씀이를 보이지만 다른 한편으로는 소수자에 대해 매우 잔혹한 반응을 보이는 경우가 있는 것도 틀림없이 이러한 현상(공감능력과 상상력의 결여)과 관계가 있을 것이다. 그 소수자가 도저히 받아들일 수 없는 심한 말과 행동을 하고 있지는 않을까 하는 관점에서 스스로를 바라보는 시선이나 상상력이 결여되어 있기 때문에 양심의 고통조차 없이 잔혹한 말, 심한 말을 하게 되는 것이다.

그리고 재판소에 대해 얘기하자면 예전에는 직업정신이 투철한 중간층 재판관들도 어느 정도 가지고 있던 이 같은 공감능력이나 상상력을 지금의 다수파 재판관들은 거의 잃어버린 듯한 느낌이 든다.

2000년대 이후 급속도로 재판관의 수준이 저하된 것을 한탄하는 이유 중 하나는, 바로 이러한 사태 때문이다. 이들 판결에는 경제지 기자도, 요양원 직원도, 가족법학자도, 헌법학자도 하나같이 놀라움을 감추지 못했다. 일본의 재판소는 그와 같은 판단을 당당히 내리는 기관이 되어버렸다.

간혹 베테랑 변호사들로부터 심리재판의 전반적인 질적 저하를 한탄하는 목소리, 분노의 목소리를 들을 수 있다. 그것을 요약하면 다음과 같은 내용이다.

"예전의 법정에는 긴장감이 있었다. 변호사는 재판관의 심증이 자신에게 유리하든 불리하든 재판관의 말에는 유심히 귀를 기울였으며 실제로 '음, 참으로 옳은 말이다', 혹은 '듣고 보니 그럴지도 모르겠군…'하며 여러 가지로 생각하게 하는 장면도 많았다. 또한 재판관도 당사자의 말을 귀담아 듣고 분쟁의 본질이나 배경에 대해서 잘 헤아린 다음 적당한 해결을 고심하는 자세를 갖고 있었다. 그랬기에 화해든 판결이든 그 결과를 납득할 수 있었다. 그런데 요즘에는 그런 경우가 거의 없다. 재판관은 소송기록조차 제대로 읽지 않으며 화해로 얼른 사건을 해치우겠다는 태도를 노골적으로 드러낸다. 그런 식이기 때문에 판결에도 형식적인 얄팍한 내용만 적혀 있을 뿐이어서 패소한 경우는 물론 승소한 경우에도 판결 내용에 감탄할 만한 부분은 대체로 사라져버리고 말았다."

특히 예전의 양식파 재판관이었던 변호사들의 한탄의 목소리가 높다《절망의 재판소》 223쪽 이하). 게다가 학자들도 최고재판소 판결을 포함한 판결 전반에 대해 이론적인 면에서 취약해지는 경향을 지적하고 있다. 최고재판소 조사관이 집필하는 판례해설도 마찬가지다.

그것은 아마도 우등생의 전반적인 질적 저하라는 문제와 관련이 있을 것이다. 그 점에 대해 언급한 한 저널리스트의 말을 인용해보겠다.

"같은 우등생이라고는 하지만 옛날의 우등생과 지금의 우등생은 꽤나 큰 차이가 있는 것 같다는 느낌이 듭니다. 직업상 다양한 사람들을 만나는데 저보다 열 살 이상, 50대 중반부터 그보다 연상인 사람들은 각각 처한 입장이나 사고방식의 차이는 있지만 역시 배경지식이나 교양, 비전 같은 것을 갖고 있는 경우가 많습니다. 그런데 저와 비슷한 나이, 즉 40대 초반 이하를 보면 그런 것을 하나도 가지고 있지 않은 경우가 많습니다. 바꿔 말하자면 '성적만 좋았던 조금 이상한 사람'입니다. 그건 참으로 안타까운 일입니다."

이 말에는 어느 정도 진실이 담겨 있다고 생각한다. 내가 봐온 사람들만 해도 중견이나 젊은 세대에서는 예전에 비해 우등생은 곧 사려 깊은 사람, 그런 의미에서 우수한 사람이라는 등식이 성립되지 않는 경우가 많다. 그만큼 사려 깊은 사람의 숫자가 적어졌으며, 사회 여러 곳으로 흩어져버린 듯한 느낌을 받는다.

요즘의 젊은 판사보들의 특징은 예전에 비해 아무래도 재판관으로는 보이지 않는 평범한 젊은이라는 인상이 강하다. 이것은 그냥 그런가보다 하고 넘어갈 일이 아니다. 우등생의 질적 저하가 뚜렷해진 상황에서 학생 신분에서 재판관으로 직행하는 사람들의 질적 저하가 일어나는 것은 너무나도 당연한 결과이기 때문이다.

나도 대학에서 가르치고 있지만 요즘 젊은이들은 좋은 의미에서든 좋지 않은 의미에서든 천진하고 어린아이 같다. 그것은 어느 대학에서나 공통된 경향인 듯하다. 거기에는 물론 좋은 부분도 있다.

하지만 그러한 현대의 젊은이들이 그 상태 그대로 단번에 '사람을 재판하는' 세계로 들어서게 되면 컴퓨터 소프트웨어나 자동판매기에서 누르면 나오는 것 같은 조악한 재판이 속출하는 결과를 낳기 쉽다. 안타까운 일이지만 요즘 젊은 재판관들의 판결문을 읽어보니 그러한 사실을 부정하기 어려웠다. 그런 의미에서도 커리어시스템은 그 존립기반을 점점 잃어가고 있다.

이와 같은 젊은 재판관들의 질적 저하에 대해서는 미국에 체류하는 변호사(일본인)로부터도 들은 적이 있다. 그는 미국에 유학 온 판사보의 생활을 돌봐주는 자원봉사를 하고 있었는데 그의 말을 소개해보겠다.

"요즘의 판사보들은 자신이 적극적으로 활동하거나 정보를 모으려는 패기를 잃었습니다. 예전과는 달라도 너무 다릅니다. 또한 '판결은 대체적으로 적당히 얼버무리면 그만입니다'라는 등, 젊은이답지 않은 말들을 툭 내뱉곤 해서 놀라는 경우가 있습니다. 《절망의 재판소》가 출간되었다는 사실을 알고 얼른 구해다 읽어봤는데 '아아, 역시 그랬구나…'하고 깊이 깨달은 바가 있었습니다."

이와 관련해서 최근의 새로운 경향이라 일컬어지는 것은 '젊은 재판관들의 베끼기 판결의 증가'다. 이쪽에서 저쪽으로 서로의 의견을 전달만 할 뿐 자기 나름대로의 의견을 제시하거나 당사자를 설득하는 일도 전혀 하지 못하고, 따라서 화해조차 성립시키지 못하는 젊은 재판관이 판결문을 쓰려 해도 쌍방의 주장을 곱씹어서 입체적으로 정리하지 못하기 때문에 결국은 자신이 유리하다고 생각하는 한쪽 당사자의 준비서면(민사소송규칙 3조 2항에 의거해 당사자에게 제출받은 전자문서)을 복사, 붙여넣기 해서 그대로 베긴 판결을 쓰기에 이른 것이다. 변호사 가운데는 그러한 사실을 꿰뚫어보고 가능하면 판결문에 가까운 형식(베끼기 쉽게)에 맞춰 최종 준비서면을 쓰는 사람까지 있다고 한다. 그리고 젊은 재판관들은 유명 대형 로펌의 주장에 이끌리는 경향도 강하다고 한다. 예전이라면 생각할 수도 없는 일이었다.

이러한 경향에 대해서는 나도 짐작 가는 바가 있다. 재판관 시절의 마지막 7, 8년 동안 그야말로 베끼기 판결밖에 쓰지 못하는 신임 판사보, 주문(主文)의 기재조차 곳곳에 잘못된 형식이 드러나는 신임 판사보, 소송법에 대한 이해가 재판소 서기관의 평균 수준에도 못 미치는 신임 판사보가 늘어나고 있었기 때문이었다. 그들이 단독으로 민사재판을 행하게 되면 베끼기 판결밖에 쓰지 못하는 것은 너무나도 당연한 일이다.

예전에 민사계의 유력 지방재판소장들은 이러한 젊은 재판관을 보면 설득해서 형사계로 전임시키곤 했다. 형사판결의 대부분을 차지하는 유죄판결은 뻔한 형식만 지키면 쓸 수 있어서 재판관의 그런 흠결은 그다지 눈에 띄지 않기 때문이다. 이러한 사실이 다시 형사계 재판관들의 질적 저하를 불러왔다(《절망의 재판소》 86쪽).

또한 재판관의 질적 저하, 도덕성 결여를 상징하는 다음과 같은 사건도 있었다.

한 민사소송에서 결심 예정 기일에 피고(변호사는 선임하지 않았다)가 새로운 주장을 하고 싶다고 말했다. 그러자 재판관이 화를 내며 다음과 같이 응답했다.

"이제 와서 그런 주장을 하는 건 곤란하다. 오늘 결심(結審)할 예정이었다."

"당신의 심리가 마무리되지 않아 나는 상사로부터 야단을 맞았다. 언제까지 재판을 할 생각이냐? 나의 좌천에 대한 이야기까지 나왔다. 나의 장래에 영향을 줄지도 모른다." (발언 내용은 뒤에 서술할 국가배상 청구소송 제1심 판결 사실인정 원문 그대로이다.)

이 피고는 소송이 끝난 후 그 재판관에 대해 위자료 등을 요구 하는 국가배상 청구소송을 제기했다.

국가배상 청구소송의 제1심 판결(나가노 지방재판소 이이다 지부 2014년 1월 30일, 가토 가즈요시 재판관의 단독 판결. 가토 재판관은 폭 언을 한 재판관과 교체되어 이이다 지부로 부임한 재판관이다.)은 위자 료로 3만 엔을 인용했고, 항소심 판결(도쿄 고등재판소 2014년 5월 29일, 미와 가즈오 재판장)은 원판결을 취소하고 청구를 기각했다. 재판관의 폭언이 있었던 지난번 소송에서는 결국 새로운 기일이 지정되어 피고에게 추가 입증의 기회가 주어졌는데 그 사실을 어떻게 평가할 것인가, 하는 점이 판단의 갈림길이 되었던 것이 리라.

이들 판결의 결론에 대한 옳고 그름은 차치하더라도 재판관의 폭언에 대해서는 두 번의 판결 모두 부적절하다고 말하고 있으니 거기에는 이론의 여지가 없을 것이다. 결심 예정 기일에 새로운 주장을 하겠다니 재판관의 감정이 흔들린 것도 이해가 안 되는 바는 아니지만 공개법정에서의 재판관의 발언치고는 너무나도 거칠었다. 폭언의 내용도, 그와 같은 사실관계(심리가 늦어져 상사로 부터 야단을 맞았다는 등)가 실제로 있었는지는 모르겠지만 무심결 에 내뱉은 실언으로 지금의 재판소 상황, 재판관이 처한 상황, 그 의식과 도덕성 저하를 추측케 하기에 충분하다. 전직 재판관으로서 참으로 안타까운 일이다.

솔직히 말해서 《절망의 재판소》를 저술할 때만 해도 나의 분석이 충분히 근거가 있는 하나의 견해라고 생각했었지만 이 책에 기록한 것만큼이나 그 실상이 심각하다는 사실까지는 충분히 인식하고 있지 못했다. 이 책을 쓰기 위해 조사와 연구를 거듭해갈수록 재판 각 분야의 질 저하가 심각하다는 점을 알게 되어 너무 놀랐다는 것이 솔직한 심정이다.

나는 대학에 적을 두고 있는 동안에는 연구, 교육, 집필에 전념하고 싶었기에 변호사 등록을 하지 않았지만, 만약 변호사 활동을 하고 있었다면 《절망의 재판소》에 그치지 않고 《'끝 모를' 절망의 재판소》를 써야 했을지도 모른다는 생각이 든다. 다시 말해서 '커리어시스템의 실질적 붕괴, 사법 붕괴'(《절망의 재판소》230쪽 이하)는 이미 시작되었을지도 모른다는 말이다.

CHAPTER 6

화해의 기술은
속임수와
협박의 기술?

— 국제표준에서 벗어난 화해의 실상과 그 속사정

민사소송에서 화해의 중요성

민사소송에는 화해가 늘 따라다니는데 이는 어느 나라에서나 마찬가지다. 유죄 아니면 무죄, 둘 중 하나를 택할 수밖에 없는 형사와는 달리 민사 분쟁은 상호간에 타협의 여지가 있는 경우가 많으며, 또 적절하고 적정한 화해라면 내용 면에서도 절차 면에서도 당사자에게 나름대로의 만족을 줄 수도 있기 때문이다.

하지만 일본 재판소에서 행해지는 화해의 실태에는 상당한 의문이 있다. 《절망의 재판소》(147쪽 이하)에서도 문제점의 개요, 특히 화해의 강요·강압이라는 측면에 대해 간략하게 언급했는데 이번 장에서는 일본에서 행해지는 화해가 어떤 점에서 어떻게 문제가 되는지에 대해 더욱 깊이 분석해 보겠다.

아마도 민사사송에서는 본격적으로 다투는 사건의 3분의 2 정도가 화해로 끝날 것이다. 그런 점을 생각해본다면 화해의 실태는 기업이나 비즈니스맨은 물론 일반 독자에게도 중요한 정보가 되리라 생각한다.

재판관은 소송의 어느 단계에서도 화해를 권할 수 있다. 물론 화해를 여러 차례 행하는 것도 가능한데, 실제로도 주장정리 및 서증(書證) 제출이 대부분 끝난 단계, 그리고 증인과 당사자 본인의 심문이 끝난 단계에서 2차례 화해가 시도되는 사건이 상당히 많다(물론 첫 번째 단계에서 화해가 성립되는 사건이 더 많다). 또한 화해의 방식에 일정한 형태나 제약은 없으며, 그런 의미에서 재판관에게 위임하는 형식으로 재량이 인정되고 있다.

당사자 본인은 주장정리 절차에는 별로 출석하지 않기 때문에 (민사소송의 주장정리는 법률적 전문성이 높기 때문에 본인은 알기 어려운 경우가 많다), 본인이 재판관과 접할 기회는 대체로 화해 때나 당사자 본인 심문 때로 한정된다. 심문이 법정에서의 엄격한 절차임을 생각한다면 본인이 재판관을 상대로 직접 이야기를 나눌 기회는 사실상 화해의 자리밖에 없다고 하는 편이 옳겠다.

일본의 재판관이 행하고 있는 화해에는 여러 가지 기술과 방법이 있다. 그 중에서 비교적 문제가 적은 부분은 '화해의 기술' 등의 책이나 논문으로도 나와 있으며 나도 저술한 적이 있다(《민사소송 실무·제도 요론》).

하지만 재판관들이 비공개 연구회 등에서 듣거나, 재판장이나 선배로부터 전수받는 '비법'인 '화해의 테크닉'이 있는데, 그러한 것들은 책에 기록된 적이 없다. 이번 장에서는 그러한 기술에 대해 내가 알고 있는 것을 적어보기로 하겠다.

우선 정통적인 화해의 기술로 나 자신의 테크닉을 공개하겠다. 일본에서 일반적으로 행해지는, 재판관이 번갈아가며 한쪽씩 당사자에게 화해 이야기를 하는 형식(교차 면접형)을 전제로 말해보겠다.

우선 어느 쪽 당사자의 얘기를 먼저 들을까 생각한다. 여기에 일반적인 원칙은 없다. 승소 가능성이 높은 쪽으로 할지 낮은 쪽으로 할지, 지불해야 하는 쪽으로 할지 지불받는 쪽으로 할지, 강경한 쪽으로 할지 유연한 쪽으로 할지, 자신의 주장에 대해 더욱 검토를 해달라고 좀더 강하게 요구한 것은 어느 쪽인지 등의 사항을 종합적으로 판단해서 직감으로 결정한다. 이 판단은 화해의 흐름을 원활히 진행 데 있어서 매우 중요하다.

화해에 들어가는 경우에는 사건에 대해 상당히 명확한 심증을 가지고 있다. 그런 심증을 갖기 전에는 비록 한쪽 당사자가 요청한다 할지라도 화해 권고를 하지 않는다. 분명한 심증도 없이 화해를 이끌어간다는 것은 어려운 일이어서 이른바 '표류형 화해'가 될 것이 불 보듯 뻔하기 때문이다.

따라서 재판관은 처음부터 자신의 화해안을 반드시 가지고 있다. 하지만 초기 단계에서는 제시하지 않는 것이 원칙이다. 재판관이 내놓는 화해안이기에, 일단 제시하면 크게 바꾸는 것이 적절하지 않으며, 만일 바꾼다면 당사자의 신뢰를 잃을 가능성이 있기 때문이다. 당사자가 초기에 화해안 제시를 요구하는 경우에는 "제가 화해안을 제시해도 상관은 없습니다만, 제시하면 거기에 따를 의향은 있습니까?"라고 먼저 묻는다. 대부분의 경우에는 "우선 재판관님의 의견을 들어보고 (거기에 따를지) 생각해보겠습니다"라고 답하는데 "그럼 조금 더 있다가 말씀드리겠습니다"라고 말한다.

그리고 쌍방에게 순차적으로 증거에 의거해 불리한 사정을 설명하고 반론이 있는 경우에는 그에 답한다. 유리한 사정에 대해서는 이쪽에서 먼저 꺼내지는 않지만 당사자가 그것을 얘기할 경우에는 솔직하게 답한다.

나의 경우에는 어디까지나 심증을 축으로 한, 그런 의미에서는 이론적 요소가 강한 화해이기 때문에 딱 한 번은 어떤 내용이든 무조건 당사자 본인의 얘기를 듣지만, 그 이후부터 당사자 본인은 밖에서 기다리게 하고 변호사와만 얘기하는 경우가 많았다. 변호사보다 당사자 본인에게 설명하는 것이 훨씬 시간이 걸리기 때문에 변호사에게 설명하도록 하는 것이다. 물론 변호사가 "본인도 같이 듣게 해주십시오"라고 요청하는 경우에는 그렇게 했다.

부연해서 설명하자면, 예를 들어 내가 100 가운데 50이라는 화해안을 가지고 있다면 쌍방의 안을 조금씩 거기에 좁혀간다. 그 대목에서 어느 정도의 협상을 한다. 즉, 불리한 사정을 얼마간 강조하기도 하고, 또 반대 측 주장을 어느 정도 강조해서 전달하기도 한다. 그렇게 하면 원고 측이라면 마지막에는 '이건 40 정도가 한계이겠군' 하는 느낌을 갖게 된다. 그 단계에서 "50 정도면 어떻겠습니까?"라고 물으면 "그 정도면 되겠습니다"라고 원활하게 화해가 성립된다.

나는 재판관 재직 마지막 10년 정도에는 이와 같은 협상을 1회에 10~30분 정도 걸려 대체로 두 번째에서, 늦어도 네 번째쯤에는 화해를 성립시켰지만, 그래도 성립되지 않는 경우에는 화해를 중단했다.

또한 특정 변호사가 우수하고 믿을 만하다고 생각되는 경우에는 처음부터 심증을 솔직하게 얘기하는 경우도 있었다. 그런 경우 대부분은 그쪽이 승소이기 때문에 "제 심증으로는 승소인 듯합니다만, 만약 화해를 한다면 금액과 분할지불 방법에 대해 어디까지 타협 가능합니까?"라고 물었다. '이길 것이 명백한 쪽에게 이긴다고 말하면 화해는 성립되지 않는다'라고 말하는 재판관도 있지만 내 경험에 의하면 그럴 일은 전혀 없다.

오히려 이길 것이 명백한 당사자에게 이러쿵저러쿵 트집을 잡아봐야 재판관의 능력·성실성에 대한 의문만 품게 하는 경우가 많다고 생각한다. 민사소송에서는 완전 승소를 해도 피고의 재산을 확실하게 포착한다고 장담할 수 없고, 또 강제집행에는 돈과 시간도 들기 때문에 그 부담과 불확실성이라는 리스크를 피하기 위해 어느 정도 타협을 하는 것이 흔히 있는 일이기 때문이다.

나의 경험에 의하면 완전 승소라 할지라도 80%까지는 타협하는(금액을 낮추는) 당사자가 많았다. 이는 변호사나 당사자 본인도 '재판관은 이길 거라고 말했고, 그리고 판결까지 가도 상관없다고 말한 뒤 화해라는 방법도 있다고 했으니, 그와 같은 재판관이 권하는 화해라면 응하기로 하자'는 생각이 들기 때문이 아닐까 싶다. 이처럼 비교적 투명한 자세로 화해를 진행하면 합리적이고 이치에 맞는 일처리를 중요시하는 변호사·본인과의 화해는 매우 빠르게 진행된다.

화해를 주특기로 하는 재판관의 유형

이번에는 화해를 주특기로 하는 재판관의 2가지 유형에 대해 살펴보겠다. 첫 번째 유형은 '공감강요형'이고 두 번째 유형은 '인내형', 혹은 '장시간 회유형'이다.

'공감강요형' 재판관은 경쟁심이 매우 강하다. 자신의 의견에 절대적인 자신감을 가지고 있어서 '이렇게 하는 수밖에 없지 않겠어?'라는 투로 자신의 화해안을 강하게 밀어붙이며, 당사자가 제시하는 안에 대해서는 '그건 아마도 힘들 겁니다'라는 식의 냉담한 말을 하는 경우도 있다. 따라서 사실상의 공감, 강요, 강압을 행하는 경우도 많다.

또한 압박하는 정도가 심해서 화해가 성립된 이후에라도 당사자가 '역시 납득할 수 없다'고 생각해 "화해 무효에 따른 변론을 재개해주십시오"라는 신청을 하는 경우도 보통의 재판관들보다 훨씬 많아진다(물론 이와 같은 신청이 받아들여지는 경우는 거의 없다).

이런 유형의 재판관들의 화술은 기본적으로 취조하는 형사들과 같아서 적당히 으르기도 하고 엄하게 꾸짖기도 하고 살살 달래기도 해가며 당사자를 심리적으로 궁지에 몰아간다. '어느 재판소에 가나 늘 화해율 1위'라거나 '화해의 신, 화해의 여왕'이라고 자칭, 혹은 추종자들이 치켜세우는 재판관들은 거의 틀림없이 이 유형에 속한다.

당사자가 재판관과 궁합이 잘 맞는 경우에는 재판관에 대한 반응이 매우 좋지만, 그렇지 않은 경우에는 그야말로 '강요, 강압'이라고 느끼게 된다. 이런 유형의 재판관 아래서 억지로 화해할 수밖에 없었던 초로의 변호사가 복도로 나오자마자 "제길! 저 풋내기, 가만두지 않겠어!"라고 큰 소리로 분노를 표출하는 것을 본 적이 있다.

그리고 이것은 최근의 예인데, 한 사무총국계 엘리트 재판관이 화해가 잘 진행되지 않자 매우 흥분해서 "화해할 마음이 없나요? 그럼 나도 모르겠습니다!"라고 말하며 기록을 책상에 집어던지고 자리에서 나가버렸다거나(그 때문에 재판소에서의 화해가 성립되지 않아 당사자는 어쩔 수 없이 판결 후에 소송 이외의 화해 협상을 계속했다), 역시 같은 재판관이 다른 사건에서 거의 마무리 단계까지 왔는데 당사자 본인이 타협을 주저하자 "이제 재판소는 더 이상 화해를 주선할 마음이 없어! 지불할 거야, 말 거야? 지불하지 않겠다면 나도 더는 몰라!"라고 당사자 본인에게 소리를 질러 "지불하겠습니다"라는 대답을 받아냈다는 얘기를 변호사로부터 들은 적이 있다.

두 번째 유형, 즉 '장시간 회유형' 재판관은 적어도 겉보기에는 온화한, 혹은 호감을 주는 타입으로 보인다. 물론 실제로 그런 경우도 종종 있다. 이러한 유형의 재판관은 화해의 자리에 당사자도 반드시 동석시킨다. 그리고 당사자 본인의 말을 넋두리까지 포함해서 끝까지 참고 들어준다. 그러다 어느 단계에서 자신의 화해안을 제시하고 나면 그 후로는 당사자가 무슨 말을 해도 응, 응 고개를 끄덕이다가도 "하지만 말입니다, 그래도 역시 이 안밖에 없습니다. 이게 당신을 위한 길입니다"라고 끈질기게 설득한다. 이런 유형의 재판관이 똑같은 설명을 몇 번이고 지치지도 않고 되풀이하는 모습을 보고 성격 급한 나는 정신이 혼미해지는 느낌을 받은 적도 있었다.

한번은 내가 이러한 유형의 재판관에게 "이야, 감정적으로 뒤얽힌 그 복잡한 사건에서 화해 성립이라니… 정말 대단하네요. 놀랐습니다"라고 말했더니 "하지만 저는 세기 씨의 10배 이상이나 시간을 들이고 있는걸요"라고 답한 적이 있었는데 틀림없이 그의 말대로였다.

하지만 내 느낌으로는 한 번에 1시간 이상이나 걸리는 화해를 10회 이상이나 끝도 없이 계속하는 것은 좀 심하다는 생각이 들기도 한다. 그러나 이런 유형의 재판관은 '분쟁은 화해로 해결하는 것이 최선'이라는 신념을 가지고 화해를 권하고 있으며, 또 당사자들도 결국에는 납득하는 경우가 많으니 나와는 사고방식이 다르기는 하지만 일본적인 화해 형식 중 하나로는 괜찮을 수도 있겠다는 생각도 든다.

물론 괜찮다고 한 것은 어디까지나 재판관의 식견이 높고 사건에 대한 견해가 분명하다는 것을 전제로 한다. 그렇지 않은 경우에는 이것도 역시 버티기형 강압 화해가 되어버려 당사자에게 불만과 불신을 남기게 된다.

이 외에도 예전에는 '설·추석 타입'이라고 이름 붙이고 싶을 정도로 독특한 화해를 행하는 재판관도 있었다. 당사자 본인과 서민의 눈높이에서 잡담까지 섞어가며 이런저런 이야기를 나누다가 마지막에 "자, 조금 있으면 추석도 되고 하니, 당신도 언제까지 이렇게 싸우기보다는 이쯤에서 기분 좋게 화해하고 홀가분한 기분으로 조상님들 차례를 지내시는 게 어떻겠습니까?"라는 식의 말을 건넨다.

'무슨 소릴 하는 거야. 한심하기는…'이라고 생각하며 듣고 있자니 놀랍게도 정말 그것으로 화해가 성립되어버렸다. 제삼자인 내가 듣게 된 까닭은, 옛날에는 청사가 좁고 화해실이 부족해 여러 명의 재판관들이 함께 집무를 보고 있는 재판관실 소파에서 화해를 진행하는 경우가 상당히 많았기 때문이다. 지금도 청사가 오래된 재판소에서는 그렇게 하고 있다.

따라서 이런 유형의 재판관들은 추석이나 설을 앞두고 화해율이 단번에 상승한다. 하지만 요즘 들어 이런 '전략'은 잘 통하지 않게 된 듯하다.

화해의 기술은 속임수와 협박의 기술?

이상과 같은 재판관의 화해기법 유형을 보면 알 수 있듯이 '교차 면접형' 화해에서 핵심 기술은 '재판관이 가지고 있는 정보나 심증을 투명한 형태로는 당사자에게 제공하지 않는다'는 데 있다. 하지만 이와 같은 화해에서 정의를 담보하기란 어렵다. 왜냐하면 그것은 기본적으로 재판관의 마음에 달려 있기 때문이다.

그 다음 '공감강요형' 재판관이 하는 말의 의미를 간단히 요약하면 '너를 이렇게까지 생각해주는데 나의 화해안을 어째서 받아들이지 않는 거지?'라는 것이며, '받아들이지 않으면 너에 대한 심증이 좋지 않아져'라는 것이다. 실제로 화해안을 받아들이지 않으면 매우 악의적으로 왜곡한 사실인정이나 법률론으로 패소시키는 경우까지 있다. 그런데 판결이라는 것이 한 번 내려지면 그렇게 간단히 뒤집을 수가 없다.

'인내형' 재판관은 화해에 들어갈 때 이미, 이 사건은 화해로 처리하겠다고 결정해버린다. 재판관이 그런 자세로 화해에 임하면 의지가 아주 강한 당사자가 아닌 이상 "화해를 중단해주십시오"라고 말하기는 어려운 법이다. 또한 재판관이 사건에 대한 견해가 확고한 사람이라면 화해도 하나의 해결책일지 모르겠으나, 이런 유형의 재판관 모두가 능력이 뛰어난 것은 아니다. 게다가 예전의 직업정신이 투철한 양식파 유형은 최소한 '당사자에게 가장 좋은 해결'을 늘 염두에 두고 있었으나 요즘의 '인내형'은 당사자를 위한 것이 아니라 자신의 사건처리 상황만을 고려해서 화해 방침을 결정하는 경우가 많다.

그리고 앞에서 언급한 "이길 것이 명백한 쪽에게 이긴다고 말하면 화해는 성립되지 않는다"는 재판관의 말을 떠올려보시기 바란다. 변호사를 신뢰할 수 있다고 생각하면 자신의 심증을 그대로 얘기하는 나 같은 재판관은 틀림없이 극소수에 불과하며, 대다수 재판관은 이길 것이라고 생각되는 당사자에게도 "음, 하지만 어려운 면도 있습니다"라고 말하는 것이 틀림없는 사실일 것이다.

여기에는 이미 '기만, 속임수, 거짓'의 요소가 들어 있다. 하지만 이 정도는 그나마 나은 편이다. 재판관에 따라서는 전반적인 심증뿐만 아니라 개개의 주장이나 증거의 구체적인 평가에 대해서까지 사실을 있는 그대로 알리지 않고 당사자 쪽에 불리하게 윤색하기도 한다. 심한 경우 양쪽 당사자 모두에게 '질 겁니다'라고 말해서 화해를 성립시키는 재판관도 있다. 양쪽 대리인이 복도로 나가 잡담을 나누던 중에 그 사실이 밝혀져 분개했다는 얘기를 몇 번이나 들은 적이 있다.

앞에서 화해의 기술 가운데서 '비법'이라 불리는 것이 있다고 했는데 그것도 결국은 일종의 심리적 협상 기술로, '속임수'라고 까지는 할 수 없지만 공정한 판단을 내려야 할 재판관이 당사자인 국민·시민에게 쓰는 것이 적절한지에 대해서는 상당히 의문스러운 점이 있다. 바로 그렇기 때문에 '비법'인 것이며 책이나 논문에는 결코 서술되지 않는 것이다.

보다 근본적으로 생각하면, 판결을 써야 할 재판관이 화해를 행하는 것이 적절한가, 라는 물음을 던질 수도 있다. '판결을 내리는' 재판관이 화해를 행할 경우, 그 재판관이 당사자를 을러대기란 매우 쉽다. '제 말을 듣지 않으면 지게 하겠습니다'라는 것이지만 그렇게 직접적인 표현을 쓸 필요까지도 없다. 부드러운 말이라 할지라도 공갈적인 뉘앙스를 머금게 하는 것은 얼마든지 가능하다.

실제로 민사계의 유력 전직 재판관 출신 변호사들조차 화해 강요의 피해로부터 벗어날 수가 없다. 그런 변호사가 들려준 얘기를 예로 들겠다.

사안은 대형 호텔의 냉방용 기기의 주요 부품 교체작업 계약과 관련한 분쟁이었다. 교체작업 후 냉방 기능이 불량이었던 것이다. 1심 판결은 전형적인 비상식적 판결의 한 예로, 채무불이행에 근거한 원고의 손해배상 청구를 기각했다. 항소심에 호텔 측 대리인으로 가담했던 변호사는 이렇게 말했다.

"제1심 판결을 읽고 정말 놀랐어. '계약서에는 기기교체 계약이라고만 적혀 있고, 교체해도 제대로 냉방이 된다고는 적혀 있지 않으니 냉방되지 않아도 계약위반이 아니다'라는 거야. 하지만 냉방기이니 적혀 있지 않다 해도 제대로 냉방이 되어야 한다는 건 당연한 전제 아니겠는가?"

항소심에서 변호사는 재판장으로부터 화해를 강력하게 권유받았다. 변호사는 당연히 제1심 판결을 뒤집고 이길 수 있는 사안이라 여겨, 화해는 생각지도 않고 있었기에 "원판결은 명백히 이상하다고 생각하는데 우리 쪽에 뭔가 불리한 사정이라도 있습니까?"라고 재판관에게 물었다.

"그런데 무슨 말을 해도 들은 척도 않더라고. '제1심 판결을 취소할 생각은 없습니다. 화해하십시오'라는 말만 거듭 되풀이하는 거야. 더는 어쩌지 못하고 결국은 화해를 하고 말았어. 법률 문제가 아니라는 점이 명백하니 법률심인 최고재판소에 상고수리를 신청해도 받아들여지지 않을 게 뻔하니까. 이게 그냥 지방재판소에서의 문제였다면 모르겠는데 항소심 재판관까지 이렇게 몰상식해서야 그 피해가 이만저만이 아니야. 정말 못해먹겠어."

어떠신가? 유력한 전직 민사계 재판관이자 지금은 유명 변호사인 사람조차도 '고집부리는 아이와 같은 재판관'에게는 이길 수 없는 것이다. 그런 재판관이 당신에게 화해를 받아들이게 하는 것은 그야말로 어린아이의 손목을 비트는 것만큼이나 간단한 일이다.

미국의 화해와 비교

일본의 화해가 얼마나 특수한 것인지를 알기 위해서 미국에서의 화해와 비교해 보겠다.

미국에서도 화해는 많지만 철저하게 투명한 절차를 거치고 있다. 우선 화해는 당사자 쌍방이 대면한 자리에서 행해지며 그 주체는 어디까지나 당사자이고, 앞에서 말한 재판관처럼 장시간에 걸쳐 질질 끌며 당사자를 설득하는 일은 없다.

절차보장 사상이 철저한 미국에서는 재판관이 당사자 한쪽씩 화해를 권하는 것은 부적절하다는 인식이 강한 듯하다. 상대방은 그 내용을 전혀 알지 못하고 거기서 오가는 얘기 내용에 반론을 할 수도 없으니, 그것은 절차보장의 기본원칙에 반하는 사태이기 때문이다.

또한 미국에서는 증거개시(discovery)의 범위가 매우 넓다는 점에도 유의할 필요가 있다. 당사자는 트라이얼(trial, 공개법정에서의 심리) 전에 디스커버리 단계에서 상대방 증거를 거의 전부 볼 수가 있어 그 내용을 알 수 있기 때문에, 이는 적절한 화해 협상 진행에 매우 중요한 전제가 된다.

한편 트라이얼을 진행하는 재판관이 화해를 행하는 것에 대해 의문을 제기하는 학자도 있다. 공정하게 중립을 지켜야 할 판단관인 재판관이 화해를 행함으로 해서 '소송의 또 하나의 참가자'가 되어버려 중립성·객관성이 침해받는다는 것이다(로버트 G 본

《미국 민사소송에서의 화해·소송법 및 재판소의 역할》, 오무라 마사히코·미키 고이치 편《미국 민사소송법의 이론》.

설령 소송 중의 화해라 할지라도 어디까지나 당사자 간의 계약, 당사자의 소송행위임을 생각한다면 이 같은 생각이 더 자연스러울 것이다. 일본의 경우 화해를 행하는 것이 양쪽 당사자가 아니라 오히려 재판관과 각 당사자라고 하는 편이 더 정확할 정도인데, 화해 제도의 근본적 가치를 생각한다면 참으로 의문스러운 부분이다.

미국을 예로 든 것은 단지 내가 미국의 절차에 대해 비교적 잘 알고 있기 때문이다. 미국 등의 영미법계 각국은 물론 독일, 프랑스 등의 대륙법계 각국에서도 일본에서 행해지고 있는 교차면접형 화해는 하지 않는 듯하다(프랑스에서는 애초부터 소송 중의 화해가 극히 드물다고 한다). 결국 일본의 재판소에서 행하는 화해는 국제표준에서 벗어난, 절차보장이라는 관점에서 보자면 왜곡되고 특이한 것이라는 말이다.

양자대면 화해는 무리일까? 정말 그럴까?

하지만 법률가, 특히 실무가들 사이에는(변호사들까지도) '일본에서 양자대면 화해는 무리'라는 생각이 뿌리 깊게 내려져 있다. 하지만 정말 그럴까?

'일본에서 양자대면 화해는 무리'라고 말하는 이유는, 양자대면을 하면 할 말도 제대로 못 하고, 또 말을 하면 하는 대로 곧 감정적인 언쟁이 벌어져 제대로 된 협상이 어렵기 때문이라는 것이다.

이 같은 의견에도 일리가 있고, 또 이 문제에 대해서는 나 자신도 양자대면 화해를 진행한 적이 없어 강력하게 말할 자격은 없다. 다만 내 자신이 했던 방식과 같은 화해라면 양자대면도 불가능하지는 않으리라 생각한다. 물론 그와 같은 방법이 변호사나 당사자 본인에게 받아들여져 정착하기까지는 특히 변호사들의 반발도 있을 것이며, 성사 가능성도 낮을 것이다.

여기에는 몇 가지 문제가 있다. 우선 실무가의 의식개혁이 없으면 양자대면 화해는 불가능하다. 재판관도 그렇지만 일본에서는 변호사조차 절차보장, 절차적 정의, 소송에서의 공평성에 대한 감각이 낮은 경우가 많다.

'일본에서의 화해는 어느 정도 불투명한 것은 틀림없지만 그로 인해 내 자신이 불리해지지만 않는다면 특별히 상관하지 않는다. 게다가 화해가 전혀 불가능해지면 강제집행의 번거로움이 매우 커서 내 업무에도 지장을 줄 것이다.'

이것이 평균적인 변호사의 내면의 목소리가 아닐까 싶다. 이러한 감각을 갖고 있다면 양자대면 화해가 실현되기란 매우 어려울 것이다.

하지만 이처럼 실무가·전문가가 자신의 편의에 따라 생각하는 사고방식, 또한 당사자를 위한 화해이니 어느 정도는 불투명해도 어쩔 수 없다는 가부장적 간섭주의 발상이 소송 이용자의 불신과 불만을 불러와 결국에는 소송사건·민사보전사건의 신규 접수 건수 감소로 이어지고 있을 가능성에 대해 생각해봐야 한다. 이 점에 관해서는 다음에 소개하는 미국의 '화해에 관한 변호사 윤리 원칙'이 하나의 참고가 되리라 생각한다(모리슨 포스터 외국법사무변호사사무소《미국의 민사소송》).

'화해 결정은 최종적으로 언제나 변호사가 아니라 당사자가 결정한다. 변호사는 합리적인 화해안이라 할지라도 당사자가 받아들이지 않는 경우에는 그것을 거부하고, 불합리한 화해안이라 할지라도 당사자가 받아들일 경우에는 그 결정에 따를 의무가 있다.'

이와는 달리 일본의 변호사에게는 '합리적인 화해안이라면 설령 당사자가 반대한다 할지라도 설득하는 것이 올바른 변호사의 태도'라는 생각이 강한 듯한데, 이것이 과연 옳은 생각일까? 또한 그와 같은 생각을 정당화하기 위해서는 적어도 변호사가 '자신의 득실'까지도 고려하지 않는 매우 객관적인 시선으로 인식하는 것이 조건인데 그렇게 쉬운 일이 아니다.

'일본인은 금방 감정적으로 변하기 때문에 양자대면 화해는 어렵다'고 미리 못박아놓고 임하는 것은 국민·시민에 대한 모욕이다. 일본인이 정말로 서구 수준과 동떨어질 정도로 '감정적'인지는 매우 의문이기 때문이다.

물론 예전의 일본인에게는 어쩌면 교차면접형 화해가 더 적당했을지도 모르겠다. 하지만 시대가 변하고 사람들의 의식도 바뀌어 지금은 그 같은 화해에 의한 불투명한 진행으로 강요를 받았다고 느끼는 사람들이 더 많아지지 않았을까 하는 것이 나의 생각이다. 머리말에서 밝힌 대로 민사소송 이용자의 만족도가 20% 전후라는, 아마 국제적으로도 그 예를 쉽게 찾아볼 수 없을 정도의 낮은 수치를 기록하게 된 큰 원인 중 하나가 사람들의 이러한 생각에 있는 것이 아닐까?

물론 소송이용자, 국민, 시민의 의식 향상도 필요하다. 양자대면 화해를 실현하기 위해서는 '공정하고 신뢰할 수 있는 재판관의 말이니 내게 불리하다 할지라도 우선은 진지하게 받아들인 뒤, 변호사와 잘 상의해보겠다'는 마음가짐이 절대적으로 필요하다.

또한 양자대면 화해를 진행하면 재판관 개개인은 어떨지 모르겠지만 재판소 전체의 화해율이 어느 정도 떨어질 것은 각오해야 한다. 하지만 그렇게 되는 것이 옳다고 생각한다. 앞에서 말한 것과 같은 양상으로 진행되는 일본의 화해, 특히 어떻게든 사건을 빨리 마무리지으려는 의도로 성립시키는 화해에는 불공정, 부적절한 것이 상당히 포함될 테고, 그 결과 당사자에게는 큰 불신이나 불만을 남길 가능성이 높기 때문이다. 그런 화해가 성립되었다 한들 기뻐하는 것은 재판관 외에, 의뢰인을 그다지 존중하지 않은 변호사 정도일 것이다.

모든 재판관이 양자대면 화해를 실행하기란 어렵고, 일부 재판관이 자율적으로 행하기도 매우 어렵다는 사실을 생각한다면, 최소한 실험적으로라도 예를 들어 대도시 재판소에서 양자대면 화해를 프로젝트 성격으로 행하는 것이 바람직하며, 또 필요하기도 할 것이다. 변호사·변호사회는 변호사에 대한 의뢰인의 신뢰도를 높이기 위해서라도 국민·시민의 입장에 서서 화해 방법을 다시 한 번 생각해보고 앞서 말한 것과 같은 실험에 관해 적극적으로 제언을 해야 하지 않을까?

그리고 이것은 법조일원제도의 실현과 병행해서 이루어지지 않으면 어려울지도 모르겠지만, 제1심 판결은 결론과 결론을 이끌어낸 이유를 알기 쉽고 적확하게 밝히면 그것으로 충분하다고 정해 놓으면 재판의 운영이 보다 건강해질 것이라고 생각한다(《절망의 재판소》 151쪽). 재판관이 화해를 고집하는 것은 결국 판결문을 쓰고 싶지 않기 때문이고, 또 그렇게 많은 판결문을 쓸 수가 없기 때문이다. 이러한 인과관계를 끊지 않으면 화해의 강요·강압이 사라지지 않을 것이며, 양자대면 화해 실현에 의한 화해의 투명화, 국제표준의 달성도 어려울 것이기 때문이다.

CHAPTER 7

주식회사
저스티스
(Justice)

― 그 비참한 현상과 문제점

최고재판소의 문제점

지금까지 일본의 판결이나 화해의 참상을 얘기했는데 그 원인
으로는 제도적인 측면도 크게 작용하고 있다. 《절망의 재판소》에
서 이미 그것을 분명히 밝혔다고 생각하지만, 이번 장에서는 《절
망의 재판소》에서 언급하지 않았던 부분을 중심으로, 또 재판과
관련한 측면에서 제도적인 문제를 더욱 깊이 논해보기로 하겠다.

우선 최고재판소에 대해서는 재판관의 인선(人選)이라는 문제
가 있다.

일본 최고재판소 판사의 구성은 출신에 따라 대체로 고정되어
있다. 요즘에는 재판관 6명, 변호사 4명, 검찰관 2명, 행정관료 2
명(그 중 1명은 외교관이 많다), 법학자 1명으로 이루어져 있다《절망

의 재판소》87쪽). 하지만 최고재판소 판사라는 직책에 대해 이 같은 '기득권 집단'의 틀 안에서 인사를 하는 것은 원래 적절하지 않다. 각 출신처에서 '동네' 정치로 인물이 결정되는 경우가 많고, 또 최고재판소 판사가 되고 싶어 하는 사람도 많아서 그런 사람들은 재판소 이외에서도 정치적 로비나 사전 작업을 거듭해 그 자리를 차지하려고 필사적이 되기 때문이다. '되고 싶어 하는 사람보다 되어야 할 사람을'이라는 원칙이 지켜지지 않아 최고재판소는 '되고 싶어 하는 사람'들의 집합소가 되어버릴지도 모른다.

이처럼 애초부터 '틀'이 정해져 있는 인선 자체도 문제지만, 학자로서의 경력에 의문이 있는 인물을 '학자 출신'으로 채용한 인사처럼 최소한의 공정함조차 지켜지지 않는 예도 있다(《절망의 재판소》87쪽 이하).

반면에 사실은 다른 자리를 원했던 사람이 최고재판소 판사 자리를 받고 마지못해 받아들이는 경우도 있다. 하지만 그런 사람이 진지하게 재판에 임하기란 거의 기대하기 어려우리라(이상은 개개인의 구체적인 최고재판소 판사를 비판, 비난하기 위한 취지가 아니다).

미국에서는 대법원 판사라는 자리의 권위와 매력이 일본과 비교되지 않을 정도로 높은데 그런 미국에서 대법원 판사의 절대적인 조건은 '법률가로서의 능력은 충분한가? 경력이 그 자리에 어울리는 것인가?'하는 것이지, 일본에서처럼 동네 정치나 연줄로 최고재판소 판사가 결정되는 것은 있을 수도 없다. 미국이라는 나라가 국내외적으로 많은 문제를 안고 있고 다른 나라 지식인들로부터 비판을 받기도 하지만 여전히 민주제의 기본만은 어떻게든 유지해온 토대 중 하나가 미국 사회의 이러한 공정함의 원칙이라고 나는 생각한다.

특정 정당이나 정치가가 사리사욕의 관점에서 특정 법과대학원의 설립을 무리하게 인가하고(우격다짐), 그런 사태가 거듭되어 법과대학원의 난립으로 이어져 사법시험 합격률 저하에 이르자 이번에는 결국 억지로 문을 닫게 해야 한다는 한심한 사태는, 미국에서는 생각조차 할 수 없다. 서구 국가 전체에서도 역시 생각할 수 없는 일일 것이다. 무엇보다 학생들에게는 잔혹한 일이며, 또 우수한 인재도 모여들지 않게 된다.

제5장 [1]의 행정소송에 관한 서술에서 하마 변호사의 말을 인용한 이른바 '조사관 재판'(조사관의 보고서 의견을 그대로 받아들이는 최고재판소 판결)의 폐해도 옛날부터 자주 지적되어 왔다.

일본의 최고재판소처럼 고작 15명의 판사가 많은 상고사건을 심리해야 한다면 어떤 식으로든 재판관 보조관 제도는 분명 필요하다. 그런 의미에서 최고재판소 조사관이 법률문제 등을 조사해 보고서를 작성하면, 그것을 바탕으로 심리하는 시스템은 어느 정도 필요성이 있다. 그러나 일본의 조사관 시스템은 수석·상석이 존재하고 결재제도가 있는 피라미드식 체제이기 때문에 조사관의 의견 자체가 통제된다는 점, 또한 최고재판소 판사 가운데는 법률 실무 경험이 없는 사람(실무가라 할지라도 형사전문가라면

형사 이외의 것은 잘 모르는 예도 있다), 법률론에 썩 밝지 못한 사람
이 포함된 경우도 있어서 조사관의 의견이 그대로 판결이 되어버
리는 예가 상당히 많다는 점이 문제라고 할 수 있다.

조사관 재판의 폐해에 대해서는 법 분야에 따라 정도의 차이
가 있다고 생각한다.

최고재판소 판례의 다수를 차지하는 민사관계 재판에서는 상
식을 벗어나는 경우가 적으며, 거기에는 경제계와 법률실무가의
이해관계가 있을 뿐 일반 시민의 생활에 직접적인 영향은 적기
때문에 조사관의 보고서가 최고재판소 판결의 기본이 되는 '조
사관 재판'이어도 그리 큰 문제가 아닐지도 모르겠다.

하지만 가치관계 소송, 특히 '큰 정의'에 관한 사안에서 조사관
재판의 폐해는 심각하다. 예를 들어 형사소송, 행정소송, 헌법소
송, 그 외 통치·지배 근간에 관한 유형의 소송에서 특히 그러하
다. 조사관 재판에서는 좀처럼 억울한 죄를 파악할 수가 없다. 형
사소송법에서는 원죄(冤罪) 방지를 위해 상고 이유에 해당되지 않
는 경우라도 '판결에 영향을 끼칠 만한 중대한 사실 오인, 혹은
재심 사유가 있는 경우라면 상고심은 원판결을 파기할 수 있다'
는 조문(411조)이 있다. 그래서 조사관은 원죄 가능성에 대해서
도 신경을 써야 하지만 그와 같은 형사계 조사관은 매우 드물다.
행정소송, 헌법소송에서는 대부분 다수 의견이 조사관의 의견 그
대로이기 때문에 앞서 말한 것과 같은 참담한 상황이 되었다. 원
전소송도 마찬가지다.

이 '조사관 재판'은 앞서 말한 것처럼 조사관의 결재 시스템으로 인해 더 큰 문제가 되었다. 최고재판소 장관은 드물게 열리는 대법정의 재판에만 관여하지만 수석조사관, 상석조사관이라는 명령계통을 통해서 조사관들의 의견을 컨트롤할 수 있으며 틀림없이 실제로도 그렇게 하고 있을 것이다. 즉, 장관은 심리 재판에 거의 관여하지 않은 채로 헌법소송, 행정소송 등의 '가치'와 '정의'에 관한 판례의 큰 방향·흐름을 강력하게 유도하고 있을 가능성이 높다.

일본의 최고재판소가 삼권분립의 한 축으로서의 존재감이 거의 사라지고 최고재판소 자체가 거대한 '무소신 재판소'로 변해버린 듯한 느낌이 드는 것도 이러한 조사관 재판 시스템에 그 원인이 있다.

마지막으로 일본의 재판소·재판관의 상징인 최고재판소에 대한 일화를 소개하겠다. 사무총국계 출신이자 가장 유력한 최고재판소 장관 후보였던 한 최고재판소 판사가 '가치' 관련 재판에서 반대 의견을 썼다. 그로 인해 최고재판소 장관의 노여움을 사게 됐고, 그 결과 최고재판소 장관 후보에서 제외되고 말았다. 낙담한 그 재판관은 그 후 건강까지 나빠졌다는 말을 들었는데 그도 그럴 만하다.

이와 같은 '노골적인 찍어내기 인사'가 버젓이 행해지고 있는 일본의 재판소에서 하급재판소의 보통의 재판관들에게 '소신 있는 재판관'이 되라고 한들, 참으로 어려운 일일 것이다. 조직의 근본이 비틀어져 있는 상황에서 작은 일에서도 정의를 관철시키려면 대단한 용기와 노력이 필요한데 일본형 커리어시스템에서는 그와 같은 용기와 기개 있는 사람이 버텨내기가 어렵다는 점은 너무나도 극명하기 때문이다.

하급 재판소의 문제점

하급 재판소에 대해서는 《절망의 재판소》에서 자세히 서술했으니 약간의 사항만을 보충하기로 하겠다.

우선 형사재판에 대해서는 억울한 죄의 방지라는 관점에서 보면 참으로 '절망적'인 상황이어서 근본적인 개혁이 필요하다. 재판소에서는 형사계 부분을 가능한 한 축소해야 하며, 재판원제도의 개혁과 선택제 배심원제도로의 이행이 필요하다(이 책 제3장 [3], 《절망의 재판소》 77쪽, 163쪽 이하). 솔직히 말하면 재판관이나 검찰관 모두 커리어시스템을 폐지하지 않는 한 형사재판이 좋아지지는 않을 것이라고 생각한다.

경찰은 어쩔 수 없다 해도 재판관, 검찰관의 커리어시스템은 없애는 것이 좋고, 또 재판관 가운데 형사 전문가를 만드는 것도 피하는 것이 좋다. 그것이 33년 동안 재판관으로 지내온 나의 솔직한 느낌이다. 견고한 바위 같은 조직 분위기 속에서 지내는 동안 '피의자·피고인=그놈들, 녀석들, 어쩔 수 없는 녀석들, 거짓말쟁이, 놈들이 저지른 게 뻔해'라는 쪽으로 이끌려갈 가능성이 매우 높기 때문이다.

한편 형사전문 변호사 중에도 참으로 여러 종류의 사람들이 있는데 인권감각이나 정의감이 뛰어난 사람도 있는가 하면, 지저분한 이미지의 사람, 어딘가 상식과 양식이 부족한 듯한 사람도 역시 존재해서 형사사법에 관한 일의 어려움을 느끼게 한다.

'괴물과 싸우는 자는 그 과정에서 스스로가 괴물이 되지 않도록 주의해야 한다. 당신이 오래 심연을 들여다보는 동안에는 심연도 역시 당신을 들여다보고 있다'는 니체의 유명한 잠언은 내가 형사사법에 관여하는 사람들을 생각할 때마다 늘 떠올리는 말이다.

제3장에서도 얘기했듯이 취조의 전면적인 공개 등과 더불어 '인질(人質)사법'의 근절도 필요하다. '인질사법'은 이제 서구 표준뿐만 아니라 세계 표준에서도 크게 벗어나 있으며, 일본은 '억울한 죄의 온상'으로 외국으로부터도 강력한 비판을 받고 있다. 전직 재판관 출신 소송법학자로서 단언컨대 '인질사법'을 근절하지 않는 한 억울한 죄는 절대로 사라지지 않을 것이다.

그리고 '인질사법'을 근절하지 못하는 것은 '억울한 사건이 얼마간 생긴다 해도 특별히 문제될 것은 없고, 사회질서를 지키는 게 훨씬 더 중요'하다고 생각하는 정치권 때문이라는 사실도 인식할 필요가 있다.

억울한 죄의 피해자인 '사회적 약자·소수자'를 못 본 척하고 내버려둔다면 '국가에 의한 범죄'도 '국가에 의한 살인'도 사라지지 않을 것이다.

한편, 재판소에 대해서는 법률에 근거를 둔 정보공개제도 설립의 필요성과 재판관회의의 복권(復權) 필요성이 제기되는 경우가 많다. 재판관회의란 재판관들로 구성되어 각 재판소별로 설치되는 사법행정의 결정기관인데 실제로는 완전히 유명무실해졌다(《절망의 재판소》 33쪽). 재판관회의 복권이란 이를 활성화시켜야 한다는 의견이다.

이러한 의견에는 어느 정도 수긍이 가는 부분도 있다. 만약 내가 재판관을 경험하지 않고 처음부터 학자가 되었다면, 혹은 저널리스트가 되었다면 같은 말을 했을지도 모른다.

하지만 재판소의 지배·통제 시스템은 매우 강력하고 면밀하면서도 거의 눈에 띄지 않는 것이 특징으로, 그런 의미에서 매우 '세련'된 것임을 생각하면 정보공개의 유효성에는 한계가 있을 것이다.

재판소에서 가장 중요한 결정이나 그 상의하달에 대해서는, 증거가 남지 않고 문서도 존재하지 않거나, 혹은 문서의 존재 차체가 부정되는 경우가 많기 때문이다. 그 전형이 최고재판소 사무총국 인사국에 존재하는 절대 극비의 재판관 개인별 인사서류이다(《절망의 재판소》 112쪽). 그 인사서류의 존재에 대해서는 몇몇 재판관과 인사국 근무 경험이 있는 직원에게도 들은 적이 있다. 즉, 틀림없이 '존재'하는 것이다. 하지만 문제는 어떻게 해야 사무총국으로 하여금 그 존재를 시인케 하느냐 하는 점이다.

그리고 재판관회의에 대해서는 도쿄지방재판소 안에서 당당하게 담합선거, 선거 조작을 행하면서도 아무런 의문도 느끼지 못하는 다수파 재판관(《절망의 재판소》 33쪽 이하)에게 재판관회의 복권을 설명해보았자, 개나 고양이에게 윤리학을 강의하는 정도의 의미밖에 되지 않는다는 사실은 불 보듯 뻔하다. 그것이 거짓 없는 사실이다.

다시 말해서 재판소·재판관 제도의 근본적인 개혁은 사무총국 인사국 해체와 그 밖의 부문에 대해서는 대학 사무국과 같은 (권력적인 요소를 없애고 사무 방면에만 집중할 수 있도록 하자는 취지) 개혁, 그리고 커리어시스템에서 법조일원제도로의 이행 이외에는 방법이 없다고 생각한다(《절망의 재판소》 제6장).

《절망의 재판소》에 대한 전문가의 의견은 상당히 여럿 있었지만(가장 많았던 것은 익명), 내가 아는 한 지금의 재판소·재판관 제도의 개선에 관한 유효한 대책은 아직 제시되지 않은 듯하다.

재판관 증원에 대해서는 지금의 가정재판소가 충분히 제 기능을 하고 있지 못하다는 점(최근 이용자들의 비판이 매우 강하다)을 고려해 지금의 재판관과는 별도로 그 방면의 지식과 경력이 있는 가정재판소 전문 재판관을 상당수 채용(즉, 가정재판소 재판관을 전문직으로 한다)하고, 아울러 가정재판소의 각종 재판이나 사무절차도 근본적으로 수정한다면 재판의 질이나 서비스 향상에도 도움이 되리라 생각한다. 하지만 재판관의 업무시스템이 지금 상태에서 변하지 않는다면 전체 사건 숫자가 감소할 테니, 형사계는 재판원제도를 구실로 증원한 상태에서 '재판관은 바쁘다'는 인식은 그야말로 신화일 뿐이다(《절망의 재판소》 173쪽 이하).

그래도 용기 있는 판단을 단행하는 재판관이 아직 존재하지 않느냐는 목소리도 있다. 그것은 틀림없는 사실이다. 하지만 나의 경험이나 양식있는 동료 재판관들을 떠올려보건대 그들도 스스로의 외로운 성을 지키기에 애쓰느라 재판소 개혁을 위해 애쓸 만큼의 에너지가 남아 있지 않을 것이다. 또한 그들이 자신의 손으로 제도개혁을 할 수 있는 지위까지 피라미드형 히에라르키의 계단을 오르는 일도 절대로 없을 것이다.

또한 그들의 커리어가 대부분 막바지에 이르렀다(이르렀었다)는 점에도 눈여겨보기를 바란다. 아무리 사무총국이라고 해도 정년 단계에 있는 사람에게 극단적인 보복인사를 하기는 어렵다. 원칙적으로 보복인사는 곧바로 시행하지 않고 얼마간 시간을 두었다가 행하는 것이 특징이기 때문이다(《절망의 재판소》 103쪽). 예를 들어 젊은 재판장에 대해 일단 가까운 고등재판소의 우배석으로 삼았다가 나중에 멀리로 보내버리는 보복인사가 그 하나의 예다. 물론 아직 실적이 거의 없는 젊은 재판관의 경우라면 과감하게 소신 판단을 행한 이후, 퇴임할 때까지 언제까지고 변두리 지방 가정재판소 지부만 전전케 하는 끔찍한 보복인사를 받게 되는 경우도 있다.

당신은 그래도 주식회사 저스티스에 입사하시겠습니까?

그럼 여기서 법률가를 장래 목표로 삼은 학생 여러분께 기업
하나를 소개해 보겠다.

이 기업의 이름은 '주식회사 저스티스(justice)'인데, 메이지 시
대(1868~1912)부터의 긴 역사를 가진 전통 있는 회사로, 특히 제
2차 세계대전 이후에 그 순위가 비약적으로 뛰어올랐다. 종업원
은 약 2만 6000명으로, 그 중 핵심 엘리트 사원 약 2900명은
모두 난관을 극복하고 국가자격증을 소유하고 있다. 저스티스 사
(社)의 규모는 그렇게 크지 않지만 그 엘리트 부문은 예전에는 명
문 중의 명문으로 입사 경쟁률도 매우 높았다.

저스티스의 인기에 그림자가 드리우기 시작한 것은 버블경제
시대였다. 회사와 관련 있지만 회사 밖에서 활동하는 독립사업자
쪽으로 성적 우수자가 흘러들어가기 시작했다. 이러한 경향은 거
품이 꺼진 후에도 이어져서 저스티스에 입사하는 엘리트 사원의
커트라인 수준이 눈에 띄게 저하되었다. 그리고 2000년대 전후
부터 저스티스에서 여러 가지 문제가 들려오기 시작했다.

하나의 조짐은 외부 조직에 의해 시행되었던 소비자 설문조사
결과였다. 저스티스의 상품은 특수한 것이어서 기본적으로 소비
자의 절반은 만족하고 절반은 만족하지 않는 특징을 가지고 있
는데도 설문 결과는 놀랍게도 만족도가 20%에도 미치지 못했
다. 설문조사 이후, 저스티스에서는 '소비자를 위한 철저한 구조

개혁'이라 불리는 개혁이 단행되었다. 그 후 저스티스의 자문기관이 2회에 걸쳐서 추가 설문조사를 실시했으나 안타깝게도 결과에는 거의 변화가 없었다.

또한 저스티스의 구조개혁과 엘리트 사원의 30% 증원(2000년 대비), 사외 독립업자의 유례 없는 대대적 증원에도 불구하고 저스티스의 매출이 떨어지기 시작해 2013년에는 주력 상품인 'MINSA SOSONG'이 절정기의 67.5%, 모든 상품은 절정기의 45.1%, 그리고 저스티스에 대한 사람들과 비즈니스계의 기대를 나타내는 상징이라 할 수 있는 '선구적 상품—MINSA BOJEON'은 더욱 낮은 37.2%로까지 떨어졌다.

게다가 엘리트 사원의 불미스러운 사건도 눈에 띄기 시작했다. 저스티스의 엘리트들은, 예전에는 그 청렴함으로 유명해서 제2차 세계대전의 혼란기에는 암거래되는 쌀을 먹지 않고 굶어죽은 자까지 있었다. 그러나 1970년대가 되자 각종 불미스러운 사건이 일어났고 특히 2000년대 이후에는 8건이나 되는 성추문이 연속해서 일어났는데 그 중에는 피해자가 저항불능 상태에서 외설행위를 한 준강제 외설 사건까지 포함되어 있었다. 그런데 그것이 전부가 아니라 겉으로 드러나지 않은 채 처리된 사건도 충분히 있을 수 있다고 한다.

이와 같이 연속해서 불거지는 불미스러운 사건에 대해서는 엘리트 사원들의 능력이나 도덕성 저하는 물론, 예전부터 들려오던 저스티스 내부의 관리·통제 시스템의 가혹함도 하나의 원인이 아닐까 여겨지고 있다. 저스티스의 엘리트 직원은 겨우 2900명임에도 불구하고 각 사원은 10년에 한 번 인사부의 '구조조정 검증 시스템'을 통과해야 하며 요즘에는 그로 인해 해마다 몇 명이 자리를 잃고, 최소한 그 정도 혹은 그 이상의 사람들이 등 떠밀리듯 회사를 떠난다고 한다.

그런데 자리를 잃는 사원이나 등 떠밀려 나가는 사원은 반드시 성적이 나쁜 것이 아니라 상층부의 방침에 따르지 않았거나, 혹은 거기에 맞지 않는다고 판단된 우수 사원에 대한 해고, 또는 사실상의 퇴직 강요인 경우가 포함되어 있을 가능성이 높다고 한다.

저스티스의 급격한 실적 저하의 근본적인 원인은 제2차 세계대전 전의 구시대적인 상명하복 시스템을 그대로 이어온 데 있는 것이 아닐까 관계자들은 분석한다. 이러한 피라미드형 조직은 일단 부패가 진행되면 막을 수가 없으며, 또 저스티스는 오랜 세월 배부른 장사를 계속해온 독점기업이기 때문에 외부로부터의 비판의 목소리도 전혀 듣지 않는다.

이상과 같은 저스티스의 문제점이 집약된 사항 중 하나로 복무규정의 비밀을 들 수 있다. 외부 사람들은 거의 모르는 일이지만, 놀랍게도 엘리트 사원들의 복무규정은 메이지 20년(1887)에 만들어진 것으로 정식 휴직제도도 없고, 따라서 사원들은 병에 걸렸을 경우 빠른 시일 내에 회복될 기미가 보이지 않으면 퇴직을 할 수밖에 없다고 한다. 또한 정식 유급휴가 제도도 없어서 지사장들의 '결정'에 따르고 있다고 한다.

그러고 보니 저스티스에는 오늘날 다수의 대학은 물론 대기업에도 설치되어 있는 괴롭힘(harassment) 방지를 위한 가이드라인이나 상담 창구, 심사기관도 없어서 성적 괴롭힘, 권력을 이용한 괴롭힘, 정신적 괴롭힘 등 각종 괴롭힘이 만연하고 있다. 그런데도 괴롭힘을 행사하는 상사들은 자신이 괴롭힘을 주고 있다는 의식조차 없다고 한다.

이러한 일들의 결과 최근에는 '이런 상태의 저스티스에 더 이상 미래는 없다'는 의견도 제기되고 있다고 한다(안내 끝).

어떻습니까? 법과대학원과 법학부 학생 여러분. 여러분은 이래도 주식회사 저스티스에 입사하고 싶습니까? 저스티스의 시스템을 근본적으로 개혁하지 않는 한 이 기업의 미래는 없다고 생각하지 않으십니까?

판단은 독자 여러분께 맡기겠다. 물론 앞의 비유에는 재판과 상업활동을 동일시한 억지스러운 부분이 있다는 점을 잘 알고 있다. 하지만 아주 황당무계한 비유라고만 할 수는 없지 않을까. 어쨌든 재판소가 만약 진짜로 민간기업이었다면 먼 옛날에 문을 닫고 말았을 것이다.

그런데 앞의 비유 중에 이 책('선구적 상품'은 제5장 [2]의 민사보전 사건을 말한다)에서 명확히 기재하지 않는 것은 재판관의 복무규정에 관한 점뿐이다. 그 복무규정의 기본은 1887년(메이지 20년)

에 공포된 칙령 '관리복무기율'('칙령'입니다. '규율'이 아니라 '기율(紀律)'입니다. 놀랍지 않습니까?)로, 재판관에게 근무시간에 대한 관념은 없으며 휴직제도도 없고 연차유급휴가에 대해서조차 제대로 된 규정이 없어서 1977년의 고등재판소 장관 협의에 따르고 있다.

요컨대 법적으로는 24시간 내내 무한정으로 얽매여 있는 것이며, 최근까지도 재판관이 여행을 할 때나 고향에 갈 때조차 여행신청서 제출이 필요했던 근거가 여기에 있다(엄밀하게 따지면 관리복무기율 자체는 1947년에 효력을 잃었지만 '국가공무원법의 규정이 적용되기까지의 관리 및 그 외 정부직원의 임면 등에 관한 법률'을 끼워넣어, 국가공무원법의 규정이 지금도 적용되지 않는 특별직 국가공무원에 대해서는 '관리복무기율 규정의 예에 따른다'라고 되어 있다).

행정관료 가운데 특별직 국가공무원은 극소수의 간부뿐이니 노동관계 규정이 없다는 것도 어쩔 수 없는 일일지 모르겠다. 하지만 재판관의 경우는 사법연수소를 갓 졸업한 신임 판사보 시절부터 이러한 전근대적인 복무규정 아래서 일을 하게 되는 것이니, 이는 누가 봐도 이상하다.

최고재판소 사무총국이 어째서 이처럼 구태의연한 복무규정을 고치지 않는 것인지는 예전부터 수수께끼로 여겨져 왔는데, 재판관을 관리·통제하기에 편리하기 때문이 아닐까 생각하고 있다. 전근대적인 복무규정을 기본으로 하고 거기에 10년에 한 번씩 있는 재임용 심사로 협박을 가하고, 좌천이나 먼 지방으로의 전근으로 위협하고, 또 무한 생존경쟁에 의한 출세 경쟁을 시키면 상명하복·상의하달 등을 뜻대로 할 수 있기 때문이다《절망의 재판소》제3장).

한편 앞서 말한 복무규정에 대해서는 사무총국 총무국이 규정집을 만들어서 최고재판소 도서관과 각 재판소 자료실에 비치되어 있었던 것으로 기억한다. 그러나 제4장 [2]에서 이야기한 재판관협의회의 협의 결과를 정리한 집무자료와 마찬가지로 지금은 대외비가 되었거나 혹은 재판소 당국에 의해 회수되었을 가능성이 높다.

또한 재판관 다수가 이 같은 복무규정 문제에 대해 충분한 지식을 가지고 있지 않다는 사실도 지적해두고 싶다. 그들 대부분은 자신이 놓인 상황에 대해 너무나도 무지하며, 또 그것을 객관적으로 꿰뚫어볼 관점도 거의 가지고 있지 못하다. 놀라운 일이지만 그것이 진실이다.

내가 《절망의 재판소》(122쪽 이하)에서 일본의 재판관들에 대해 '정신적 수용소군도의 수감자들'이라고 비유한 데 대해, 너무 극단적이지 않느냐는 의견도 있었다. 하지만 이러한 비유는 내가 실제로 느낀 것에 대한 거짓 없는 표현이며, 또 내가 지금까지 읽어온 나치 독일이나 구소련 강제수용소에 관한 다수의 책이나 논문도 그것을 뒷받침하고 있다. 예를 들어 독일 강제수용소의 피수용자에 관해 프리모 레비(아우슈비츠 강제수용소에서 살아 돌아온 이탈리아의 유태인. 화학자, 작가)가 유작에서 남긴 다음과 같은 말은 일본의 재판소·재판관에게도 그대로 적용될 것이다.

"수용소 내부는 복잡하게 얽히고 계층화된 소우주였다."

"수감자들은 매우 비인간적인 상태에 놓여 있었기 때문에 자신의 세계에 대해 일관성 있는 견해를 거의 가질 수 없었다."《가라앉은 자와 구조된 자》

재판소와 권력의 관계

일본의 재판소와 권력의 관계에 대해서는 가령 일본법을 연구하는 미국의 연구자들 사이에서도 의견이 엇갈린다. 구체적으로 일본의 재판관은 자민당 등의 정치·정책에 편향된 판단을 한다고 말하는 사람들과, 일본의 재판관은 정치의 영향에서 비교적 자유롭다고 말하는 사람들이 있다. 나는 기본적으로는 전자의 의견에 동감한다. 즉, 일본의 재판소 재판관, 적어도 그 다수파는 정치나 행정의 눈치를 살피며 그것을 거스르지 않는 판단을 하기 위해 애쓰고 있다고 본다.

단지 자민당과의 관계만을 말한다면 지나치게 단순화하는 것이다. 일본의 재판소·재판관, 특히 최고재판소 장관이나 최고재판소 사무총국은 자민당을 중심으로 하는 정치권력·행정관료 집단 및 경제계의 여론 동향을 살핀다. 기본적으로는 즉 '통치와 지배의 근간'에 대해서는 권력과 경제계를 따르며, 그 외 부분에서는 가능한 범위 안에서 여론에 영합하려는 경향이 있다.

그리고 어쨌든 중요한 것은 '여론'이지 개개의 국민, 시민, 제도 이용자가 아니다《절망의 재판소》머리말, 제4장). 암흑재판, 어이없는 재판, 비상식적인 재판이 속출하는 근본적인 이유는 이와 같은 재판소·재판관의 태도 때문이다. 민사소송 이용자의 만족도가 매우 낮은 것도 역시 마찬가지다.

사무총국이 정치적 압력에 매우 약하다는 사실은 제4장 [1]에서 언급한 명예훼손 손해배상청구 소송의 예를 봐도 분명히 알 수 있다. 경제계의 압력에 부응하듯 매우 짧은 기간에 지적재산(知的財産) 고등재판소가 설치되었다는 점(2005년)도 그 한 예이다.

또 다른 예로 학생 기숙사 명도청구 소송에서 원고의 적격성과 학생 기숙사 소유권 귀속에 대한 국제문제가 발생했던 고카료(光華寮) 소송이 있다. 중화민국(대만)이 자신들 소유의 학생 기숙사에 묵고 있는 기숙생들 일부에게 제기한 명도청구 소송이다.

최고재판소는 이 소송의 상고사건을 1987년 이후 20년 동안이나 묵혀두었다가 2007년 초에 갑자기 심리를 재개해, 같은 해 3월 27일의 판결(후지타 도키야스 재판장)에서 지금까지의 하급심 4개의 판결과는 달리 원고 적격은 중국에 있다며 사건을 제1심으로 돌려보냈다.

이 사건에 대한 최고재판소의 심리 과정은 이처럼 매우 부자연스러우며, 또 그 판단에 대해서도 정치적인 압력 때문에 민사소송법·국제법상의 상식에서 벗어난 판단을 내린 것 아니냐는 비판을 받고 있다. 학생 기숙사는 외교 재산이나 국가권력 행사를 위한 재산이 아니기 때문에 대만에 소송의 원고 적격이나 건물의 소유권을 인정해도 문제가 없으리라 여겨지기 때문이다.

속내를 들여다보면 아마 이런 지적은 틀리지 않을 것이다. 나는 1986년부터 1988년까지 사무총국 민사국에서 근무했는데 최고재판소에서 이 사건의 심리를 진행하기 시작한 즈음부터 외무성 사람이 뻔질나게 민사국장실을 드나들며 여러 가지 부탁을 했기에, 사무총국 국장으로는 보기 드물게 학자 체질이었던 당시의 민사국장이 어이없어하며 "외무성은 상식을 모른다"고 푸념했던 것을 기억하고 있기 때문이다.

따라서 이례적으로 사건을 묵혀두었다가 갑자기 심리를 재개해서 중국에 유리한 판결을 내린 것 모두 정치적 압력에 의한 것이며, 이 소송에 대한 최고재판소의 판결이 일본 최고재판소 특유의 노골적인 정치적 판결 가운데 하나임에 틀림이 없을 것이다. 한편 이 사건은 제소부터 최고재판소 판결까지 40년이 경과되어 현재 일본의 재판소에서 가장 오랫동안 소송계속(訴訟繫屬) 중인 민사소송이 되었다.

역대 최고재판소 장관에 따라 변하는 재판소 분위기

그럼 이번에는 《절망의 재판소》(126쪽)에서도 어느 정도 언급했던, 역대 최고재판소 장관과 그에 따른 재판소 분위기의 변화를

대	성명	임기	출신 분야
1	미부치 다다히코(三淵忠彦)	1947~1950	재판관
2	다나카 고타로(田中耕太郎)	1950~1960	법학자
3	요코타 기사부로(横田喜三郎)	1960~1966	법학자
4	요코타 마사토시(横田正俊)	1966~1969	재판관
5	이시다 가즈토(石田和外)	1969~1973	재판관
6	무라카미 도모카즈(村上朝一)	1973~1976	재판관
7	후지바야시 에키조(藤林益三)	1976~1977	변호사
8	오카하라 마사오(岡原昌男)	1977~1979	검찰관
9	핫토리 다카아키(服部高顯)	1979~1982	재판관
10	데라다 지로(寺田治郎)	1982~1985	재판관
11	야구치 고이치(矢口洪一)	1985~1990	재판관
12	구사바 료하치(草場良八)	1990~1995	재판관
13	미요시 토오루(三好 達)	1995~1997	재판관
14	야마구치 시게루(山口 繁)	1997~2002	재판관
15	마치다 아키라(町田 顯)	2002~2006	재판관
16	시마다 니로(島田仁郎)	2006~2008	재판관
17	다케사키 히로노부(竹崎博允)	2008~2014	재판관
18	데라다 이쓰로(寺田逸郎)	2014~현직	재판관

| 역대 최고재판소 장관 |

대충 훑어보기로 하겠다(야마모토 유지 씨의 역작 《최고재판소 이야기》 및 전직 재판관 선배들의 말을 참고로 했다).

위의 도표를 보기 바란다. 맨 먼저 주목해야 할 사람은 스나가와 사건 최고재판소 대법정 판결의 내용을 미국에 미리 흘린(《절망의 재판소》 32쪽) 다나카 고타로 장관이다(임기는 1950~1960년으로 매우 길었다). 전직 학자이자 재판관의 수장으로서 당연히 정의

(正義)의 요청을 따라야 하는데도 미국과 국수주의 정치가에 대한 충의를 더 우선시한, 법률가에 어울리지 않는 윤리관을 가진 인물이었다는 점은 부정하기 어렵다.

물론 다나카 장관은 파벌을 만들거나 음습한 내부통제를 행하지는 않았기에 그런 의미에서는 공정함을 갖춘 인물이었던 듯하다. 그 후 2명의 요코타 장관 시절, 즉 60년대는 최고재판소의 '임시 자유시대'라고 불리고 있다. 하지만 최고재판소 판결의 자유화, 특히 공무원 쟁의행위에 대해 무죄 방향의 판결이 나왔다는 사실에 큰 위기감을 느낀 자민당이 이후 우파 인물인 이시다 가즈토 씨를 최고재판소 장관 자리에 앉혔다.

이시다 장관(임기는 1969~1973)은 자민당의 의도대로 당시 최고재판소에서 자유주의파를 몰아내는 인사를 단행했으며, 또 블루퍼지를 추진했다('블루퍼지'란 청년법률가협회 재판관부회, 이른바 청법협 재판관·좌익계 재판관에 대한 재임용 거부까지를 포함한 여러 가지 불이익을 주고, 인사를 미끼로 한 청법협의 탈퇴 공작을 말한다.《절망의 재판소》 41쪽).

그런데 지금까지 좌파 쪽 사람들이 중심이 되어 이시다 장관을 비판해왔기 때문에 주로 블루퍼지에 대해서만 부각되어 왔으나, 그보다 훨씬 더 중대한 일은 자유주의파 몰아내기, 그리고 재판소·재판관 전체에 대한 자유주의적 흐름을 쓸어버린 일이다.

제2차 세계대전 이후 재판소에 흐르던 자유주의 경향은 여기서 사실상 그 숨통이 끊어졌으며 재판소·재판관 전체에 권력추

종과 무사안일주의 경향이 만연하게 되었다. 이 시점부터 재판소의 정신적 '수용소군도'화, 전체주의화가 시작된 것이다. 이처럼 제2차 세계대전 이후 자민당의 정권 개입이 재판소 역사에 남긴 상처는 추하고 또 깊다.

이시다 장관 이후의 네 명의 장관은 출신도 다채롭고, 또 사상적으로는 보수파(오카하라 씨는 강경파)였지만 그렇게 심한 압박을 하지는 않았다. 이는 이시다 장관 인사로 자민당이 격렬한 비판을 받을 것을 고려한 때문이 아닐까 추측하고 있다.

지금처럼 최고재판소의 태도가 선명해진 것은 데라다 지로 장관 시절부터인데, 그 이후부터 최고재판소 장관은 사무총국계 일색으로 물들었다. 또한 데라다 씨로부터 다케사키 히로노부 씨까지의 여덟 명의 장관 가운데 절반인 4명이 사무총국 최고 자리인 사무총장 경험자이다. 그 중에서도 이시다 장관 이후 시작된 최고재판소의 우경화·보수화를 완성시킨 야구치 고이치 장관(임기 1985~1990)과 그 재활용판으로 전체주의적 공산주의 체제와도 비슷한 일종의 '불순분자 배제 시스템'을 만들어낸 형사계의 다케사키 장관(임기 2008~2014)이 눈에 띄는 인물이다.

그런데 그 다케사키 장관은 《절망의 재판소》가 처음 서점에 깔리기 시작한 날로부터 정확히 1주일 뒤인 2014년 2월 26일에 돌연 3월 말 퇴임을 발표했다. 최고재판소 장관의 업무는 대부분 사법행정이고 대법정의 재판 외에는 관여하지 않는다는 점을 생각해볼 때 임기를 겨우 3개월여 남기고, 또 후임 인사도 정하지 않은 채 서둘러 퇴임을 발표했다는 것은 극히 이례적인 일이었다.

건강상의 이유도 있었을 테지만 이후 입원했다는 보도가 없었으니 그것만이 이유의 전부는 아닐 것이라고 생각한 사람이 여럿 있었던 모양이다. 신문 등이나 법률가 사이의 대화에도, 페이스북과 같은 SNS상에도 몇몇 추측이 나돌았다. 그에 대한 논평은 하지 않겠지만 이러한 추측이 나올 정도로 기묘하게 느껴지는 일이었다.

다케사키 장관 퇴임 기자회견에는 사법기자 클럽에 속한 15곳 언론사에서 각 1명씩만 참석이 허락되었다. 〈도쿄신문〉은 2명의 참석을 요구했으나 거부당했다. 이는 장관 기자회견의 관례로 자리가 협소하기 때문이라는 것이었다(〈도쿄신문〉 2014년 3월 25일자 조간, '여기는 특집부').

하지만 최고재판소에는 큰 방이 얼마든지 있다. 기자클럽 이외의 기자를 참석시켰다가 '당혹스러운 질문'을 받으면 안 된다는 생각에서 조치를 취한 것이 아니었을까 싶다. 참고로 회견에서는 비교적 예의 바른 기자클럽 가입 회사 소속 법조기자들로부터도 "장관님, (몸이 좋지 않으시다는 얘기에도 불구하고) 꽤나 건강하신 듯합니다만…"이라는 약간 뼈있는 농담이 나왔다고 한다.

어쨌든 재판관의 지배·통제에 큰 힘을 쏟아부었을 뿐만 아니라 그 방법이 노골적이라고 평가되었던 인물로 야구치 장관에 버금갔던 '다케사키 장관 시대'의 무기력한 종말이기는 했다.

후임인 데라다 이쓰로 장관은 10대 장관을 지냈던 데라다 장관의 아들로, 장관이 되기까지 경력의 절반 이상인 23년을 법무성에 근무했으며 따라서 사무총국 경험이 없다. 이에 대해서는 아버지가 최고재판소 판사가 되었다는 사실을 고려해 재판소 밖으로 보내진 것 아니냐고 추측되고 있다. 법무성 근무가 길었으니 검찰계에 깊은 인맥이 있을지도 모르겠다는 생각이 든다.

그런데 최고재판소 장관 교체 인사 당시인 2014년 4월에 도쿄고등재판소 장관에서 최고재판소 판사로 취임한 야마사키 도시미쓰 씨는 민사계이기는 하나 다케사키 장관 시절 사무총장을 지낸 인물로, 다케사키 씨를 추종하는 태도 때문에 민사계 재판관들로부터 비판을 받던 사람이었다. 그리고 야마사키 씨의 후임 도쿄고등재판소 장관에는 도쿄지방재판소장이었던 고이케 히로시 씨가 발탁되었다. 고등재판소 장관으로 있는 7명의 선배들을 추월한 이례적인 '출세'였다.

이 고이케 씨도 민사계이기는 하지만 다케사키 씨 인맥이라고 알려진 인물이다. 이 이례적인 인사가 야마사키 씨에 이어 자신의 사람을 최고재판소에 심어놓기 위한 포석으로서의 다케사키 장관의 언질 인사일 가능성을 부인할 수 없으리라. 그가 향후 최고재판소 판사로 임명될지는 주목해야 할 점이다.

다시 말해서 장관이 교체되었다고 해서 최고재판소의 체질이 그렇게 간단히 바뀌리라고는 생각되지 않는다는 것이다. 사법제도 개혁을 악용해서 지배·통제 시스템을 철저하게 굳히고, 말단 인사에까지 그 방침을 관철시켜온 다케사키 장관이나 최고재판소 사무총국의 수법은 오랜 동안 쌓아온 것, 말하자면 일본 재판소제도의 '부정적 유산'의 귀결이자 총결산으로 나름대로의 방향성과 필연성을 가지고 있기 때문이다.

재판소·재판관 제도의 근본적·발본적 개혁이 이루어지지 않는 한 다케사키 장관이 퇴임한 후에도, 또한 형사계 재판관에 의한 인사지배의 한 시기가 끝난 후에도 여전히 지금까지와 같은 경향이 계속될 가능성이 높을 것이라 생각한다고 《절망의 재판소》(84쪽)에서 이야기했던 것의 의미를 이제 아셨는지?

준법감시(compliance)를 행할 생각이 전혀 없는 최고재판소

그런데 재판소 당국은 장관 교체 전후 무렵에 《절망의 재판소》에 대해 단 한마디의 대응도 하지 않았다. 또한 현장의 재판관들도 이 책에 대해서는 입을 다문 채 일절 언급을 하지 않는다고 들었다.

사무총국은 재판소에 관한 보도나 기사에 촉각을 곤두세우고 있어서 변호사가 개인 블로그에 올린 글조차 항의하고 정정 요청을 한다고 들었다. 또한 1997년 10월에 조직적 범죄대책법(조직적인 범죄의 처벌 및 범죄 수익의 규제 등에 관한 법률)안과 관련해 재판관의 영장처리 방법을 비판한 데라니시 가즈시 판사보의 기고문(제목은 '신뢰할 수 없는 도청영장 심사')이 아사히신문에 게재된 후에 재판소·재판관들의 떠들썩한 비판, 비난이 계속되었다. 그때와 비교해본다면 《절망의 재판소》에 대한 재판소·재판관의 '침묵'이 얼마나 이상한 것인지.

데라니시 판사보 사건에 대해서는 잘 모르는 분도 많으리라 여겨 간략히 적어보겠다.

데라니시 판사보는 기고문 때문에 지방재판소장으로부터 엄중한 주의처분을 받았으며, 형사계 베테랑 판사의 반론 기고문이 아사히신문에 게재되었다. 또한 데라니시 판사보는 이듬해 4월에 조직적 범죄대책법안 반대파가 주최하는 집회에 참석해 "패널로 참여할 생각이었으나 지방재판소장으로부터 징계처분 경고를 받아 참여하지 않았다. 법안에 반대하는 것은 재판소법으로 금지되어 있지 않다고 생각한다"는 취지의 발언을 해서 고등재판소의 분한재판(分限裁判, 법관의 면직·징계에 관한 재판_옮긴이)에서 계고처분을 받았다. 그리고 즉시항고 후의 최고재판소 결정에서도 이것이 인정되었다(1998년 12월 1일 대법정, 야마구치 시게루 재판장). 재판소법 52조 1호 위반, 즉 적극적인 정치운동을 했다는 것이다.

하지만 집회에 참석한 것과 위의 발언만으로 '적극적인 정치운동'이라고 하기에는 너무 억지스럽고 실제로는 신문 기고문까지도 포함한 처분 아니냐는 것이 대다수 재판관의 견해였다. 어쨌든 재판관들 사이에서는 이러한 일련의 과정이 큰 화제가 되었고 데라니시 판사보에 대한 비판의 목소리도 여러 번 들었다.

이처럼 판사보 한 명의 기고문과 집회 참석만으로도 재판소에서는 '찻잔 속의 폭풍'이 인다. 이 점을 생각한다면 《절망의 재판소》에 대한 '고요한 폭풍'이라고 할 만한 완전한 침묵은 신기하게 여겨질 정도이다. 어째서 사태가 이렇게 된 것일까?

현장의 재판관들 가운데 양식파 재판관들은 책 속의 표현은 급진적이지만 그 내용에는 옳은 부분도 있다고 생각하는 것일지도 모르겠다. 다수파 재판관들도 뜨끔한 부분이 있기에 소리 높여 비판하지 않는 것일지도 모르겠다. 적어도 보도를 전제로 기자에게 얘기를 한 사람은 없었다고 한다.

하지만 재판소 당국이 똑같이 생각하고 있으리라고는 도저히 생각하지 않는다.

《절망의 재판소》 출간 직전 웹매거진과의 인터뷰에서 "재판소 당국은 이 책에 대해 어떤 반응을 보일 것이라 생각하십니까?"라는 물음에 나는 "일반적으로 생각해서 재판소 당국은 묵살한 채 시치미를 뗄 것입니다. 만약 반론을 가하면 당연히 그 반론에 대한 저의 재반론도 받아들여야 하는데 그렇게 되면 상황이 더욱 나빠질 것이 눈에 뻔히 보이기 때문입니다"라고 답했는데 이 생각에는 지금도 변함이 없다.

반론을 하면 조용히 지켜보고 있던 언론들도 당연히 보도를 시작할 텐데 혹시 서술이나 추론의 오류를 입증하지 못한다면 더욱 큰 타격만 입게 될 뿐이다, 그렇게 판단한 것이리라(한편 간부 재판관들에게 '그 책에 대해서는 언급하지 말라. 반론도 하지 말라'는 함구령이 떨어졌다는 소문도 있다).

앞에서 언급한 재판소의 복무규정, 노무관리 문제와 관련해

《절망의 재판소》(49쪽 이하)에도 서술했던 나 자신의 체험을 다시 한 번 소개하겠다.

내가 퇴임할 때 당시의 지방재판소장은 내게 유급휴가 승인 신청 일수가 너무 많다며 그렇게 길게 유급휴가를 쓸 거면 차라리 빨리 그만두는 게 어떻겠느냐고 집요하게 요구하며 사실상 조기퇴직을 강요했다. 나는 퇴임에 앞서 사건진행, 운영과 인계에 있어서 당사자나 후임자에게 피해가 가지 않도록 여러 가지로 배려를 한 뒤 4월부터 바로 시작될 대학 강의 준비를 위해서 쓸 수 있는 유급휴가 중 일부를 신청한 것이다. 그런데 소장은 최고재판소 사무총국의 감시를 받고 있는 나의 유급휴가 신청을 그대로 승인하면 자신의 평가에 영향을 줄지도 모른다고 생각한 것인지 유급휴가를 승인하지 않고 2번에 걸쳐서 똑같은 말을, 그것도 오랜 시간에 걸쳐서 온갖 말로 집요하고 격하게 이야기했다. 이것은 나 개인에게 일어난 일이지만 전국 각지의 재판소에서 이와 비슷한 권력을 이용한 괴롭힘이 행해지고 있을 가능성을 부정할 수 없다.

사실 이 일에는 후일담이 있는데 그것이 이 책에서 다시 한 번 언급하는 이유이기도 하다. 2014년 2월 《절망의 재판소》 출간 이후부터 재판소 내에서, 그 뒤로는 재판소 밖에서도 나의 퇴임에 대해 사실과 다른 유언비어가 떠돌기 시작했다. 그 유언비어란 내가 '어떤 시기 이후에 재판소에 전혀 나오지 않아도 되는 형태의, 그리고 한도를 거의 전부 사용하는 비상식적인 유급휴가 신청을 했기에 소장이 그것을 나무란 것이며, 시정하도록 한 것에 불과하다'는 내용이다.

하지만 나는 퇴임에 앞서 당사자나 주변에 피해가 가지 않도록 배려했으며, 합의사건의 법정에는 마지막까지 나갈 것은 물론, 나의 단독사건(재판관 혼자서 심리·재판을 행하는 사건)의 구두변론도 2월까지, 그리고 3월에도 중순 이후에 두 차례 행하겠다는 뜻을 처음부터 소장에게 설명했다(단독사건에 관해서는 《절망의 재판소》 (51쪽)에도 서술했다).

누가 이런 유언비어를 퍼뜨린 것인지 모르겠으나 악의로 가득한 내용이자 중상의 의도가 분명한 말이다. 《절망의 재판소》를 세상에 내놓으면서 어느 정도의 비판을 예상하기는 했지만, 재판소 내부뿐만 아니라 밖에까지 유언비어가 퍼지리라고는 전혀 생각지도 못 했다. 이것은 나의 명예와 관계된 행위로 그냥 방치해 두면 잘못된 소문이 사실인 양 떠돌 우려가 있기에 그냥 넘어갈 수가 없다.

당시 소장과 주고받은 대화를 적어놓은 메모 형식의 문서, 화가 나고 놀라서 지인 등에게 상의를 한 메일, 당초 제출했다가 철회되었던 승인신청서(서류 명칭은 단지 '휴가신청서'이다)가 보존되어 있으니 앞선 소문이 허위임은 쉽게 증명할 수 있다.

두 말할 필요도 없이 정당한 유급휴가 신청을 이유로 사실상 조기 퇴직을 강요하는 것은 노동법의 기본원칙에 반하는 것이다. 게다가 소장은 내게 재판을 하지 말고 퇴직하라고 말했으니 이는 재판관 신분보장(일본국 헌법 78조)의 취지에 어긋나는 행위이기도 하다.

그 소장(구라요시 게이 씨)은 그 후 고등재판소 장관이 되었다. 그처럼 높은 지위에 있는 재판관이 사실상 조기 퇴임을 강요했으니 어떤 형태로든 조사가 있어야 한다고 생각하지만, 아직 그러한 소식은 듣지 못했다.

CHAPTER 8

재판관의
고독과
우울

재판관의 고독과 우울

1994년 늦가을, 재판관 시절의 첫 번째 우울증에 걸려(그 실체는 우울증이라기보다는 신경증이었지만) 고향인 나고야로 돌아갔다. 아버지는 오랫동안 내게 기대와 강요를 해왔다는 사실에 대한 자책감 때문인지, 한동안 아무런 말씀도 하지 않으시고 나를 잘 보살펴주셨다.

어느 날 나는 아버지를 따라 자동차로 비와(琵琶) 호수를 찾았다. 새파란 하늘 아래로 붉게 물든 산들이 우르르 몰려들듯 차례차례 눈앞으로 밀려들었다.

'아아, 빨갛게… 세상이 조용히 불타고 있는 듯하구나.'

나는 이렇게 생각했다. 그로부터 얼마 지나지 않아 곧 회복했는데 그때의 너무나도 선명한 이미지는 20년이 지난 지금까지도 생생하게 기억할 수가 있다. 그것은 내가 보았던 '세계의 끝', 일상과 가까운 거리에 있지만 동시에 너무나도 먼 '다른 세상'의 풍경이었다.

재판관 시절의 두 번째 투병 체험은 괴로운 것이었지만, 거기서 얻은 것 역시 컸다. 그렇기에 나는 그러한 체험들이 없는 편이 나았을 것이라고는 생각지 않는다.

하지만 이것은 두드러진 '재판관의 병'이기도 했다. 만약 내가 무리해서 재판관을 계속하지 않고 30대 초에 학자로 돌아섰다면 아마도 우울증이나 신경증을 앓는 일은 없었을 것이다. 언뜻 보기에 상당히 현대적인 사회인 듯 보이지만 사실은 근대 시민사회가 충분히 성숙한 적이 없는 일본이라는 나라에서, 사람들의 생활이나 감정과는 괴리가 있는 법률을 다루는, 그것도 재판관으로서 '심판'하는 입장에서 다루는 일에는 큰 스트레스가 따른다.

거기에 더해서 일본의 재판소·재판관 사회는 전체주의적이며 수용소와 같은 피라미드식 사회이기 때문에, 본래 인문사회 쪽 재능과 예술적 성향을 가진 내게 재판관으로서의 일은 참으로 힘든 것이었다.

일본의 관료재판관이 톨스토이의 소설에 등장하는 제정러시아의 재판관 이반 일리치(《절망의 재판소》 208쪽 이하)를 닮은 것은 조금도 이상할 것이 없다. 일본과 러시아는 근대사상이 충분히 뿌리내리지 않은 채 근대화의 체제가 위에서부터 행해졌고(물론 제정러시아의 근대화에는 큰 한계가 있었지만, 그것은 일본에서도 제2차 세계대전 이전 절대주의적 천황제 아래서는 마찬가지였다), 따라서 시민사회 성립 기반인 개인의 기반도 역시 성립되지 않아 개인의 의식이 극히 나약한 사회라는 의미에서는 상당히 닮아 있기 때문이다.

체호프의 소설에는 인텔리의 살롱(salon)과 농민들의 비참한 생활 사이에서 고민하다 신경증을 앓는 의사나 법률가가 여럿 등장한다. 농노의 후손이었던 체호프는 이와 같은 소시민적 인텔리들의 정신적 나약함을 누구보다 민감하게 느끼고 섬세하게 분석할 수 있었다. 참고로 일본에서는 체호프 문학의 특징을 온화한 따뜻함이라고 받아들이는 것이 일반적이지만, 그의 문학을 특징짓는 것은 오히려 예리한 냉정함이 아닐까 나는 생각한다. 그의 문학은 언제나 '체제 밖에 있는 자'의 시선으로 일관되어 있다.

일본의 재판관이 쉽게 관료, 공무원으로 전락해버리는 것도, 또 그 정도까지는 아니라 해도 기껏해야 고급 '기술자'에 머물 수밖에 없는 경우가 많은 것도 역시 위에서 말한 역사적·사회적 배경과 관계가 있을 것이다. 그래서 이 같은 모순에 늘 노출되어 있어서 신경이 견딜 수 없기에 공무원이 되어 마음을 닫아버리거나, 기술자가 되어 좁디좁은 일의 세계에 매몰되는 편이 훨씬 더 편하기 때문이다. 그리고 그런 의미에서는 일본의 법학자에게도 정도나 뉘앙스의 차이는 있지만 비슷한 경향이 있다.

그러한 데에는 재판관이라는 존재를 겉모습이나 '마땅히 있어야 할' 존재로만 보는 사회적 시선에도 하나의 원인이 있다.

간단히 말하면 일본 사회는 재판관을 '인간'으로 보고 있지 않은 것이다.

예를 들어 미국의 재판관은 재판을 하는 데 있어서 일정한 방침 같은 것은 전혀 없으며, 당연한 일이겠지만 옷차림이나 일반 사회와의 교류에 대해서도 완전히 자유롭다. 파티에서 한잔 마신 뒤 고속도로를 달리다 경찰관이 차를 세워도 "미안하네. 나는 주 지방재판소 판사라네. 앞으로 조심하겠네", "고생 많으십니다, 판사님. 모쪼록 안전운전 하십시오"라는 대화를 주고받으면 끝이다. 그 재판관의 차 조수석에 타고 있던 내가 실제로 목격한 일이다. 일본이었다면 이런 상황에서 재판관이 적극적으로 직업을 밝히는 일은 절대 없을 것이며 자동차를 세우기만 해도 새파랗게 질려버릴 것이 뻔하다.

영화를 봐도 알 수 있듯이 미국의 경찰관은 조금이라도 미심쩍은 점이 있으면 반드시 차를 세워서 직무에 관련한 질문을 한다. 약간의 음주 후 운전하는 데 대한 기준은 일본보다 훨씬 느슨해서 앞의 예에서도 경찰관이 차를 세운 이유는 음주단속을 위해서가 아니라 속도가 약간 빨랐기 때문이었으며 가벼운 음주는 위법이 아니다. 어쨌든 재판관에 대해서 시민의 대표로 재판을 진행한다는 의미에서 약간은 훌륭한 사람, 말하자면 명사로서 어느 정도의 경의는 표하지만, 예를 들어 정치가와 마찬가지로 평범한 인간, 같은 시민의 일원이라는 점도 역시 당연한 전제로 여기고 있다는 사실이다.

"지금까지 재판관은 주장이나 증거를 입력하면 당연히 올바른 판결을 내리는 기계 같은 존재라고 생각하고 있었는데, 사실은 그렇지 않은 모양입니다."

제2장에서 인용했던 젊은 변호사의 말을 다시 한 번 생각해보시기 바란다. 집단소송을 맡은 변호사마저도 이 모양이다. 법조일원제도가 시행되고 있지 않아 유럽처럼 법률가 집단, 고도의 전문가 집단의 공통의 '장'이 마련되지 않은 일본에서는 변호사조차 '심판'이라는 입장을 포함한 재판관의 어려움을 상상조차 하기 어렵고 상상해보려고도 하지 않는 것이다.

솔직히 말해서 일본의 재판관은 허무한 직업이다. 젊은 시절 한 선배가 "우리들의 일은 사회의 시궁창을 청소하는 것이나 다를 바 없어"라고 자조적으로 말하는 것을 듣고, '그렇지 않습니다'라고 말하고 싶었으나 '아마 그럴지도 모르겠다'는 생각이 들어 반론할 수 없었던 일을 기억하고 있다.

당사자 본인에게도 그런 측면이 없지 않지만 몇몇 변호사들마저 당사자 본인 이상으로 자신들의 고정관념이나 자의적인 요구를 재판관에게 밀어붙이는 면이 있다. 예를 들어 애써 시간을 들여 친절하게 주장을 들어주고 법률론적인 문제점을 지적해서 제대로 된 주장으로 성립되도록 정리해주어도 그것이 마치 재판관의 의무라도 되는 양 당연한 일처럼 받아들이고, 그러다 패소하면 항소심 준비서면에 온갖 인신공격성 내용까지 써대는 그런 종류의 일을 말한다(의존성이 강한 사람에게서는 곧잘 그런 감정의 변화가 일어난다).

그런데 안타깝게도 양식파 재판관들일수록 그런 피해를 입기 쉽다. 이는 양심적인 의사들일수록 의료제도의 허점으로 인한 여파를 고스란히 받는 경우가 많은 것과 같다(그 결과 의사를 그만두는 사람도 꽤 많다고 들었다).

양식파 재판관들은 그야말로 고립무원이다. 열심히 좋은 판결을 써도 특별한 사건이 아닌 한 아무 반응도 없다. 혹시 승소한 당사자는 감사하고 있을지 모르겠으나 그 웃는 얼굴을 볼 기회조차 없다. 언론은 큰 사건이나 흥미로운 판결이 아니면 다루지 않고, 그 다루는 방법도 형식적이어서 깊이 있게 다루기는 바랄 수도 없다. 학자의 판례 연구도 제각각이어서 판례의 본질을 전혀 읽어내지 못한 것, 언론 보도와 비슷한 수준의 것도 많다(이는 로클럭 등의 경험이 없는 일본 법학자의 상당 부분이 실무나 판례의 역동성에 대해 거의 알지 못하거나 이해하지 못하는 데서 오는 것이 크다).

그리고 결국에는 상급심에서 어설픈, 혹은 반드시 정당하다고 받아들일 수 없는 이유로 취소·파기된다. 화해에 있어서도 성실하게 진행시켜 진지한 설득을 거듭하기보다는 변호사나 당사자의 비위를 적당히 맞춰가며 간단히 성립시키는 게 훨씬 더 편하고, 그런 재판관의 전략에 쉽게 넘어오는 변호사들도 상당수 있다.

솔직히 말해서 공무원이나 다를 바 없는 재판관이 되어 관료적 작문과도 같은 판결문을 쓰는 재판관들의 마음을 전혀 이해하지 못하는 것은 아니다. 그들에게만 죄를 뒤집어씌우기에는 너무 잔혹하게 느껴지는 부분도 분명 있다.

만화 《가정재판소의 사람》(《절망의 재판소》 171쪽 이하)을 보면 알 수 있듯 일본에서는 재판관들에게 개인으로서는 도저히 감당할 수 없을 정도의 역할을 기대하고 있다. 일본의 재판관에게 법률이 부여하고 있는 재량권은 실제로 매우 크지만, 반대로 생각해보면 그것은 법률이 그 실질적인 내용을 충분히 밝혀내지 못한 채로 재판관의 재량에 맡기고 있다. 즉, 본래 입법 과정에서 충분히 분석·검토해서 기준이나 지표를 제시해야 할 사항을 재판관들에게 떠넘기면 그것으로 족하다고 생각하는 측면도 크다는 것이다.

그런데 내가 학자의 길로 들어선 것을 두고, 아직 재판관에 미련이 있었던(있는) 것이 아닐까 하는 견해도 있는데 천만의 말씀이다. 나는 몇몇 국공립·사립대에서 제의가 들어왔지만 여러 사정, 특히 연구와 집필의 자유로움을 생각해서 비교적 재야(在野) 기질이 강해 제약이 적은 지금의 대학을 선택하고 직업을 바꾼 것이다. 이 선택은 전업이라는 의미에서도, 자유로움이 많은 대학을 선택했다는 의미에서도, 틀림없이 옳은 선택이었다고 생각한다. 나는 평생 해야 할 자기 규제를 이미 다했다고 생각했기에 직업을 바꿀 때, 앞으로는 절대로 그렇게 하지 않겠다고 결심했던 것이다. 게다가 무엇보다 나는 이 일본이라는 나라에서, 그 끔찍한 관료체제 속에서 다시 한 번 재판관을 하고 싶다는 마음은 조금도 없다.

생각해보시기 바란다. 구소련이나 예전의 중국에서 자유주의 사회로 망명한 지식인이 "이곳의 피로슈키는 맛이 없다"거나 "중화요리가 가짜다"라는 등의 불평을 토로하겠는가? 재판소에서 보낸 마지막 7, 8년 동안은, 정신적으로 보면 전체주의적 공산주의 국가에서 망명의 기회를 엿보고 있는 지식인의 생활에 가까운 것이었다.

물론 재판관 경험을 통해 배운 것도 많다. 원래 인문사회 분야나 예술·비평에 깊은 관심을 가지고 있었기에 보통의 재판관과는 상당히 다른 시각으로 인간과 체제 양쪽, 그리고 사법의 역동성을 오랜 시간 바라볼 수 있었으며, 그동안 써온 글도 역시 그러한 체험에 힘입은 바가 크다.

처음부터 학자가 되었다면 법학자로서의 언어에는 좀 더 정통했을지 몰라도 이론과 체제에 대해 지금처럼 각성된 눈으로 냉정하고 객관적으로 분석하지는 못했을 것이다. 그 이해득실을 따지자면 재판관으로 활동하면서 연구도 계속했기에 재판관과 학자 양쪽을 모두 경험한 장점이 상당히 컸다고 생각한다.

또한 재판관에서 학자로 직업을 바꿨을 때에도 오랜 세월 좁은 새장에 갇혀 있던 새가 풀려나왔을 때와 같은 강렬한 해방감과 함께 내 인생에 있어서 어떤 중요한 국면이 지금 분명히 끝났다는 감회를 느꼈던 것도 사실이다.

그러나 한편으로는 학자로 직업을 바꾼 뒤에도 6개월 이상 재판소의 악몽에 시달려온 것도 역시 사실이었다(《절망의 재판소》 222쪽).

지금의 나는 연구와 교육에 전념하고 있는 전임교수다. 변호사 등록도 하지 않았다. 거기에는 물론 대학에 적을 두고 있는 동안 에는 연구, 교육, 집필에만 전념하고 싶다, 그 동안에는 실무와 거 리를 두고 싶다는 이유가 크게 작용하기도 했지만, 솔직히 말하 면 당분간은 '재판소'라는 이름이 붙은 건물 안에는 발을 들여놓 고 싶지 않다는 마음도 강했기 때문이다. 일본의 재판소·재판관 (정확히 말하자면 그 다수파)에 대한 나의 절망은 그 정도로 깊은 것이었다.

지금부터 내가 하는 제언은 이 같은 나의 경험을 바탕으로 재 판관도 하나의 인간이라는 지극히 당연한 사실을 사람들이 꼭 인식해주었으면 하는 바람과, 양식 있는 시민·변호사와 양식 있 는 재판관들이 여러 가지 다양한 형태로 연결고리를 만들어 나 갔으면 좋겠다는 마음에서 쓴 것이라는 점을 이해해주셨으면 한다.

사법이 변하면 사회가 변한다

사법이라는 분야는 일본인에게 그리 친숙한 것이 아니다. 근대 시민사회, 근대민주주의 국가의 토대가 되는 것은 근대 법이지 만 일본의 경우 당장 부국강병을 위한 행정기구가 훨씬 더 중요했기에, 법에 대해서는 몇몇 외국인 피고용자와 유럽으로 파견한 극소수의 수재들(그들은 요즘의 우등생들과는 달라서 매우 뛰어난, 메이지시대 일본의 저력이었다)에게 맡겨 급하게 만들었기 때문일 것이다.

사법은 그렇게 중요한 분야가 아니라는 것이 일반 시민들의 공통된 인식으로, 그래서 사법에 관한 문제도 '찻잔 속의 폭풍'처럼 국민의 생활과는 그다지 관계가 없다고 생각하기 쉽다.

그러나 이러한 인식은 잘못된 것이다. 예를 들어 1표의 가치에 관한 판례가 가지는 의미만 생각해봐도 그 점은 명백하다. 사법은 그렇게 하겠다는 마음만 먹으면 '1인 1표의 원칙'을 실현할 수 있으며, 또 만약 실현된다면 국회의 세력 판도는 완전히 바뀔 것이다. 지금의 국회는 최신 비례대표 득표율이 33.1%에 불과한 자민당 의원이 중의원의 61.3%, 참의원의 47.5%를 차지하고 있는 이상한 상황이어서 이것이 다수파의 횡포를 허용하고 있다. 그런데 '1인 1표의 원칙'이 실현되면, 그리고 득표율과 획득 의석수의 괴리가 큰 선거구제도(소선거구제)가 개선되면 각 정당은 대체로 득표율에 비례하는 의석을 갖게 된다. 그것만으로도 일본의 정치가 얼마나 활성화되고 정상화될지, 그 영향은 헤아리기 어려울 정도다.

사법이 본래의 기능을 다하면 사회에 매우 중요한 변화가 일어날 수 있다는 사실은 이 책에서 언급한 몇몇 소송에 대해 생각해보는 것만으로도 명확히 알 수 있다. 억울한 죄 때문에 고통받는 사람도 사라질 것이며, 정치·행정의 부패도 바로잡히고, 위험성이 높은 원자력발전소는 설치·가동이 까다로워 것이다. 공항 주변에 사는 사람들이 하루 종일 소음에 시달릴 일도 없게 된다.

바로 그런 이유 때문에 국회, 정부, 행정, 재계의 핵심 부분이 사법을 억누르고 길들이는 데 힘을 쏟는 것이다. 또 그렇기 때문에 그들의 뜻을 받은 최고재판소 장관, 재판관 출신 최고재판소 판사들, 그리고 사무총장과 최고재판소 사무총국이 재판관들의 지배·통제에 힘을 쏟고 있는 것이다. 다시 그렇기 때문에 재판관들은 정신적인 수용소군도의 수감자로 전락해버렸으면서도 자신들이 놓인 상황조차 인식하지 못할 정도로 그 시야가 좁아져버린 것이다. 그들은 그야말로 정신적인 '감옥'(《절망의 재판소》 122쪽 이하) 속에 갇혀 있는 것이다.

재판소와 재판관의 문제는 그들만의 문제가 아니다. 재판소에서의 판결이나 화해 등을 통해 국민·시민의 생활과 인권에 깊이 관여하고 있다. 또한 지방재판소뿐만 아니라 가정재판소와 간이 재판소까지 포함한다면, 그리고 재판원 재판까지 생각한다면 평생에 걸쳐서 어떤 형태로든 재판소와 직접적으로 관계를 맺는 사람들의 숫자도 상당히 많을 것이다.

사람들이 '사법은 중요하지 않다'고 인식하는 데에는 일본의 재판소가 '큰 정의'에 적극적으로 관여해서 사법 본연의 모습을 보인 적이 별로 없기 때문이다. 또한 가끔 그런 모습이 보인다 해도 그것이 재판소 전체의 정해진 방침이거나, 여론에 영합한 결과이거나, 대세에 따른 결과인 경우가 대부분일 뿐, 개개의 재판관이 진실하게 법의 정신과 스스로의 양심에 따라서 그렇게 한 경우는 더욱 적다.

다시 말해서 사람들은 진정한 의미에서 사법이 원래 가지고 있는 힘을 충분히 발휘하는 모습을 한 번도 본 적이 없다는 것인데, 본 적이 없는 것을 상상하기란 매우 어려운 일이다. 하지만 그것을 상상해보는 용기와 노력이 필요하다.

한편으로는 이와 반대 되는 말도 할 수 있다. 사법 전체가 이대로 돌이킬 수 없이 악화된다면 그 영향 또한 헤아릴 수가 없다. 국민·시민의 권리와 자유를 지켜야 할 가장 중요한 분야를 완전히 잃게 되는 결과를 맞이할 수밖에 없기 때문이다. 지금의 사법은 상당히 위험한 수역으로 들어가고 있다. 그대로 내버려둔다면 돌이킬 수 없는 사태를 맞이하게 될지도 모른다.

행정기구는 조직이 거대하고, 정계·재계와 밀접하게 관계를 맺고 있기에 근본적인 개혁이 쉽지 않다. 예를 들어 고지라의 사체 같아서 어디서부터 손을 대야 할지도 모를 뿐만 아니라 어디를 잘라도 방사능이 뿜어져 나온다. 그에 비하면 사법은 코끼리의 사체 정도이기 때문에 아직은 어떻게든 해볼 수가 있다. 게다가 근본적 개혁의 효과는 행정기구의 개혁에 충분히 필적할 만한 것이다. 이처럼 효율 좋은 국가기구 개혁도 또 없을 것이다. 이점을 잘 생각해주셨으면 한다.

객관적인 비판에는 약한 재판소

재판소라는 권력이 다른 권력과의 차이점은 상당한 '권위'를 배경으로 만들어진다는 점이다. 즉, 재판소는 청렴하고 올곧아야만 정당성을 확보할 수 있으며 사람들을 따르게 할 수 있다. 부패한 재판소의 권위는 누구도 인정하지 않을 것이며, 그러한 재판소의 판단에는 누구도 따르지 않을 것이다.

앞에서 말한 것처럼 재판소가 자신에 관한 정보에 극도로 민감하고, 가능한 한 그것을 제어하려 하며, 여의치 않을 경우에는 철저히 시치미를 떼는 것은 아마도 '권위'를 배경으로 한 권력이기 때문일 것이다.

바로 그렇기 때문에 국민·시민은 사법, 재판, 법률에 좀 더 관심을 갖고 사법제도를 있는 그대로 객관적으로, 그리고 주체적으로 바라보는 눈을 기를 필요가 있다. 지금까지는 좌파가 중심이 되어 재판소를 비판해왔기에 이데올로기적 요소가 강했다. 재판소의 수많은 문제 가운데 블루퍼지만이 강조되어온 경향이 강했던 것도 그 하나의 결과이다.

하지만 지금은 무슨 일이든 이데올로기의 잣대로 판단하고('좌우'의 논리, '이쪽이냐 저쪽이냐'의 논리, '적이냐 아군이냐'의 논리, '일단 딱지를 붙이자'는 논리), 또 자신과 이데올로기를 정당화하기 위해 마음에 들지 않는 자를 비판·비난하는 그런 '정의파'의 행동이나 말은 이제 막다른 길에 몰려 그 방향에서 참된 변화는 일어나지 않는다는 사실이 점점 명백해지고 있다.

물론 좌파, 좌익계 사람들 모두 이 같은 사람들이라고 말할 생각은 없다. 하지만 안타깝게도 맺음말에서도 밝힌 것처럼 이데올로기적인 정의파에 이와 같은 경향이 있는 것만은 부정할 수 없다. 그것은 좌익이든 우익이든 마찬가지다.

미국에서 오랜 전통을 가지고 성장한 풀뿌리 민주주의의 움직임과 힘이 널리 퍼짐으로 해서 참된 개혁이 비로소 가능해질 것이다. 그를 위해서는 신약성경의 말을 빌리자면 '뱀같이 지혜롭고 비둘기같이 순결하'(마태복음 제10장 제16절)게 사람들이 자신의 눈으로 제도의 현상과 문제를 직시하는 것이 무엇보다 가장 필요하다(나는 기독교인은 아니지만 신약성경, 특히 그 핵심을 이루는 4복음서는 젊었을 때 몇 번이고 읽었으며 지혜로 가득한 깊이 있는 책이라 생각하고 있다).

생텍쥐페리의 《어린 왕자》 첫 부분에서 왕자는 '바오밥나무'에 대해 이렇게 얘기한다.

"너무 자라기 전에 뽑지 않으면 작은 별은 깨져버리고 말아. 처음에는 장미랑 똑같으니 잘 살펴봐야 해."

여기서 생텍쥐페리가 파시즘을 우화적으로 표현했다는 것은 분명한 사실이다. 하지만 뛰어난 표현은 의도된 은유를 뛰어넘는다는 것이 문학의 위대함이며, 어린 왕자의 말은 파시즘에만 그치지 않는 넓은 폭을 지니고 있다.

즉, 권력이라는 것은 그냥 내버려두면 반드시 부패한다는 말이다. 그 싹은 아주 조그만 데서 시작한다. 이것도 근대 민주주의 사회의 상식으로, 권력이 부패하지 않도록 언제나 감시를 게을리 해서는 안 된다는 것은 언론과 시민의 의무이기도 하다. 우선은 '권력 쪽에서 제대로 하는 것이 당연하다'는 사고방식을 바꿔야 한다. 특히 일본의 재판소처럼 폐쇄적인 피라미드 조직은 일단 부패가 시작되면 그것을 멈추게 할 대항 세력이 아무것도 없기 때문에 순식간에 부패가 진행된다.

당신이 사는 별의 바오밥나무는 이미 상당히 뿌리를 내리고 가지를 펼쳤다. 그리고 사법의 부패·퇴폐는 실제로 정치나 행정, 경제계의 부패·퇴폐와 손잡고 진행되고 있을 가능성이 높은 듯하다. 그 사실을 깊이 인식해야 할 시기가 왔다.

게다가 삼권에 재계를 더한 4개의 권력 가운데 가장 변질되기 쉬운 것도 사법일 것이다. 사법은 객관적인 비판에 매우 약한 조직이기 때문이다. 또한 사법은 단 하나의 재판으로 일본이라는 국가와 사회에 큰 영향을 줄 수 있는 잠재적인 힘을 가진 분야라는 점도 생각해야 할 것이다.

예를 들어 최고재판소 재판관 국민심사라는 것이 있다. 국민심사에서 재판관 출신 재판관의 이름에 붙은 X표(파면도 가능하다는 표)의 비율이 변호사 등 다른 분야 출신 재판관들보다 2배나 많다고 하자. 그러한 상황에서도 차기 최고재판소 장관을 재판관 출신 가운데서 선출할 수 있을까? 아마도 매우 어려울 것이다. 물론 언론이 그러한 사실과 그 의미를 제대로 보도한다는 전제이기는 하지만.

참고로 미국에서는 주(州) 재판관 전원에 관한 변호사들의 세밀한 설문 결과가 일반 신문에 게재된다. 지금이라면 아마도 인터넷상에도 공개되고 있으리라. 이 설문은 항목이 세밀하다는 점, 다수의 변호사가 참여한다는 점, 설문에 임하는 변호사들의 태도가 객관적이라는 점 등 때문에 신뢰성이 매우 높다.

사법제도 개혁 때에도 이러한 설문조사가 제안된 적이 있었으나 재판소 측에 의해 무산되고 말았다. 하지만 변호사, 변호사회는 이를 반드시 실행해야 한다. 30년 전에 미국의 변호사들이 했던 일을 지금의 일본 변호사들이 하지 못할 리 없다. 변호사들이 좀처럼 움직이려 들지 않는다면 국민·시민의 여론으로 그것을 실현시킬 필요가 있다. 변호사, 변호사회는 재판소 이상으로 시민의 객관적인 비판이나 의견에 민감할 것이다.

만약 이러한 설문조사가 실시되고 그 결과가 공표된다면, 예를 들어 과감한 소신 재판을 행한 재판관을 좌천시키거나, 조직의 방침에 맞지 않는 재판관의 재임용을 거부하거나, 기회주의적인 사법관료나 예스맨만을 등용하는 것이 지금보다 상당히 어려워질 것이다.

법정에서 과감한 판단을 요구받고 있는 양식파 재판관들이 이 점에 대해서 어떤 생각을 할지 상상해보면 아마도 다음과 같으리라.

'그래, 원고들의 주장은 이해할 수 있겠어. 나도 가능하다면 원고들의 기대에 부응하고 싶어. 진심으로 그렇게 생각해. 하지만 내가 그 같은 판단을 내리고 10년 후, 어디인지도 모를 먼 곳의 재판소를 이리저리 옮겨 다니며 가족과도 떨어져 산다면, 또 혹은 만약에 재임용 거부라도 당한다면 그들 중에 "그건 부당하다! 그건 용납할 수 없다!"라고 목소리를 높여줄 사람이 있을까? 또 내 뒤를 이을 사람 가운데 내 뜻을 지지해줄 사람이 있을까?'

용기 있는 행동은 한순간이지만 그(혹은 그녀)의 인생은 그 후에도 계속된다. 소송의 원고들, 변호사들, 지지자들, 혹은 거기에 관심을 가지고 있는 일반 시민, 그리고 각종 언론이 최소한 이 사실을 인식하고, 또 이 같은 재판관의 생각을 이해하겠다는 각오를 내보이지 않는다면 지금의 제도 하에서 일본의 재판이 눈에 띄게 좋아지기는 기대하기 어려울 것이다. 그것이 '재판관도 역시 살아 있는 인간이다'라는 말의 의미이다.

앞으로도 민사의 신규 사건 접수 건수가 계속 감소하거나(혹은 증가하지 않는다면) 그 사실만으로도 지금의 사법시스템에 대한 정당성이 의심 받게 될 것은 자명한 사실이니, 미디어는 물론 국민·시민들도 그 추이를 계속 주목해서 그 원인을 엄격하게 밝히고 지적해나갈 필요가 있다.

사법 건전화를 위해 당신이 할 수 있는 일

사법 건전화를 위해 당신이 할 수 있는 일은 그 외에도 아주 많다.

예를 들어 최근에 많은 사람들이 하고 있는 재판 방청도 단지 흥미 위주로 법정을 찾아서 방청하지만 말고 그룹을 만든 뒤, 법과대학원이나 법학부 출신자, 관계자 등의 연줄을 이용해 법률 전문가를 조언자로 두어 체계적으로 방청을 하고 그 결과를 인터넷상에 공개한다면 재판을 감시한다는 면에서 훨씬 더 큰 의미를 갖게 될 것이다. 그러한 그룹이 여럿 모여 공동으로 사이트를 만든다면 재판소는 그것을 무시하지 못할 것이다.

안타깝게도 나는 그럴 만한 여유가 없지만 변호사는 물론, 법과대학원이나 법학부 교수 가운데 그러한 활동에 관심을 갖고 있는 사람이 반드시 존재할 것이라 생각한다.

재판원제도도 중요하다. 6명의 재판원 가운데 몇 명이 밝은 눈으로 사안을 검토한 뒤 무죄를 강력하게 주장하면 형사계 재판관들도 그 의견을 존중하지 않을 수 없다. 적어도 무턱대고 당신을 압박할 수는 없을 것이다. 형사계 재판관의 수뇌부가 자신들의 이익을 위해 재판원제도를 이용했지만(《절망의 재판소》 74쪽 이하), 그로 인해 형사계 재판관들도 국민·시민에게 큰 빚을 지고 있다는 마음의 가책을 품고 있을 것이다. 만일 당신이 재판원 재판에 참여하게 되어 당당하게 자신의 의견을 주장한다면 재판관들도 그것을 무시할 수 없을 것이다.

특히 에니와 여직원 살인사건처럼 정황증거밖에 존재하지 않는 사건에서는, 그리고 사회의 이슈가 되는 큰 사건에서는 유죄 방향으로 유도되지 않도록 재판관들에게 충분히 주의를 기울여 억울한 죄를 낳지 않도록 해주었으면 한다.

미국의 형사재판에서 재판관은 배심원들에게 무죄추정의 원칙에 따라 그 방향으로 설명을 한다. 그러나 일본의 일반 재판원제도는 폭넓은 비밀유지 의무(징역형을 담보로 한다)와 밀실 협의로 인해 반대방향으로의 설명, 설득이 행해질 가능성이 있다는 사실에 주의하기 바란다. 또한 재판원제도의 개선에 재판소가 계속 저항할 경우에는 배심제 실현을 향한 여론의 큰 흐름을 만들 필요가 있다.

지금까지의 재판소, 특히 2000년 전후부터의 재판소는 사법에 대한 사람들의 무지함을 이용해 수많은 부정행위를 저질러왔다(《절망의 재판소》와 이 책의 서술을 전제로 하면 '부정행위'라는 말은 결코 과장이 아니다).

하지만 국민·시민이 사법에 대해 감시의 눈을 번뜩임으로써 그것을 저지할 수 있으며 또 그렇게 해야 할 것이다. 그것은 좀 더 건강한 사회로 만들어나가기 위한 중요한 첫걸음이 될 것이다.

매스미디어는 보도 책임을 다하고 있는가?

일본의 사법을 둘러싼 상황 중에서 가장 우려해야 할 문제점의 하나가 미디어, 특히 전국 일간지 등의 매스미디어의 행태다.

'현재의 매스미디어는 보도 책임을 충분히 다하고 있는가?'라는 질문은 나뿐만 아니라 다수의 양식파 학자들이 제기하는 의견이다. 특히 '사법제도 개혁 후, 일본의 매스미디어는 국민·시민의 '알 권리'에 봉사하고 그 대리인이 되어 사법을 끊임없이 엄격하게 감시, 비판하는 역할을 절반쯤 포기한 것이 아닌가?'라는 의견도 강하다.

거기에는 몇 가지 이유를 생각해볼 수 있다.

첫 번째는 권력에 의한 언론 통제, 혹은 미디어 스스로의 자율적 규제 문제다. 대규모 미디어일수록 체제, 권력에 대한 비판 시각이 약해져, 오히려 하나의 홍보부서처럼 되어버린 경향이 강해졌다. 특히 사법에 대해 그런 경향이 뚜렷하다.

요즘 사법을 포함한 권력에 대해 비판적 보도를 적극적으로 하는 것은 오로지 비주류 언론, 독립언론, 출판 미디어(각종 잡지, 인터넷 매체, 프리랜서 저널리스트에 의한 책 등), 라디오 등이다. 또 신문이나 텔레비전이라도 전국 일간지나 키스테이션(key station, 여러 방송국을 연결하여 동시에 같은 프로그램을 방송할 때, 중심이 되어 그 프로그램을 실제로 제작하는 방송국_옮긴이)보다는 지방 신문, 혹은 케이블 텔레비전이나 지역 방송국 쪽이 보다 더 자유로운 것처럼 보인다.

특히 전국 일간지는 양심적인 기자일수록 기사를 쓰기가 더 어렵게 된 것 같은 느낌이다. 어딘가 재판소와 비슷해져가고 있는 것이다. 즉, 기자들도 역시 '감옥' 속에 있는데, 단지 그 '감옥'이 재판관의 경우보다는 좀 더 넓다는 차이가 있을 뿐이다. 민주국가에서 권력을 감시하는 역할을 기대하는 것은 사법과 저널리즘 인데 일본에서는 그 어느 쪽도 충분히 기능하고 있지 않은 것은 아닌지?

두 번째는 사법 보도에 관한 기자들의 자질과 마음가짐의 문제다. 학자로 직업을 바꾼 뒤, 재판에 관한 코멘트나 자문을 요청받은 경험을 통해 다시금 인식하게 된 사실은, 기자들 대부분이 법률, 재판, 사법에 대해 거의 아무것도 모른다는 점이다. 일본의 기자들이 기본적으로 전문가가 아니라 박식가여서 전문지식이 부족하다는 점은 언론계의 상식이지만 아무리 그렇다 해도 그 정도가 너무 심하다.

그 결과 재판소로부터 받은 재판의 요지, 골자만으로는 기사를 쓰지 못해서 재판소 측의 해설을 들어야만 되는 기자가 많아졌다고 한다. 하지만 그와 같은 역학관계 아래서는 적절한 재판 보도, 객관적인 사법 비판 등이 가능할 리가 없다.

《절망의 재판소》나 이 책에서 인용한 책 가운데 몇몇 책들은 기자들이 쓴 것으로 하나같이 뛰어난 르포타주 혹은 분석서이지만 모두 오래 전에 나온 책들뿐이다. 요즘 현역 기자들이 쓴 책에는 사법 분야뿐만이 아니라 참고할 만한 것이 적다. 강렬한 인상을 주는 책은 대부분 안정된 수입과 취재 시의 이점(언론사 소속 기자라는 직함이 주는 이점)을 버리고 신문사 등을 퇴직한 사람들에 의해 저술되고 있다.

뿐만 아니라 의도한 것인지 아닌지는 모르겠으나(의도한 것이라고는 생각하고 싶지 않지만), 사무총국 홍보과의 협력을 얻어서 마치 홍보과 하청업자가 쓴 것과 같은 내용을 포함한 기사, 책까지 나오고 있는 형편이다. 또한 법조 기자 가운데는 재판소 간부와의 '친분'을 자랑하는 사람도 있으며 그것이 신문사 내 지위의 한 근거가 되기도 한다는 소리를 들었는데 만약 사실이라면 한탄스러운 일이 아닐 수 없다.

보도 전반에 해당되는 이야기지만, 특히 언론의 사법 보도에 대해서는 국민·시민도 이 같은 사실을 염두에 두고 보도 내용을 접할 필요가 있다. 즉, 무슨 일이 있어도 기사 내용을 액면 그대로 받아들이지 말고 비판적으로 읽을 필요가 있다. 언론이 최고 재판소의 판결, 혹은 일반적인 판결에 대해 이 책에서와 같은 분석을 한 것을 여러분은 얼마나 기억하고 계시는지?

매스미디어가 보도 책임을 다하지 못하고 있기 때문에 법조 기자라면 상당 부분 접근 가능한 사실을 담고 있는 《절망의 재판소》의 내용에 사람들이 큰 충격을 받은 것이리라. 최고재판소 판사 등의 취임 때면 반드시 나오는, '서민적 이미지'를 강조한 형식적인 기사도 서구의 신문에서는 볼 수 없는 것으로, 분명히 말하면 독자를 우롱하는 것이다. 그 사람의 경력, 능력, 배경, 사상적 경향 등에 대한 정보를 정확히 전달하는 것이 당연히 '민주주의 국가의 표준'일 것이다.

미디어, 특히 매스미디어 기자들에게 충심으로 조언하고 싶다. 권력을 감시하고 비판하는 마음을, 시민의 대리인으로서 그 '알 권리'에 봉사하고 '보도 책임'을 다해야 하는 미디어 본연의 역할을, 그리고 저널리즘·저널리스트 본연의 자부심을 망각하고 있는 것은 아닌지, 또 재판소라는 조직에 대한 경계심이 너무나도 부족한 것은 아닌지, 항상 스스로를 돌아봐야 한다.

예를 들어 최고재판소 판사를 만나려면(내가 도쿄지방재판소 재판장 당시 알고 지내던 분을 만나는 경우라도) 상당히 복잡한 절차를 밟아야 한다. 그처럼 사무총국이 최고재판소 판사들을 엄중하게 감싸고 있는 것이다. 하물며 기자가 사무총국 홍보과를 통해 최고재판소 판사에 대한 인터뷰를 요청하는 경우에는, 그 결과물인 기사가 재판소 당국에게 득이 되는 것이 아닌 한 홍보과는 절대로 허가해줄 리가 없다.

왜냐하면 홍보과장은 비서과장을 겸직하며, 비서과장은 최고재판소 장관과 사무총장의 직속부하이기 때문이다. 기사가 어떤 것이 될지는 불을 보듯 뻔한 일이다. 하다못해 최소한 이 정도의 사실은 알아두기 바란다.

구소련의 작곡가 쇼스타코비치가 그의 고백(S. 볼코프 편《쇼스타코비치의 증언》)을 통해 밝힌 사실은 그가 스탈린과 더불어 가장 증오한 것은 소련의 고위 관료들이 아니었다. 소련 공산주의의 동조자이자, 따라서 강제수용소의 실태 등에 대해 들으려 하지 않고 더구나 소련을 정기적으로 방문해서는 소련을 예찬하는 책이나 기사를 쓴 유럽의 친소련파 지식인들이었다. 그들에 대한 쇼스타코비치의 원한, 증오, 경멸은 끔찍할 정도로 깊은 것이었다.

매스미디어는 이 같은 과거 유럽의 지식인들과 같은 역할을 양식과 재판관들에게, 그리고 국민·시민에게도 수행하는 것이다. 그 사실을 꼭 깊이 생각해주었으면 하는 바람이다.

한편 미국에서는 법정에 텔레비전 카메라도 들어가고(일본의 경우는 개정 전의 짧은 시간뿐), 판결 등에 관한 재판관이나 검찰관의 인터뷰도 일반적으로 행해지고 있다. 흥미 위주의 보도는 분명 문제가 있겠지만 재판이 사회에서 담당하고 있는 중요한 역할과 그에 대한 시민의 감시, 평가의 필요성이라는 관점에서는 배워야 할 점이다. 언론은 이러한 방향에 대해서도 적극적으로 검토해서 사회와 정치권에 호소해야 할 것이다.

법조일원제도의 제언이라는 씁쓸한 선택

내가 《절망의 재판소》(239쪽 이하)를 통해 커리어시스템에서 법조일원제도*로의 이행, 법조일원제도의 실현을 제언한 데 대해 '일본에서는 실현 가능성이 적다', '변호사의 질적 저하가 제기되고 있는 상황에서 유효한 방법은 아닌 것 같다'는 등의 의견이 있었다.

물론 그런 의견이 나오리라는 것은 잘 알고 있었다. 그리고 나 역시 그러한 의견에도 일리가 있다고 생각한다. 하지만 한편으로

---

* 변호사 가운데 우수한 사람들을 재판관으로 임명하는 제도.

는 실현 가능성 유무를 미리 판단해 고려조차 하지 않는 것 역시 적절치 않다는 생각이다. '역시 커리어시스템이어야 한다'는 의견은 어떤 의미에서 '역시 자민당이어야 한다'는 의견과 매우 흡사하다.

사법의 경우에는 변호사라는 수혈처가 있는데 그것은 사법을 담당할 수 있는, 또 그것을 목표로 해야 하는 집단이 아닐까도 생각된다.

《절망의 재판소》를 출판한 계기가 된《민사소송의 본질과 여러 모습》에서 나는 엄격하게 변호사를 비판한 다음, 역시 법조일원 제도를 목표로 그 기반 만들기에 착수해야 하는 것 아니냐고 적었다.

이는 재판관은 물론 변호사 혹은 학자, 저널리스트, 의사 등 다른 전문직에서도 마찬가지겠지만, 그 중 정말 뛰어난 엘리트 비율은 (직종에 따라 어느 정도 차이는 있을 테지만) 그렇게 크지 않다.

그런데 그 부분을 비교해보면 재판관 가운데는 이미 양식과 지각이 있는, 독립적인 재판관이라 부를 만한 사람들 층이 상당히 얇아졌으며, 또 현재의 관료조직 속에서는 안타깝게도 그런 사람들은 절대 위로 올라갈 수가 없다. 따라서 개혁의 힘이 될 수는 없다. 앞에서 말했듯이 '외로운 성'을 간신히 지키는 것이 전부일 뿐이다.

한편 변호사는 위에서부터 아래까지의 차이가 큰 것은 어느 나라에서나 마찬가지다. 하지만 그 중 상층부, 적어도 4분의 1 정도는 인권 감각도 뛰어나고 능력과 겸허함도 갖추고 있으며 시야도 넓은 사람이 비교적 많다고 생각한다(법적·지적 능력, 넓은 안목, 예민한 인권감각, 그리고 겸허함은 내가 생각하는 좋은 법률가의 4가지 조건이다).

또한 변호사의 다수를 차지하고 있는 중견 내지 젊은 변호사 중에는 변호사회, 재판소, 사법의 현상에 의문을 품고 근본적인 개혁이 필요하다고 생각하는 사람들이 상당수 존재한다.

따라서 변호사 중에서 정말 뛰어난 사람들이 재판관이 된다면 전반적으로 지금보다 좋은 재판이 행해질 것이며 그 질도 떨어지지 않을 것이라고 나는 자신 있게 말할 수 있다. 설령 노련한 변호사 가운데 재판관이 되기를 희망하는 사람이 많지 않다 할지라도 30대 후반에서 50대 초반까지의 세대에서는 재판관에 적당한 인물을 충분히 찾아낼 수 있을 것이다. 미국에서도 재판관의 연령층은 40세 안팎 이후 세대로 널리 분포되어 있으며, 주지방재판소에는 오히려 젊고 우수한 사람들이 많았다. 요컨대 선출 방법의 적정성 문제인 것이다.

《절망의 재판소》(206쪽 이하)에서도 얘기했지만 (변호사로 일하는 사람을 포함해서) 전직 양식파 재판관 가운데는, 재판관의 질적 저하를 우려하며 법조일원제도의 필요성을 생각하는 사람들이 꽤 많다. 즉, 전직 재판관이기 때문에 지금의 문제가 얼마나 큰지를 잘 알고 있고 지금의 재판소나 재판관에 대한 환상을 거의 가지고 있지 않기 때문이다.

다만, 그렇다면 지금의 변호사 전체, 변호사회 전체가 위와 같은 상황을 충분히 인식하고 있는가 하는 질문에 대한 답은 '아니다'일지도 모르겠다. 바로 그렇기 때문에 《민사소송의 본질과 여러 모습》(241쪽)에서 나는 법조일원제도 실현에 대해서 '변호사 전체, 변호사회 전체가 진심으로 나선다면'이라는 단서를 단 것이다.

이 같은 법조일원제도에 대한 나의 제언은 하나의 씁쓸한 선택이지 결코 낙관론이 아니다.

일본변호사연합회는 그 핵심 정책, 방침에 대해 몇 번이나 견해를 바꾸어왔다. 이는 일본변호사연합회가 넓은 의미에서 이데올로기의 역사였다는 데 그 원인이 있다. 또한 가장 뛰어난 변호사층의 다수가 일본변호사연합회 운영에 크게 흥미나 관심을 갖고 있지 않다는 점에도 원인이 있다. 정의를 구현하는 조직이라는 측면과 이익·압력단체라는 측면을 분명하게 정리, 종합하지 못했다는 데에도 원인이 있다.

일본변호사연합회는 국민, 시민, 사법제도 이용자의 입장을 최우선으로 하는 방침을 확립할 필요가 있다. 이익단체로서의 측면을 버릴 수는 없을 테지만 그것을 객관화하는 것이 필요하다. 한편 각 지역 변호사회의 입장도 제각각이어서 변호사연합회는 그들을 통합해 나가야 한다는 부담과 제약도 있다. 하지만 이 점은 자기들끼리만 똘똘 뭉친 집단이 되지 않는다는 의미에서 변호사연합회라는 조직의 장점이기도 하다.

민사사건의 신규 접수 건수가 늘어나기는커녕 오히려 감소해서 지명도 낮은 변호사의 생활이 어려워지기 시작했다. 한편 변호사 수가 급격히 늘어났음에도 불구하고 최근 들어 지방재판소에서의 본인 소송률, 즉 변호사에게 의뢰하지 않고 당사자 스스로 소송을 진행하는 비율이 높아지기 시작했다는 점에도 주의를 기울여야 할 것이다.

이상과 같은 사항을 확실히 자각해, 변호사 전체의 상황을 개선해나가지 않는다면 결국 변호사·변호사회는 커리어시스템과 '공멸'하게 될 위험성이 있다고 생각한다. 그 점을 강하게 지적해두고 싶다.

한편 현 시점에서 충분한 수입도 올리고 있는 양식파 변호사들의 공통된 마음의 목소리는 아마도 다음과 같은 것이리라.

'사무총국에는 문제가 많고 재판관들 질적 저하도 부인할 수 없다. 하지만 법조일원제도의 실현은 좀처럼 쉽지 않고, 나 자신도 법조일원제도가 실현될 경우에 경제적 안정이나 자유로움을 포기하고 재판관으로 직업을 바꾸어 그 기반을 닦겠다는 각오는 아직 없어. 어떻게든 지금의 제도가 계속 유지되었으면 좋겠는데….'

하지만 그와 같은 희망적 관측에 기대어 재판소와 재판관의 참상을 못 본 척한다는 것은 위험한 일이 아닐까 싶다.

최고재판소라는 '검은 거탑'의 배후에 펼쳐진 깊은 어둠

제7장 마지막 부분에서 준법감시를 무시하는 최고재판소의 태도에 대해 서술했는데 사실 최고재판소가 그 같은 자세를 보인 것은 결코 처음이 아니다. 예를 들어 재판소 내부의 권력투쟁에 이용된 부분이 큰(《절망의 재판소》74쪽 이하) 재판원제도의 홍보 캠페인에 관해서도 최고재판소는 수많은 준법감시 위반을 했다(이하 서술 내용은 국회회의록, 우오즈미 아키라의《관료와 미디어》, 전직 중의원 의원 호사카 노부토 씨의 블로그, '재판원제도와 관련한 홍보업무의 실시 상황에 대하여'라는 제목의 회계검사원 보고서에 의함).

첫 번째로 최고재판소는 재판원제도의 홍보업무를 둘러싸고 2005년, 2006년 2년 동안 기획경쟁 방식의 수의계약을 맺은 14건 모두에 대해 사업 개시 이후(일부는 사업 종료 후)에 계약서를 작성하는 부적절한 회계처리를 했다. 위의 계약 총액은 21억 5899만여 엔이라는 거액이었다.

그 정도는 일반적으로 흔히 있는 일 아니냐고 생각하는 독자도 있을지 모르니 위의 회계처리의 문제점에 대해 적어보겠다.

국가에서 하는 계약은 세금으로 지불하는 것이기 때문에 높은 투명성이 요구되며, 회계상의 여러 가지 문제가 발생하지 않도록 엄정하게 집행되어야 한다. "국가가 경쟁입찰 방식으로 계약을 체결하는 경우에도 계약이 성립되는 것은 낙찰 때가 아니라 계약서 작성 때다"라는 최고재판소 판례(1960년 5월 24일, 시마 다모쓰

재판장)도 존재한다. 즉, 공정한 경쟁에 의한 낙찰이었어도 계약서가 작성되기 전까지 아직 계약은 존재하지 않는다는 것이 이 판례의 취지다. 그리고 이 판례에 의해서 개정된 회계법 29조 8항은 '계약 담당관은 계약 상대를 결정 후 계약서를 작성하지 않으면 안 되며, 계약서 작성까지 당해 계약은 확정된 것이 아니다'라는 뜻을 명확히 했다.

따라서 국가가 행하는 계약에 있어서 사업 개시 후에 계약서를 작성하는, 다시 말하면 계약서가 존재하지 않은 채로 적당히 사업을 진행시키는 것은 금지되어 있다(하지만 계약 금액이 소액인 경우에는 예외가 있다).

그렇다면 최고재판소가 행한 각 계약의 실태는 어떠했을까?

예를 들어 2005년 10월부터 각 지방재판소에서 개최된 '재판원제도 전국 포럼(재판원제도에 관해 전국 각지에서 행한 타운미팅, 즉 전문가와 시민의 대화형 집회. 이하 '타운미팅'이라고 함)'에 관한 덴쓰(일본 최고의 광고대행사_옮긴이)와의 약 3억 4000만 엔의 이벤트 하청계약에서 계약서에 기재된 날짜는 2005년 9월 30일로, 놀랍게도 첫 번째 타운미팅 개최일 하루 전이다. 그리고 덴쓰의 기획이 가장 우수하다고 선정된 것은 그로부터 3개월도 더 전인 같은 해 6월 13일이었다. 더구나 나중에 조사한 바에 의하면 실제로 2005년도 타운미팅에 관한 계약서가 작성된 것은 계약서에 적힌 9월 30일도 아니고 같은 해 12월 내지 2006년 1월이었다는 사실이 밝혀졌다.

국회에서 호사카 중의원 의원의 추궁에 고이케 히로시 경리국 장은 전임자(오타니 다케히로 씨) 당시의 일이기는 하지만 "앞서 말씀드린 것과 같은 사정으로 계약이 지금 지적하신 것과 같은 회계상의 처리라는 면이 늦어졌을 가능성이 높습니다"라고 사실관계를 기본적으로 인정했다. 한편 고이케 씨는 2006년 1월 30일부터 2010년 7월 6일까지 최고재판소 경리국장으로 있었다. 제7장에서 다케사키 장관 인맥이라고 말한 현 고이케 히로시 도쿄 고등재판소 장관 바로 그 사람이다. 또한 오타니 씨는 2002년 7월 10일부터 2006년 1월 29일까지 경리국장으로 있었고 현재는 최고재판소 판사다. 형사계로 역시 다케사키 장관 사람이다.

또한 고이케 국장은 계약서가 실제로 작성된 시점에 대해서도 "이것 역시 그 당시에는 아직 전임자(오타니 씨)가 일하고 있었기에 정확히 말씀드리기는 좀 그렇지만, 이것은 9월 30일보다도 훨씬 뒤에 그 계약서류를 만들었을 가능성이 높다고 생각하고 있습니다"라며 계약서에 기재된 날짜(2005년 9월 30일)보다 더 늦게 작성되었다는 사실을 인정했다(이상 2007년 2월 14일 중의원 예산위원회).

그리고 2006년 10월 24일 이후에 인기 여배우를 기용한 전면 광고가 각 일간지에 실린 것을 시작으로 총액 약 6억 엔의 각종 미디어 관련 기획의 계약도, 광고 시작 4일 전인 같은 해 10월 20일에 계약서를 작성했다. 이에 대해서는 관여했던 고이케 국장 자신이 "계약을 체결하기 전에 그와 같은 행위(신문광고 준비)를 한 사실은 위원님의 지적대로입니다"라고 역시 계약서 작성 전에 각종 작업을 시작했다는 사실을 인정했다.

심지어 재판원제도의 홍보영화인 〈재판원〉은 국회 질의가 있었던 2007년 2월 19일 시점에서 계약서 작성 미완료인 채 영화가 완성되어 있었다. 뿐만 아니라 최고재판소 홈페이지에는 완료되지도 않은 계약 날짜가 계약금액과 함께 게시되었고 지출 책임자로 고이케 국장의 이름까지 기재되어 있었다. 이에 대해서도 고이케 국장은 "위원님 지적대로 계약서 작성은 아직 완료되지 않았습니다", "지적대로 이 홈페이지(의 게시)는 잘못된 것입니다"라고 사실관계를 인정했다.

믿을 수 없는 일이지만 최고재판소는 '계약서도 작성하지 않은 채 영화를 만들었습니다. 홈페이지에도 허위사실을 기재했습니다'라고 인정한 것이다(이상 2007년 2월 19일, 중의원 예산위원회. 참고로 이상 2건의 계약 상대는 덴쓰가 아니다).

위에서 말한 것처럼 최고재판소(고이케 국장)는 2005년, 2006년도의 재판원제도 홍보비에 존재하는 합계 약 3억 3천만 엔이나 되는 미집행 금액에 관한 호사카 의원의 추궁에 대해서 "예산과목의 '목' 가운데 다른 곳으로 유용함과 동시에 어느 정도는 반납했지만 그 상세한 내역을 밝히려면 방대한 대조 작업이 필요하기 때문에 상세한 내역을 밝히기는 어렵다"는 취지의 놀라운 답변을 했다.

다시 말해서 예산을 목적 외의 곳에 유용했다는 말이다. 이에 대해서는, 예산 집행에 있어서 목 안에서의 유용이 허용되고 있는 것은 사실이다.

하지만 호사카 의원은 자신의 블로그에서 다음과 같은 지적을 했다.

'재판원제도 홍보비라는 형태로 목적별 예산관리를 행했다면 그 유용 등의 상세한 내용을 밝히지 못할 리 없다. 유용의 상세한 내역을 밝힐 수 없다는 것은 그러한 예산관리를 행하지 않았다는 사실을 의미하는 것인데, 그와 같은 상황에서 예산집행의 적절한 감시는 불가능하기 때문에 14억 엔 가까운 2007년도의 재판원제도 홍보비 예산 요구의 근거도 무너져버리고 만다.'

참으로 옳은 말이다. '유용 등의 상세 내역은 밝힐 수 없다'는 답변은 문제가 크고 무책임하기 짝이 없는 것이다.

이 답변에 대해서 호사카 의원은 "2005, 2006년도에 합계 약 3억 3000만 엔이나 남았는데 2007년도 예산안에서는 다시 전년도보다 4000만 엔 증액을 요구하다니, 그렇다면 현 시점에서 이미 목적 외로 유용할 무엇인가가 예정되어 있는 것입니까?"라는 취지의 질문을 했다(2007년 3월 2일 중의원 예산위원회).

세 번째로, 기획경쟁(컴페티션, competition)의 방법이나 개최 자체에 대해서도 의문이 제기된 예가 있다.

즉, 오타니 경리국장 시절에 실시되어 2005년 6월에 덴쓰가 선정된 2005년도 타운미팅의 기획경쟁에 응모했던 5개 사(덴쓰를 포함) 가운데 3개 사의 금액이 '3억 4965만 엔'으로 완전히 동일한 등 그 투명성을 지적받았다. 한편 위 기획경쟁의 선정 책임자는 오타니 나오토 형사국장(임기 2005~2007년. 그 후 사무총장을 거쳐 현재는 오사카고등재판소 장관)이었다. 이 사람도 형사계로 역시 다케사키 장관과 관계가 깊다.

저널리스트 우오즈미는 이 기획경쟁에 대해 "애초부터 덴쓰를 선정하겠다'는 담합 기획경쟁이 아니었을까 의심이 간다"고 평하고, 또 기획경쟁에 참가했던 회사 가운데 회사 규모로 봐서 전국적 타운미팅을 개최할 능력이 있다고는 도저히 생각되지 않는 중견 인쇄회사가 들어 있었는데 그 회사를 취재한 결과 "기획경쟁 자체가 있었는지를 의심할 만한 상황이다"라고도 논했다.

또한 호사카 의원도 이 기획경쟁이 실제로 행해지지 않은 것 아니냐는 취지의 질문을 했으며(2007년 2월 19일 중의원 예산위원회), 또 최고재판소의 홈페이지에 "채택된 기획을 실행할 수 있는 것은 이를 제안한 덴쓰뿐이기 때문에 경쟁을 허용하지 않는다"는 기획경쟁과는 상반된 취지의 표현이 있었다는 점도 지적했다 (같은 달 14일 중의원 예산위원회).

한편 위 기간(2005~2006년도) 동안 사무총국의 수장, 즉 사무총장은 2006년 6월 25일까지가 다케사키 씨, 같은 달 26일 이후가 오타니 씨였다.

어떤가? 이상이 '법의 수호자', '헌법의 수호자'라는 최고재판소가 행한, 혹은 넓은 의미에서 최고재판소가 관련된 행위이다. 그 허술함, 불공정함에는 참으로 놀랄 수밖에 없다. 당연한 일이겠지만 예전의 재판소는 이러한 사항에 민감했기 때문에 이 같은 회계처리상의 대규모 문제 발생은 상상조차 하기 어려웠다.

특히 눈길을 끄는 것은 사업개시 이후에 계약서가 작성된 사안이 한두 건이 아니라 2005년, 2006년에 재판원제도 홍보업무에 관해 기획경쟁 방식으로 수의계약이 이루어진 14건 전부라는 점이다. 그 건수가 매우 많아 단순 과실에 그치지 않는 고의적, 조직적 행위일 가능성이 의심된다는 점, 그리고 거액의 재판원제도 홍보비 예산 사용의 상세 내역도 전혀 밝혀지지 않았다는 점이다. 이는 마침 호사카 의원이 그 사실을 알아채면서 발각된 사실에 지나지 않는다. 배후에는 더욱 큰 문제가 숨어 있을 가능성을 부인할 수 없다. 이는 단지 나 혼자만의 견해가 아니라 여러 명의 유력 저널리스트들이 지적하고 있는 사실이다.

최고재판소라는 '검은 거탑'의 배후에는 짙은 어둠이 펼쳐져 있을 가능성이 있는 것이다. 그리고 그 어둠의 그림자는 하급심의 문제 있는 재판이나 재판소·재판관의 불미스러운 사건 뒤편으로 얼핏얼핏 보이는 어둠과도 어딘가에서 연결되어 있을 것이다.

《절망의 재판소》에 관한 기사, 서평, 언론 인터뷰 등에서 받은 질문 가운데 한 가지 마음에 걸리는 것은 "재판소는 틀림없이 썩은 듯하지만 이는 일본의 다른 조직과 다를 바 없으니 그런 의미에서는 특별히 놀랍지는 않다"는 취지의 말이 종종 나왔다는 점이다.

하지만 정말 그럴까?

가만히 생각해보시기 바란다. 재판소는 '법의 수호자', '헌법의 수호자'이자 정의를 실현하고 권력을 견제하는 기구다. 그리고 최고재판소는 제도상 가장 상위에 있는 재판소이다. 그런 최고재판소가 권모술수에 여념이 없고 일반적인 행정청에서조차 생각하기 어려울 정도로 엉성한 회계처리, 그 배후에 더욱 큰 문제가 존재하고 있지 않을까 의심이 가는 회계처리를 행하고 있으니 국민·시민은 재판소와 거기서 행해지는 재판을 어떻게 믿으면 좋단 말인가?

야당은 물론 사법제도 개혁의 방향을 잡았던 자민당 정치인들도 현 재판소의 참상에 대해서는 시선을 돌리지 말고 제대로 직시하여 재판소가 이대로 괜찮은지 다시 한 번 잘 생각해주었으면 한다.

그리고 국민·시민도 중의원 의원 총선거와 함께 치러지는 최고재판소 재판관 국민심사 때에는 각 재판관의 적성을 충분히 검토한 뒤 심사를 해주었으면 한다. 그때 《절망의 재판소》와 이 책의 내용이 하나의 참고가 되었으면 하는 바람이다.

유명한 미야자키 하야오 감독의 애니메이션 〈센과 치히로의 행방불명〉에서 주인공 소녀가 원래의 세계로 돌아가려 했는데 거기에는 이미 깊은 어둠이 짙게 깔려 있고 주위는 온갖 정령들로 넘쳐나기 시작하는 장면이 있다.

내가 요즘 재판소에 대해, 그리고 일본의 정치·사회에 대해 생각할 때 자주 떠오르는 것이 바로 이 인상적인 장면이다. 〈센과 치히로의 행방불명〉은 아이들에게 사랑과 용기를 심어주기 위해서 만들어진 작품으로, 치히로는 부모님과 함께 무사히 원래의 세계로 돌아온다. 그러나 현실은 애니메이션과는 다르다.

현재의 일본도, 그 국민·시민도 지금 치히로가 서 있던 그 '지점' 바로 앞까지 와 있다. 지금 바로 되돌아가지 않는다면 우리 주위에는 곧 깊은 어둠이 드리울 것이다. 그리고 사법이라는 분야에서도 그 어둠이 바로 코앞에 보이고 있다.

우주선과 죽도(竹刀)

머리말에서 《절망의 재판소》에 대한 반응에 대해 얘기했으니 여기서는 그에 대한 비판에 대해서도 답하고, 동시에 이번 책을 집필함에 있어서 나의 마음자세를 밝혀두고 싶다.

《절망의 재판소》에 대한 비판 가운데 가장 눈에 띈 것은 "아무리 재판소가 문제가 있다고는 하지만 예전에 소속되었던 조직에 대해서 엄격한 비판을 하는 것은 너무 심하지 않은가"하는 비판이었다.

그와 같은 생각·관점에 대해서는 《절망의 재판소》 맺음말에 인용한 밥 딜런의 말을 통해 간접적으로 대답했다고 생각한다.

"우리 중 누구도 소리를 내지 않으면 아무것도 일어나지 않아 (사람들의) 기대를 배반하는 결과가 되어버릴 것이다. 특히 문제가 되는 것은 권력을 가진 자의 침묵에 의한 '배신'. 그들은 실제로 무엇이 일어나고 있는지조차 보기를 거부하고 있다."

재판소·재판관이 끌어안고 있는 여러 문제에 대해 심층적이고 구조적인 분석, 비평을 하려면 재판관으로서의 경력과 학자로서의 관점 양쪽 모두와 사회과학 전반에 관한 어느 정도의 소양이 필요한데 그런 몇 가지 조건을 만족하는 사람은 거의 드물 것이다. 그렇다면 '소속되었던 조직을 비판해서는 안 된다'는 윤리관과 딜런이 말한 '알면서도 침묵함으로써 사람들을 배신해서는 안 된다'는 윤리관 중 어느 쪽을 우선으로 생각해야 하는가의 문제가 된다. 나는 한 사람의 학자로서 후자를 우선시해야 한다고 생각한다.

이 점에 대해서는 판사보 시절에 학자로 전향하신 분(나보다 10여 살 젊다)이 사무총국의 언론통제, 탄압에 대해서 쓴 인터넷상의 글을 참고로 인용해 보겠다. 표현을 약간 정리한 것 외에는 원문 그대로이다.

나도 판사보 재직 시절 최고재판소 비서과나 민사국으로부터 논문의 삭제, 정정을 요청받은 경험이 있다. 그렇다고 해서 최고재판소를 직접적으로 비판하는 내용을 쓴 것도 아니었다.

최고재판소의 요청은 "미국에서는 속기사가 법정에서 오가는 말을 전부 기록한다'는 서술은 최고재판소가 진행하는 속기

사 양성 폐지 방침에 반하는 것이니 삭제하라, '금융계는 단기임
차권 보호가 집행방해를 위해 남용되고 있으니 폐지를 주장하고
있지만 현장을 가보면 단기임차권자는 대부분 정상적인 임차권
이기에 전부 폐지하는 것은 지나친 처분이다'라는 서술은 입법에
방해가 되니 삭제하라"는 것이었다.

후자의 논문은 발표 예정이었던 잡지에 최고재판소가 손을 쓴
것인지 결국 게재되지 못하고 세상에서 말살되어버렸다.

일개 판사보가 최고재판소로부터 직접적인 압력을 받는다는
것은 꽤나 괴로운 일이다. 세기 씨는 15년차에 우울증에 걸렸다
고 하는데, 나였다면 15년이나 버텼을까 싶다(실제로는 8년 만에
퇴임).

퇴임 후 그때까지 몸담고 있었던 조직을 비판하는 것은 바람직
하지 않다는 비판도 《절망의 재판소》에 가해지고 있지만 내부를
경험한 자가 입을 열지 않으면 베일 너머의 일은 알 수가 없고,
또 알지 못한 채로 비판하면 본질에서 벗어나기 쉽다. 귀중한 보
고(寶庫)라고 생각한다.

최고재판소 사무총국은 젊은 재판관에 대해서 이처럼 검열이
나 발표금지 처분과 다를 바 없는 일까지 행하고 있다. 이는 일본
국 헌법 21조 2항을 위반하는 행위다. 놀라운 얘기지만 여기서
도 재판소 스스로가 법을 어기고 있는 것이다. 나에 대해서는 어
느 정도 실적이 있었기에 검열 일보 직전의 수준에 그쳤다. 재판

소 당국의 나에 대한 간섭, 괴롭힘 가운데 내가 《절망의 재판소》에 서술한 것은 극히 일부분에 지나지 않는다. 책의 문맥상 필요하고 나 자신의 예를 드는 것이 적절하겠다고 판단한 경우에만 서술했다.

또 다른 비판으로는 '한때는 재판소의 중추에 가까이 있던 사람이 재판소를 비판할 자격이 있을까?'하는 것도 있다. 하지만 이 말도 결국은 '비판의 목소리도 없이 아무런 일도 일어나지 않은 채로 사람들의 기대를 저버리는 결과를 맞이하는 것이 좋다'는 말이나 다를 바 없으니 앞에서와 같은 대답을 할 수 있을 것이다.

현재 전 세계적으로 체제에 대해 날카로운 비판을 하는 사람들의 상당 부분이 체제의 중추 가까이 있던 사람들이라는 점을 생각한다면 그 사실은 더욱 분명해진다. 위의 비판은 한 좌익계 변호사의 비판인데 《절망의 재판소》에 대해서는 입장의 차이는 있지만 변호사를 포함한 좌파 사람들로부터도 그래도 좋게 평가하는 목소리도 있었다.

그 이외의 비판은 그렇게 많지 않았는데 그 대부분은 감각적, 감정적, 단편적인 것들이다. 이러한 비판의 대부분이 인터넷상의 익명이었다.

또한 《절망의 재판소》 책을 평가하는 글 가운데서도 "사법의 절망적인 상황을 알게 되었지만 그 해결책이 조기에 실현될 가능성이 높다고 생각되지 않기에 더욱 절망감을 느낀다"는 것도 가끔 눈에 띄었다.

이에 대해서는 C. 더글라스 러미스(미국인 정치학자, 평론가. 일본 거주)의 책《그림자의 학문, 창의 학문》서론이 하나의 답을 제시하고 있다. 저자는 그 서론에서 독자에게 이런 의미의 질문을 던진다.

"당신이 살고 있는 세계는 사실 진짜 세계, 하나의 혹성이 아니라 널따란 우주선 속에 만들어진 가상세계다. 하지만 아무도 그 사실을 모른다. 그런데 만약 그것이 가능하다면 당신은 금지된 영역인 우주선 창가로 굳이 다가가서 광대무변하게 펼쳐진 우주를 바라보며 자신이 진짜 세계라고 생각하고 있던 장소가 사실은 만들어진 가상세계에 지나지 않는다는 사실을 알고 싶겠는가? 아니면 그 사실은 모른 채로 안락하게 일생을 마치겠는가?"

저자의 답은 '알고 싶다'였으며 나의 답도 마찬가지다.

그리고 나는 몇몇 현명한 후배들에게 이 질문을 던져보았다. 순수하게 '알고 싶다'고 대답한 사람은 한 명도 없었으며 그 중 2명은 답을 보류했다가 1개월쯤 뒤에 "역시 모르는 채로 죽는 편이 좋을 것 같습니다"라고 대답했다. 내가 이미 잊어버린 질문을 그들은 잊지 않고 있었던 모양이다.

현명하고 생각이 깊은 후배들의 이 같은 망설임은 매우 흥미로운 것이다. 인간의 대부분은 '일반적 의미에서 모르는 게 행복한 사실'은 모르는 채로 지내는 것이 좋다고 생각할지도 모르겠다.

하지만 앞의 책에서 러미스는 다음과 같이 말한다.

"학문을 하는 사람들은 앞쪽이 그 어느 쪽인지도 모르는 채로 커튼을 젖혀 밖을 보려고 한다. 만약 거기에서 허무를 본다면 그는 돌아가 사람들에게 '밖을 보시오. 이 세계는 허공 한가운데 떠 있는 가공의 우주선이라는 사실을 알게 될 겁니다'라고 말할 것이다. 그런데 사람들이 어째서 그처럼 비참하고 끔찍한 사실을 알리는 것이냐고 묻는다면 그는 뭐라고 대답해야 할까? 대답은 얼마든지 있다. 자신을 인식함으로써 인간은 강해질지도 모른다, 사회에 새로운 개념(즉 가능성과 집단행동)을 낳는 힘이 될지도 모른다, 사람들이 참된 상황을 이해하면 역경에서 벗어날 수 있는 길을 발견하게 될 것이다, 적어도 희망이 있는 방향으로 한걸음 나아갈 수 있을 것이다, 등등. 이처럼 자신의 마음에 드는 대답을 하면 된다. 그 대답은 옳을지도, 틀릴지도 모른다. 하지만 이러한 것들은 최선의 대답이 아니다. 학문을 하는 자로서 그는 우선 이렇게 답하면 되는 것이다. '왜냐하면 그것이 사실이기 때문이다'라고."

러미스의 말대로 학자의 첫 번째 역할은 '사람들에게 사실과 진실을 알리는 것'이리라. 진실을 알지 못하면 사람들이 연대해서 적절한 행동을 취하는 것도, 그렇게 함으로써 상황을 타개하는 것도 불가능하기 때문이다. '학문의 자유'가 헌법으로 보장받고 있는 것도, 학자의 이와 같은 역할을 고려했기 때문이라고 생각한다. 특히 인문사회학 쪽의 학자가 이러한 역할을 수행하지 않는다면 그 존재가 무슨 의미가 있겠는가?

마지막으로 《절망의 재판소》에 관한 가장 냉엄한 질문은 한 인터뷰어의 다음과 같은 질문이었다.

"재판소 당국에 의한 재판관 지배, 통제가 철저하게 행해지고 있는 지금, 재판관이 개인의 신념을 관철시키기란 매우 어려운 일인 듯합니다. 세기 씨 본인은 스스로의 이상을 마지막까지 관철시킬 수 있었습니까?"

나는 재판관을 그만둔 뒤 독서 시간이 늘었다. 그 가운데는 내용과 깊이에서 뛰어난 책도 많았지만, 가장 기억에 남았던 것은 이와아키라 히토시의 만화 《검의 춤》인데 남의 일 같지 않았다는 의미에서였을지 모르겠다. 앞의 질문에 답하기 위해 이 작품에 대해 간략히 소개하겠다.

주인공 검객은 한 소녀로부터 검술을 가르쳐달라는 부탁을 받는다. 그녀는 무사에게 가족을 살해당하고 성적 폭행까지 당한 농민의 딸로, 복수를 하기 위해서라고 했다.

검객이 치른 마지막 싸움에서 소녀는 복수를 하지만 그녀 역시 칼에 찔려 목숨을 잃고 만다.

이를 계기로 검객은 실전(이른바 진검에 의한 인생)을 버리고 스승과 함께 검술을 가르치는 인생(이른바 죽도에 의한 인생)으로 전향하려 하는데, 소녀의 어릴 적 친구였던 한 청년이 찾아와 "검술 따위가 무슨 의미가 있단 말입니까? 성(城) 하나, 여자 하나 못 지키지 않습니까?"라고 묻는다. 검객은 그 말을 기꺼이 받아들여 소녀와의 추억이 있는 땅으로 떠난다.

진검을 죽도로 바꾸어 쥔 검객이 다른 유파와의 첫 번째 시합을 앞두고 있을 때 스승은 그에게 "즐겨라, 이건 그저 놀이에 지나지 않는다"라고 말한다. '놀이'라는 말을 듣는 순간, 자신은 장난이라는 생각으로 시작했으나 점점 거기에 빠져 들어갔던 소녀와의 훈련을 떠올렸다.

이에 검객은 참으로 비통한 표정을 짓지만 그 후 한순간에 마음을 다잡고, 대결을 펼칠 때마다 그가 늘 상대방에게 내뱉는 "그건 좋지 않아!"라는 외마디 외침과 함께 상대방의 얼굴을 죽도로 내리친다.

실무는 결코 우아하지 않다. 사실을 묘사하자면 오히려 진흙투성이 전장에 더 가까울 것이다. 그리고 실제로는 거기서 '작은 정의'조차 실현하기도 쉬운 일이 아니다. 결국 한 사람의 힘으로는 '성 하나, 여자 하나' 지키지 못한다, 지키기 어렵다. 그런 것일지도 모르겠다. 또한 실무는 거기에 임하고 있는 사람들이, 가장 중요한 사실인 '작은 정의'를 쉽게 망각해버리는 장소이기도 하다.

《절망의 재판소》에서도 얘기했듯이 나는 재판관으로서 후회가 남는 몇 가지 사건(36쪽 이하, 152쪽 이하)을 제외하면 그럭저럭 적절한 소송지휘, 화해, 판결을 행해왔다고 생각한다. 하지만 "그대는 사법에 걸고 있던 자신의 이상을 끝까지 지켰는가?"라는 질문을 받는다면 가슴을 펴고 당당하게 끝까지 지켰다고 답할 자신은 없다. 그것은 앞서 얘기한 검객이 한 소녀의 목숨을 지키지 못한 것과 완전히 같은 얘기다.

검객에게는 죽도 역시 진검과 조금도 다를 바가 없는 필살의 무기였던 것처럼 나 역시 언제나 진검승부를 펼치는 마음으로 남은 시간을 연구, 교육, 각종 집필에 전념할 생각이다. 집필 내용의 경중, 장르, 대상에 상관없이 그 마음만은 잃고 싶지 않다. 그것이 내가 할 수 있는 최소한의 속죄이자 나 자신에 대해 책임을 지는 방법이기도 하다.

세기 히로시

미야모토 무사시의 오륜서

모든 것에는 박자가 있다

특히 검술의 박자는 단련을 하지 않으면
엉거주춤해지기 쉽다.
무예의 길에 있어서도
활을 쏘고 총포를 당기며 말을 타는 것까지
박자와 높낮이가 있는 법이다.
또한 눈에 보이지 않는 것에도 박자가 있다.
무사가 신분이 올라 벼슬을 하여 입신출세하는 박자,
뒤로 물러서는 박자, 호흡이 척척 맞는 박자,
그렇지 않은 박자 등.
혹은 장사에 있어서도 부자가 되는 박자,
망하는 박자 등 길에 따라 박자가 달라진다.
매사에 발전하는 박자, 퇴보하는 박자를
잘 분별해야 한다.

미야모토 무사시 지음 | 안수경 옮김 | 값 11,500원

에드거 케이시가 남긴 최고의 영적 유산!

미국의 종교 사상가이자 '20세기 최고의 예언자'로 불리는 에드거 케이시(1877~1945)는 만년에 누군가로부터 "당신의 최대 업적은 무엇입니까?"라는 질문을 받았을 때, 주저하지 않고 "신을 찾아서(A Search for God)라는 텍스트를 이 세상에 남긴 일입니다"라고 대답했다. 케이시가 그의 생애에서 가장 큰 심혈을 기울여 완성한 〈A Search for God〉이 한국어판으로 번역되어 〈신을 찾아서〉 〈신과 함께〉 두 권으로 출간되었다. 영성을 추구하는 많은 사람들에게 "어떻게 살아야 하는가"하는 삶의 올바른 길을 제시해준다.

〈나는 잠자는 예언자〉는 '미국에서 가장 불가사의한 인물' 에드거 케이시의 유일한 자서전이다. 케이시는 24세때 갑자기 목소리가 나오지 않는 실성증에 걸려 그때부터 자신의 영능력을 발견하게 되었다. 케이시는 더 높은 영성의 지식을 얻고자 한다면 온전한 선(good), 즉 신(GOD)이 함께해야 한다고 강조한다. 대우주의 커다란 영(靈)과 통하게 된 케이시는 지상의 인간에게 신의 목적을 이해시키는 채널로써의 역할을 자신의 인생의 대명제로 생각했다.

〈신을 찾아서〉 에드거 케이시 지음 | 김진언 옮김 | 값 14,000원
〈신과 함께〉 에드거 케이시 지음 | 김진언 옮김 | 값 13,000원
〈나는 잠자는 예언자〉 에드거 케이시 자서전 | 신선해 옮김 | 값 14,000원

항우처럼 일어나서 유방처럼 승리하라

네이버 '오늘의 책' 선정!

"내가 천하를 얻을 수 있었던 것은 한신, 장량, 소하 이 세 사람을 참모로 얻어 잘 쓸 수가 있었기 때문이다. 그러나 항우는 단 한 사람의 범증조차 도 쓰지를 못했다. 이것이 내게 패한 이유이다."
- 유방이 항우를 물리치고 천하를 제패한 뒤 했던 말

유방은 항우에 비해 보잘 것 없는 사람이었다. 항우가 명문 귀족 출신인 데 비해 유방은 빈농의 자식이었다. 가문도 별볼일없고 돈도 없고 학식과 지식도 부족했던 유방이 어떻게 천하를 통일하고 한(漢)제국의 황제에 오를 수 있었을까.
항우가 직선적이고 독단적인 반면 유방은 남의 말을 경청하는 열린 성품을 가졌다. 그런 유방에게는 인재들이 모여들었고 유방은 그들을 적재적소에 기용하여 재능을 발휘할 수 있게 해주었다. 수많은 전쟁에서 위기를 극복해가며 항우를 멸망시키는 데 결정적인 역할을 해준 장량, 한신, 소하가 바로 유방의 일급 참모들이었다.

이시야마 다카시 지음 | 이강희 옮김 | 값 13,000원